广告
争夺战

互联网数据霸主
与广告巨头的博弈

Frenemies
The Epic Disruption of the Ad Business
(and Everything Else)

(Ken Auletta)
［美］肯·奥莱塔／著
林小木／译

中信出版集团｜北京

图书在版编目（CIP）数据

广告争夺战：互联网数据霸主与广告巨头的博弈 /（美）肯·奥莱塔著；林小木译. -- 北京：中信出版社，2019.4

书名原文：Frenemies: The Epic Disruption of the Ad Business（and Everything Else）

ISBN 978-7-5086-9921-9

Ⅰ.①广… Ⅱ.①肯…②林… Ⅲ.①网络广告—研究 Ⅳ.①F713.852

中国版本图书馆 CIP 数据核字（2019）第 009816 号

Frenemies: The Epic Disruption of the Ad Business（and Everything Else）© Ken Auletta, 2018
Simplified Chinese translation copyright © 2019 by CITIC Press Corporation
ALL RIGHTS RESERVED
本书仅限中国大陆地区发行销售

广告争夺战——互联网数据霸主与广告巨头的博弈

著　者：[美] 肯·奥莱塔
译　者：林小木
出版发行：中信出版集团股份有限公司
　　　　　（北京市朝阳区惠新东街甲 4 号富盛大厦 2 座　邮编　100029）
承　印　者：北京楠萍印刷有限公司

开　本：880mm×1230mm　1/32　　印　张：13　　字　数：272 千字
版　次：2019 年 4 月第 1 版　　　　印　次：2019 年 4 月第 1 次印刷
京权图字：01-2018-5960　　　　　　广告经营许可证：京朝工商广字第 8087 号
书　号：ISBN 978-7-5086-9921-9
定　价：58.00 元

版权所有·侵权必究
如有印刷、装订问题，本公司负责调换。
服务热线：400-600-8099
投稿邮箱：author@citicpub.com

目 录
CONTENTS

序 ..III

第一章　完美风暴 ..001

第二章　可恶的变化 ..023

第三章　再见，唐·德雷珀 ..035

第四章　广告界的媒人 ..049

第五章　焦虑的广告主 ..077

第六章　个儿不高的苏铭天 ..105

第七章　友敌 ..129

第八章　媒介代理的崛起 ..153

第九章　隐私问题的定时炸弹 ..171

第十章　亦敌亦友的消费者 ..189

第十一章　传统媒体可以成为新媒体吗？..207

第十二章　更多的友敌 ..227

第十三章　无休止的争论与弥漫的恐惧 ..249

第十四章　裁决的到来 ..267

第十五章　戛纳的舞台中央 ..275

第十六章　从广告狂人到算法超人 ..291

第十七章　灭绝的恐龙还是顽强的蟑螂 ..311

第十八章　再见，旧的广告规律 ..327

第十九章　无问过往 ..355

致　谢 ..383

注　释 ..387

参考书目 ..393

序

在 1970 年播出的一则电视广告中,由一群孩子扮演的路易斯·阿姆斯特朗[①](Louis Armstrong)、菲奥雷洛·亨利·拉瓜迪亚[②](Fiorello Henry La Guardia)和巴尼·普莱斯曼(Barney Pressman)坐在纽约街头房子前的门廊阶梯上,畅聊着未来的职业。小阿姆斯特朗说,我想成为音乐家。小拉瓜迪亚说,我想成为纽约市市长。只有巴尼一言不发。两位好友于是追问巴尼:"你长大后想干什么?"作为日后巴尼斯纽约精品店的创始人,小巴尼扶了扶眼镜说道:"我也不知道,但是你们的生活离不开衣服。"

30 年来,无论是在我出版的书中,还是在我为《纽约客》杂志撰写的"传播领域大事记"里,我不断描绘着数字风暴席卷下传媒行业的图景。我试图以"资金"为线索,揭示广告收入下滑对于报纸、杂志、电视、广播等传统媒体带来的经济方面的冲击。而企业的广告投入又转移并支撑着谷歌、脸书等许多新兴媒体公司成

---

① 路易斯·阿姆斯特朗,美国黑人歌手,爵士音乐史上的灵魂人物。——编者注
② 菲奥雷洛·亨利·拉瓜迪亚,美国意大利裔政治家,于 1934—1945 年任纽约市市长,被认为是纽约历史上最了不起的市长之一。——编者注

长。人们仿佛能听到巴尼发出的类似声音——我们的生活离不开广告和营销。

据称,全球范围广告行业和营销行业的体量有1万亿~2万亿美元。其中营销行业大约占四分之三。但因为"广告"一词更为简洁且为人们熟悉,所以常被作为"广告和营销"的简称。"广告"和"营销"的概念是可以互换的。二者虽形式不同,但是同一种推销商品的说辞。30秒的电视广告抑或报纸上整版的广告,目的都是去推销产品。企业发出的信息、一个新的产品名、一封推介产品的电子邮件、赠送的优惠券,这都属于营销;但也可视为一种广告行为。所以说,广告与营销实际上是殊途同归的。

广告行业和营销行业,以及一直被这两大行业在资金上支持的传媒行业,都在经历着震荡和剧变;都在探索如何在手机端上,在不骚扰消费者的前提下,推销各自的产品;如何将广告信息推送到那些习惯于屏蔽广告的年轻一代人那里;同时,探索如何在选择繁多、受众分化的时代去吸引消费者的注意力。

在我的记者生涯中,我既关注前沿的革新者,也关心那些"被革命者"。在我的第一本书,1978年出版的《黄金铺就的道路》(The Streets Were Paved with Gold)中,我记录了当时纽约市所经历的严重的经济和社会危机。那场危机摧毁了纽约制造业的基础,加速了中产阶级的逃离。紧接着,记录到了1981年,我将目光投射到那些被时代变迁抛弃的人群,将我在《纽约客》杂志撰写的文章组合并出版了三卷本《美国底层阶级》(*The Underclass*)。随后，我将20世纪80年代中叶对于华尔街的报道结集为《华尔街的贪婪与荣耀：雷曼兄弟的倒下》(*Greed and Glory on Wall Street: The Fall of The House of Lehman*)一书。该书记述了在华尔街老牌投资银行雷曼兄弟公司内部，因贪婪而上演的一场自损的内讧。同时也展示了华尔街贪得无厌的一面。而这贪婪最终导致一系列内幕交易丑闻，并引发2008年金融危机。

坦诚地说，当时的我对于通过资金驱动传媒行业的广告营销业还很陌生。直到1985年，我开始了长达6年的对于电视新闻网的跟踪报道，撰写了《三只盲老鼠：广播电视网如何迷失方向》(*Three Blind Mice: How the TV Networks Lost Their Way*)一书。该书介绍了美国传统的三大商业广播电视公司——哥伦比亚广播公司（CBS）、美国全国广播公司（NBC）以及美国广播公司（ABC）如何被当时新兴的有线技术改变。这其中，广告是变化的核心。因为这些广播电视公司完全依赖广告带来的收入。当时，受人尊敬的《纽约客》杂志总编蒂娜·布朗（Tina Brown）邀我来撰写杂志的一个常规栏目，她称之为"娱乐业大事记"。但我并没有接受邀请，而是告诉她，在报道三大广播电视公司的过程中，我嗅到了传媒业正在发生的剧变。影视业、出版业、电视行业、数码公司正在加速互相"入侵"对方的"领地"，所以我们需要将专栏的视野扩展到整个传媒业界，即关注"传播领域大事记"。

20世纪八九十年代，无论是写书还是在《纽约客》杂志撰写文章，我关注的大多是传媒业那些令人不安的剧变。这些变化背后总有广告的身影，而这却鲜有人关注。在对谷歌公司的报道中，我目睹了广告商逃离传统媒体涌向新媒体的现状，并以此撰写了《被谷歌》[①]一书。广告商平台的转移从20世纪90年代末就已开始，并在21世纪开始加速，其在整个传媒业的影响已十分显著。而在广告业内部，影响并不那么明显。人们似乎还停留在电视剧《广告狂人》中唐·德雷珀（Don Draper）的时代。但我越发清晰地看到广告业在颠覆传统媒体的同时，其本身也面临着根本性的生存问题。

想要理解传媒业，倘若不去了解为媒体提供资金支持的广告营销行业，就如同去认识汽车行业却不关心燃油价格一样。再打个比方，一位战地记者如果不试图计算1944年巴顿将军的第三集团军的燃油，是否能够支撑其坦克横跨法国这个问题的话（实际上燃油是不够的），那这位记者是不称职的。对于市值2万亿美元的广告业，不仅仅是关心传播行业的记者不会忽视，任何人只要考虑到这巨大的产业体量，都能发现资本主义离不开广告营销业。不能否认的是，"营销"一词略带贬义，营销行为就是去控制消费者的情绪。相信本书的读者也会跟我一样，对于一些营销中的欺骗手段感到气愤。但营销在自由社会有它存在的意义，理性诚实让我们必须承认

[①] 《被谷歌》一书中文版由中信出版社于2010年出版。

这一点：销售者和消费者之间需要信息上的沟通和分享。尽管这显而易见，但我觉得仍应再次提醒。在非国家主导经济体制下，广告是连接买家和卖家的桥梁。而这"桥梁"正在被一些消费者"动摇"，那些消费者一方面对广告感到厌恶，但另一方面却依赖这些广告，使得自己可以免费获得媒体上的信息。对于传媒业，消费者成为一定意义上的"友敌"。

在传媒世界，资本的涌动只是变革的冰山一角。更深入地看，传统广告代理的地位受到新兴科技、咨询、公关以及传媒公司的挑战；而一直以来，这些新兴企业大多是广告代理商的合作伙伴。如今，广告代理商曾经顺风顺水的业务受到这些新兴传媒公司的挑战，二者的关系也可以描述为一种竞合的"友敌"关系。

多年来，我一直心系广告业。我发现，通过深入调研广告业，并以此为棱镜，我们可以透视当下被人工智能、算法、大数据改变的世界；思索由此产生的，如隐私问题，广告科学能否取代广告艺术，客户关系是否仍有效，新闻从哪里获取，或者说人们获取的是不是新闻等许多议题。

本书将介绍许多传媒产业的代表人物，从他们身上，我们可以一窥该产业内部的紧张关系。比如一些搞创意的，如 R/GA 广告公司创始人鲍勃·格林伯格（Bob Greenberg），他曾公开指责全球最大的广告传播控股公司 WPP 集团首席执行官苏铭天（Martin Sorrel）。比如一些科学家，包括脸书、IBM（国际商业机器公司）

的工程师们，他们坚信计算机的力量。再如一些广告主企业，包括联合利华的基斯·韦德（Keith Weed）、美国通用电气公司的贝斯·康斯托克（Beth Comstock）和琳达·鲍芙（Linda Boff）等，他们要与广告公司在信任问题上角力。还有充满魅力的迈克尔·卡森（Michael Kassan），架构起创意家、科学家、经理和客户之间的联系与合作。

本书试图层层深入广告业的内部。我努力站在这个行业各方的角度去思考问题，无论他们是传统的还是新兴的，他们是革命者还是被革命者，他们之间是对手还是朋友。广告传媒业不乏充满激情和创意的人们，但也弥漫着紧张的情绪。本书将揭示这个产业面临的种种危机，同时分析这些危机为何与我们每个人息息相关。

第一章　完美风暴

> 回扣就是一种敲诈勒索。那些广告代理控股集团，至少四个，也许五个，都在干这勾当。
>
> ——乔恩·曼德尔（Jon Mandel）在2015年3月全美广告主联盟大会上如是说

广告界同仁对于曼德尔的这番"泄密"感到震惊。因为曼德尔深耕广告业已近40个年头，一直声誉良好、受人尊敬。他曾任大型媒介传播机构竞立媒体（MediaCom）的首席执行官，爱开玩笑、一头黑发、慈眉善目。但2015年3月4日的他与一贯的他判若两人。那一天，在全美广告主联盟大会的传媒领袖年度峰会上，曼德尔走到台前。他有些消瘦，头发稀少，胡须灰白整齐，看起来严厉、冷酷。面对着那些曾经的客户，曼德尔有些颤抖。因为他深知自己一席言论后，曾经的合作伙伴会从此"封杀"他。曼德尔还是选择痛斥这些广告代理商的塌方式腐败行为，即普遍向报纸、杂志、广播电视、网络等媒体要求并接受回扣。他直言:"这些利益本应属于广告主,而今却成了代理商的盘中餐。"

曼德尔的言论一石激起千层浪。因为全美广告主联盟代表着包括可口可乐、宝洁等700多家企业,这些企业每年为其万余种商品和品牌,在美国境内投放价值超过2 500亿美元的广告。曼德尔的指责也涉及全世界范围的广告营销。加之当下以脸书、谷歌为代表的互联网对行业带来巨大冲击,曾经支持传媒与娱乐业的资金正在流向这些互联网公司。

有些秃顶的曼德尔身着深色西服、开领灰衬衫,戴着一副小眼镜。他所公开指责腐败的广告代理行业,正是他一生躬耕其中的行业。随后,全美广告主联盟委托他和他的营销咨询公司道格斯莱德公司(Dogsled Enterprises)开展对广告代理商腐败问题的调查并提起公诉。曼德尔在精信广告公司(Grey Advertising)度过了自己的大部分职业生涯。2004年,广告代理巨头WPP集团收购精信,聘请他任旗下竞立媒体的首席执行官,并向群邑媒介集团(GroupM)的全球首席执行官欧文·戈特利布(Irwin Gotlieb)汇报。

曼德尔指控的回扣问题,在一些国家是合法的,例如巴西。在法国和西欧也是一种普遍现象,不过现在被认为是一种违法行为。曼德尔用鼻音重、声调高的声音宣称,这种违法操作已经侵入美国。他介绍道,回扣的方式很多,比如现金,比如将额外广告附赠给大型传媒集团并由它们转售,再如通过许诺未来更多的"媒体购买"以换取媒体供应公司的股权。还有一种最为"过分",广告代理商通过倒卖已购买的广告时段获取利益。曼德尔问大会观众:"广告代理的费用在下降,然而代理商的利润却在升高,这难道不奇怪吗?"据他估计,媒体给广告代理商的回扣大约在18%~20%,这些代理商的回扣总金额可达到9位数。

曼德尔的这番爆发,被天联广告(BBDO)的首席执行官安德鲁·罗伯特森(Andrew Robertson)形容为一场"完美风暴"。广告主早已对广告代理心存不满,他们抱怨代理价格的陡然升高以及代理商赢利模式不够透明。广告主唯一满意的是,代理在与媒体打交道时往往可以获得更好的条款。他们担忧的是代理商隐藏秘密。尤其是当广告主的预算紧张时,信任问题更加尖锐。加之当下的数字化对所有产业带来的革命性影响,令广告主更加不安。比如,他们在手机平台上的广告变成对用户的骚扰,那些习惯屏蔽广告的用户对广告心生反感,年轻一代早已适应没有广告的YouTube和网飞在线视频,以及没有广告只有正片的影片录像。曼德尔的言论无疑加重了广告主的不安。

曼德尔的指控杀伤力巨大,但他没有指名道姓地列出具体公司的名称。曼德尔指责广告代理商缺乏透明度,但自己也不够清晰。这里并不是指他所谓"18%~20%的回扣比例""价值上亿的回扣金额"类似的表述。他所指控的是大多数代理商,特别针对全球六大广告代理控股集团。曼德尔结束发言,全美广告主联盟首席执行长鲍勃·利奥迪斯（Bob Liodice）上台与曼德尔热情握手，并表示他的发言"精彩但也惊人"，而且很有"胆量"。利奥迪斯提问道："那么，广告主如何才能争取到更大的透明度？"

曼德尔说："要对代理保持怀疑。"

利奥迪斯说："你的意思是，签订协议还不够吗？"

曼德尔回答说："是的，你不仅要审核广告代理公司，你还要审核控制这些代理公司的控股集团。"

为何怀疑？因为这场信任"赌博"的赌注太大了。目前，世界范围内广告营销的投入可达20万亿美元。这一数字来自匹维托研究集团（Pivotal Research Group）的高级分析师布莱恩·维塞尔（Brian Wieser），他是广告传媒界广受尊敬的市场分析师。阳狮集团（Publicis Groupe）首席战略官沙德·特柏科沃拉（Rishad Tobaccowala）也认可这一数字。群邑媒介集团的市场前瞻总监亚当·史密斯（Adam Smith）认为，20万亿美元的估值是合理的。该集团的欧文·戈特利布审慎地认为，世界范围广告投入的资金可能高于20万亿美元，也可能低于，因为这个数字就是一个猜测估计的"虚数"。WPP集团首席执行官苏铭天坚持认为这一数字接近10万亿美元。

几个月后，在一顿饭上，曼德尔小酌一杯，冷静地分析起引发广告传媒业回扣现象的行业变化。他认为，广告代理商曾经是广告主的"像律师一样值得信任的顾问"；收取15%的佣金。但现在的广告代理逐渐被一些大型广告代理控股公司掌握，如英国的 WPP 集团，美国的宏盟集团（Omnicom Group）和埃培智集团（Interpublic Group），法国的阳狮集团（Publicis）和哈瓦斯集团（Havas），日本的电通集团（Dentsu）。世界范围内 2/3 的广告支出资金流向这六大广告代理控股集团以及私有大型媒体公司地平线传媒（Horizon Media）。每年，这些集团要求旗下的代理公司实现业绩的增长。迫于这种"增长压力"，广告代理的商业模式悄然发生改变。问题并不出在佣金上，而是那种"我不管怎么挣钱，我只希望每年 10% 的利润增长"的态度上。广告代理于是被迫更多地思考自己的"钱途"。久而久之，广告主自会质问广告代理："你给我推荐的东西，是为了我好，还是为了填满你自己的钱袋子？"

曼德尔把回扣行为定性为一种"敲诈勒索"的犯罪行为，并指责那些大型广告代理集团"至少四个，也许五个，都在干这勾当"。在午饭上，曼德尔把自己对回扣金额的预估从以万计变为以亿计，然而此举并没有让指责显得更有"底气"。被曼德尔"指名道姓"的集团是他曾经工作过的 WPP 集团。2006 年，曼德尔离开 WPP 集团赴尼尔森公司工作。曼德尔说："讽刺的是，WPP 集团当时指派我经办那些回扣业务，而我现在正指责这种行为。当时，WPP 集团的欧文·戈特利布要求我把欧洲的'那一套'回扣行为搬到美国并经办此事。我当时拒绝说：'这是错误的。'"他说："我们需要通过这种行为去和别人竞争。""从个人层面，戈特利布是我的好朋友，不过自3月的那场公开指责后，'友谊的小船'就翻了。"曼德尔说。他自己也承认，这种指责很难找到铁证，就像一些性骚扰案例中，双方各执一词。WPP集团的戈特利布一口咬定，自己从未指示曼德尔在旗下群邑媒介集团的竞立媒体去建立什么回扣制度。他说："你可以去公司里问，没有一个人会同意曼德尔的指责。"

迈克尔·卡森（Michael Kassan）并没有参加3月的那场联盟大会。但他在《广告时代》（Advertising Age）杂志3月6日的头条文章《竞立媒体前首席执行官公开指责全美泛滥的回扣现象》上了解到此事。尽管令他疑惑的是，全美广告主联盟似乎在没有证据的前提下有意支持曼德尔，但卡森明白，这点指责将引发广告传媒界的"燎原之火"。而作为"灭火员"的他则要"感激"这场大火，因为这将为其媒链公司（MediaLink）提供商机。

迈克尔·卡森可以算得上广告营销行业最有权力的经纪人。他于2003年创立媒链公司并任首席执行官。该公司现有120名员工，主要作为中介，连接广告主与希望获得广告费的出版商，连接品牌广告商与广告代理。媒链公司的"蓝筹"客户公司包括联合利华、美国电话电报公司、欧莱雅、美国银行、高露洁、美国运通、美国国家广播环球公司、《纽约时报》、迪士尼、维亚康姆、二十一世纪福克斯、威讯、康泰纳仕、赫斯特集团，以及新闻集团旗下的《华尔街日报》《纽约邮报》《华盛顿邮报》、甘尼特报团、iHeartMedia电台、特纳广播公司、彭博新闻社、红板报、沃克斯传媒等。

一旦广告主开始试图寻找新的广告代理，这对卡森来说就是商机。因为媒链公司可以为广告主提供咨询服务，包括确定客户需求，检阅代理商及其广告创意和方案，协助客户挑选确定广告代理商。媒链公司还作为猎头公司，代之招募高级人才；作为投资银行，为初创企业吸引投资。该公司还作为向导，带领客户参观其代表的谷歌、脸书、推特、微软等互联网公司，架构起硅谷、好莱坞与广告代理商的桥梁。媒链公司还代表代理商，在多种广告会展上安排代理商发言。比如吸引他们赞助媒链公司举办的会议，并安排其领导人在会上发言。媒链公司还会经常邀请这些客户企业的领导，参加卡森在 iHeartMedia 电台开设的"每日一分钟"专访栏目。卡森一般是一个月集中录制一两次，然后每日播出。

时年 64 岁的卡森，身体发福、面容和善，看起来像是个梨形的泰迪熊。他圆润的脸久经日晒，时常挂着阳光般的微笑，看起来像是个政界的"老油条"。卡森谈吐幽默，时常开玩笑，像个喜剧演员。伴随着各方面的变化，广告传媒业的不安和不信任在增长。而在这样的大环境下，用奥美广告公司（Ogilvy & Mather）的前首席执行官夏洛特·比尔斯（Charlotte Beers）的话说，"媒链公司就是一座桥梁，以前这个行业里的人可以直接沟通，而现在则需要通过这样的'桥梁'才行"。日新月异的数字革命让广告主不知所措，所以他们需要向一个"中立的中介"寻求帮助。

如果把广告营销界想象为一层层同心圆，那迈克尔·卡森以及其他几位巨擘，如世界上最大的广告传媒控股集团WPP集团首席执行官苏铭天，则处在同心圆的核心位置。卡森在业界的影响力甚至要比那些广告传媒集团巨头的领导以及那些知名企业要大。然而他的知名度在行业外并不大。如果使用谷歌订阅他和苏铭天[①]的信息，关于苏铭天的新闻可能每天都有，但卡森的可能一个月才有一条。

曼德尔的那场发言后，媒链公司这样相对中立的咨询公司，成为许多世界知名品牌广告主找寻的对象。与其说找寻不如说是一场集体的蜂拥。自2015年的春天开始，加上整个2016年，诸多广告客户开始对总价值达500亿美元的广告业务进行检查。这些广告主找到卡森，请媒链公司组织对广告代理商的审查。据悉，媒链公司负责了所有审查的2/3。委托公司包括联合利华、宝洁、可口可乐、欧莱雅、卡夫食品、亿滋国际、美国银行、通用磨坊、索尼、二十一世纪福克斯、强生公司、西维斯等。

曼德尔的发言，是此次针对广告代理大规模审查的催化剂，但并不是唯一的催化剂。诚然，发言的时机很敏感，因为广告主已经被数字化革命搞得不知所措。变革影响到各家企业、各方面业务。正如阿尔文·托夫勒（Alvin Toffler）在《未来的冲击》（*Future Shock*）一书中所言，任何正在被变革冲击和考验的产业，都经历

[①] 苏铭天：被《财富》评为美国之外全世界最有影响力的25人之一，是世界上最有资格谈并购问题的少数人之一。——编者注

着那种由"早熟未来的到来而引发的那种茫然失措"。

媒链把自己包装成不偏不倚的中立的公司，就像中立国瑞士那样。然而，媒链代表着谈判桌上的各方利益，所以这种中立十分别扭。媒链的首席执行官卡森颇有谋略。他的朋友，欧文·戈特利布说："卡森对于广告代理的审查并不是为了去捞大把的利润，他这么做实际是去捞情报，因为这会给他带来行业内的影响。卡森经营着猎头工作，这是他们的主要赢利手段。而且这种人事上的资源使卡森成为业界很有影响的人物。业内人士都明白，如果他们想在广告传媒圈成功，就必须得到卡森的支持。卡森之所以能激励和调动业内人士，是因为每个人都知道卡森的审查报告的分量，于是都不敢惹怒他。"

然而，曼德尔的那番言论的确惹怒了代理商。更令人苦恼的是，接踵而来的是对于代理商的大面积审查。而这种审查就像面试，是一次"你死我活"的竞争，决定着你是否能继续拥有这份工作。广告主审查代理商是正常的，但这种连续的大范围的审查是不寻常的。

这样的审查意味着许多人的暑期度假要泡汤了，广告代理商要加班加点去游说广告主。一些知名代理商的高管开始疯狂地去安抚广告主。时任法国阳狮集团旗下星传媒体（Starcom Media Vest）全球业务首席执行官的劳拉·德斯蒙德（Laura Desmond）估计，2015年夏天的这场审查评估共花费了其雇员18 000小时的工作时间。代理商不得不准备既有创新性又有战略性的展示,不仅为了当前的客户,也为了未来的客户。但这些展示是需要时间和金钱的。据 R/GA 广告公司创始人兼首席执行官鲍勃·格林伯格估算,每个展示需要花费 150 万美元,而这些费用是由代理商而非广告主承担的。

如果说曼德尔激怒了广告代理圈,那最动怒的要数欧文·戈特利布。戈特利布与曼德尔私交甚好。他曾经推荐曼德尔接替他作为某行业委员会的主席。戈特利布否认了曼德尔的一系列指控,并表示当时已将曼德尔调离负责交易的岗位,因为该岗位已有负责人。戈特利布说:"我没有必要和一个不在交易岗位的人讨论回扣问题。"

曼德尔大会发言的第二天,戈特利布指示群邑媒介集团的律师们向曼德尔递交了一封信,指责他违反离职协定,背叛了那笔"可观"的"分手费"。曼德尔离职时收下钱,并同意以后不说群邑媒介集团的坏话。律师警告曼德尔,集团正在考虑可能采取的应对措施,并敦促他把嘴闭上。据苏铭天介绍,当年曼德尔离开 WPP 集团时,他自己是不情愿的。倒不能说他是被解雇的,应该算是"被离开"了 WPP 集团。

广告代理商普遍怨声载道。因为曼德尔的发言没有确切指认具体违规者,而是一棒子打在全体代理商身上。代理商们指责曼德尔是麦卡锡主义的声音不绝于耳。比如,世界上最大的私人控股广告营销集团之一地平线传媒的创始人兼首席执行官、美国广告代理商协会主席比尔·柯尼斯堡（Bill Koenigsberg）就痛斥曼德尔的行为是"不负责的"。他说："曼德尔在毫无证据的前提下，却用一支'笔'抹黑了整个行业，而且是在一场公共的论坛上，他就不应该被允许上台。"

无风不起浪。收受回扣在美国境外已是一种普遍现象，媒体购买也越来越全球化。在许多平台，广告越来越通过算法，以一种程序化广告的形式操作。而在过去，广告代理往往低价购买广告位，利用差价实现套利。这是一种有争议但合理的操作。为什么合理？因为广告主希望回报，但不愿与代理商共担风险。所以那份"差价"就是对代理商承担风险的补偿。

当然，回扣只是所有行业问题的冰山一角。值得思考的问题是，广告业到底是什么行业？是像漫画讽刺的那样，一个人情关系的行业？生意成不成往往在高尔夫球场上，在酒过三巡后才能决定？抑或是一种创新产业，在许多人宣称的创意革命中，用巧妙的具有美感的创意广告吸引着消费者的目光？还是越来越成为一种科学？如硅谷和互联网人士所言，竞争力逐渐向能够掌握和分析用户的数据公司转移？

当被问及，总部在英国的 WPP 集团是否会遮掩其在美国的回扣行为？戈特利布斩钉截铁地回答说："我们在美国就没有回扣行为。"这份表态似乎在说，其他企业在美国收受回扣。美国西摩梅地亚（Simulmedia）公司首席执行官戴夫·摩根（Dave Morgan）相信曼德尔说的是实话，大多数代理确实收取回扣。他说："回扣行为在美国很普遍，我也在慢慢适应这种'生态'。他们告诉我，如果我想获得5 000万美元，那我得给代理商500万美元的回扣。"西摩梅地亚是一家广告科技公司，通过数据分析，定向销售广告。

曼德尔的发言后，在与全美广告主协会首席执行长鲍勃·利奥迪斯的一次公开会谈中，戈特利布探讨了一些更宏大的问题：代理商与广告主的关系发生了怎样的变化。他质疑一直以来人们的一个预设——广告主的利益高于代理自己的利益。戈特利布认为，广告主的赢利压力在增加，代理商的那些控股公司不也是如此？广告主往往要求代理商的佣金要和广告主的销售业绩挂钩。但代理商无法决定销售结果，所以被动地承担其广告主的风险。于是"代理"一词变得多余。他表示，当有人拿枪指着你的头说"你要在多久之内实现多少阅读量"时，你就已经不是一个代理了。戈特利布表示，在群邑媒介集团与客户签订的合同中，如果发现了在海外吃回扣现象，那集团将承认。但如果合同中没有，那集团也不会多言。

双方各执一词，但毋庸置疑的是，曼德尔这番言论时机敏感，深深地刺痛了整个行业。全美广告主联盟被代理商的激烈反应吓到，迅速开始挽回工作。联盟发表声明称："我们对代理商收取回扣和因此产生的不良印象感到遗憾，对那些受到指责的自身清白的代理商，我们致以歉意。"几天后，全美广告主联盟成立小组，与美国广告代理商协会联合调查研究此事。

全美广告主联盟公布了竞争性的征求建议书，招标一家公司对回扣问题进行调查。最终，他们选择了 K2 情报公司（K2 Intelligence）。该公司由朱尔斯·克罗尔（Jules B. Kroll）和杰里米·克罗尔（Jeremy Kroll）父子俩创立，是一家调查咨询公司。该公司聘用了不少前任检察官、执法人员，如纽约市警察局前局长雷·凯利（Ray Kelly）。全美广告主联盟还雇用了审计公司艾博平公司（Ebiquity），该公司曾为多家广告主企业审计其广告代理商。同时，广告主联盟自己决定了负责提起公诉工作的企业。在苏铭天看来，作为咨询公司的艾博平公司是偏心的。美国广告代理商协会主席柯尼斯堡也是一样感到气愤。他把广告主联盟选择 K2 情报公司来调查代理商，形容为一种"政治迫害"，因为 K2 公司的创始人朱尔斯·克罗尔曾作为一名特工，靠追踪独裁者的不法行径而出名。柯尼斯堡认为，派一家情报机关来调查我们，这并没有传递出正确的信号。广告主联盟和广告代理商协会之间的裂痕使得双方终止了联合调查。2016 年的冬天，随着 K2 情报公司和艾博平公司调查的深入，那些惴惴不安的代理商逐渐感到大难临头。

此时的卡森却感到轻松。他斡旋其中，两头讨好，游刃有余。一方面，他表示曼德尔的指责太过宽泛，"这个行业里还是好人居多"。他对全美广告主联盟首席执行长利奥迪斯说："联盟的立场有问题，不该如此支持曼德尔。"另一方面，卡森表示，如果你是企业的首席营销官，你的领导在媒体上看到关于代理商收回扣的报道，那他肯定十分想知道自己的代理商是否也这样。卡森鼓励广告主企业去调查合作的代理商，因为它们不够透明，特别是在数字平台上的广告位。他介绍说："广告代理商搭建了线上媒体购买的平台，以隐蔽具体购买量。这样就可以批发式地购买大量广告位，然后再次销售，并获得主动权。"卡森认为这种操作无可厚非，并介绍道："如果我是代理商，我告诉你这些广告位的购买细则是保密的，意思其实就是，我不会告诉你我花了多少钱购买的这些广告位，但我能保证卖给你的价格是最合算的。我能赚到差价，但我不会告诉你具体是多少。"卡森认为，只要合同里都写清楚这些，那就没有违反透明的原则。

卡森邀请伯恩哈德·格洛克（Bernhard Glock）负责媒链公司对代理商的审查筛选工作。格洛克曾在宝洁公司担任高级主管达25年，组织协调过上百次审查工作，具有丰富的经验；他将与媒链公司高级副总裁莱斯莉·克莱恩（Lesley Klein）搭班展开工作。筛选工作首先从对广告主的访谈开始，在了解获知他们对广告代理商的需求后，媒链公司会帮助筛选缩小选择名单。随后，媒链会安排这些代理商与广告主初次洽谈，用媒链公司副主席文达·米拉德（Wenda Millard）话说，这就像是"初次约会"，看看能否碰撞出火花。如果广告主不满意，那么就没有之后的洽谈了。

然后，媒链公司会准备十几页的《征求意见书》，发放给各竞标的代理商。这份意见书需要一定时间的处理。它包括了审查筛选工作的计划，还对代理商提出了一系列要求，如核算人员安排、费用结构、费用计算方法、营销计划、代理商在数字技术和电子商务上的实力、代理商购买广告位的能力、广告量化策略等；同时还要确定合作中的透明度问题，如广告主是否会得到回扣，提供之前案例中的项目清单以及可能的改进。此外，还要求框定投放回报的细则，投资回收率目标，以及代理商可能产生的奖金金额和因为没有完成目标可能产生的罚金金额等。广告主在处理完代理商的信息后，便会要求代理商展示广告创意和营销计划。《征求意见书》往往规定，招标过程中产生的一切费用由代理商承担。

媒链公司现在施行的筛选审查办法，是在2015年秋的一个周一下午举行的员工大会上确立的。当时，会议在公司位于美国纽约曼哈顿第六大道1155号的办公室举行，洛杉矶、芝加哥办公室通过视频参加会议。公司副主席文达·米拉德将大会的主要议题放在展示伯恩哈德·格洛克负责的代理商审查工作上。当时，媒链公司八楼会议室挤满了员工，格洛克站在中间，介绍着广告主和广告代理商关系的变动。他说："广告主往往会关注6个问题。第一个是代理商能给我便宜多少钱，或者说越来越多的是这样问：ّ代理商是否能够将费用与广告宣传效果挂钩？ّ也就是说广告效果问题越来越成为代理费用多寡的决定因素之一。"为何会出现这样的趋势？格洛克解释道："因为越来越多的负责采购的人参与到对代理商的筛选工作中。而他们与营销人员的诉求不一样。采购人员希望省钱，而首席营销官的诉求在于宣传品牌。"

第二个问题是代理商的广告营销策略。格洛克发现，广告主越来越不相信代理商，而是转而依靠我们这样的咨询公司来帮助制定策略。这一点格洛克有些言过其实。

第三是方案的实施和效率问题。广告主往往会问代理商，我们能多快推进？我们如何沟通？我们如何协调策划、广告位购买、广告创意设计等多个部门？

也许是因为曼德尔的那番言论和广告主协会的调查，透明度成了第四个问题。格洛克认为，广告主希望知道的是：我能相信代理商吗？我能得到回扣或返利的信息吗？这些回扣有我的一部分吗？广告主越来越谨慎，使得合约也变得更加"严苛"。

第五个问题是代理商的量化和分析方法，以及能否准确估测广告表现。广告主通常会问，谁那里有我广告的数据？同时，也十分在意代理商的实力，并与新式的程序算法广告相比较。此外，广告主还关心点击量存不存在造假问题。

第六个问题是项目人员配置。对于广告主来说，成本是核心问题。所以他们十分在意参与自己项目的人员的水平如何。格洛克说："越来越多的广告主要求代理商保证，自己广告项目的人员都是业界精英。"他认为，广告主会担心代理商的规模是否足够。在广告主眼中，人才的定义是更加宽泛的。此前只有那些有创意的代理商才参与的项目，现如今公关公司、媒体公司、数字公司都可参与其中。

米拉德插话说："代理商遇到的难题是，成本压力使得公司给予员工的薪金待遇缩水，造成人才流失。和谷歌、脸书、领英这些公司相比，臃肿的代理公司对于人才来说不再具有吸引力。在许多从业者眼中，一些代理商公司像血汗工厂一样，充满了不开心的员工。"米拉德并不同意曼德尔所说的代理商的业务边界在扩张。她认为，代理商面临的收入问题使得其业务范围反而在缩小。米拉德说："这对谁都不好，包括广告主，因为他们无法从代理商那边得到最好的服务，因为代理商缺乏最好的人才。"

会议结束，米拉德端着杯茶，回忆起过去。她说："我成长在行业的黄金时代，那时显赫的通用食品公司和扬·罗必凯广告公司（Young and Rubicam）在著名的果冻品牌上进行了 25 年的合作。我们建立起整个行业和彼此坚固的合作关系，那是一个值得纪念的时代。而如今，黄金时代结束了。代理商被当作'广告贩子'，生存在随时被广告主审查的恐惧之中。"

当天早上，米拉德与媒链的客户之一时代集团（Time Inc）会谈，她描述了谈话的内容。广告主公司的执行人员抱怨无法和代理商在"广告战略层面"有所沟通，而只是不停地谈价格。米拉德说，媒链公司的一些媒体客户也有如此抱怨，而他们是将广告位售卖给广告代理。她举例说："假设时代集团在其旗下杂志精心策划了价值350万美元的广告位,但代理商往往会直接问:'我想要100万美元的广告位。'也就是在谈广告创意前,先问价格。对于已经被'剥削'的广告代理来说,他们只有想办法去'剥削'媒体。现在人们评价代理商好坏的标准变成了,代理商能够给予多大的实惠。"

所以,广告主自然向媒链公司咨询。米拉德说:"我们在咨询服务中不存在偏爱哪一家的问题,因为媒链公司对所有代理商一视同仁。我们只为客户的品牌传播提供决策支持,不管最后广告主选择了张三还是李四做代理。广告主不可能跑到代理商那里问,我是不是找对人了。他们只能向我们这样的咨询公司求助,询问与代理商的合作是否有问题,是否需要审查账户。"

账户审查之风席卷了整个广告代理业。代理商失去了许多长期合作的广告主。比如阳狮集团失去的客户包括:宝洁公司、通用磨坊、可口可乐、亿滋国际、达美航空,但得到的客户包括维萨、美国银行、塔可钟。宏盟集团失去的客户或品牌包括:强生、百威bud light淡啤、阿迪达斯,但获得与宝洁、达美和赛百味的合作。WPP集团失去的客户包括:美国电话电报公司、库尔斯啤酒,但获得的客户有通用磨坊、可口可乐。埃培智集团失去的客户包括:美国航空、凯马特,但获得了强生、美国银行、克莱斯勒汽车公司。哈瓦斯集团和电通集团在这场风暴中获得的要比失去的多。

阳狮集团失去的要比其竞争对手多。但令该公司主席兼首席执行官莫里斯·利维（Maurice Levy）恼火的是，阳狮失去的客户被其"老对头"宏盟集团抢走了一些。阳狮集团曾与宏盟集团于2013年尝试以平等关系合并，但次年合并便宣告失败。用阳狮集团高管的话形容这场合并，那就是"1亿美元的理发"，"剪走"了与宝洁公司的合作。但令利维高兴的是，他从WPP集团苏铭天那里"抢走"了美国银行；二人经常互相"斗嘴"。

除了代理商和广告主之间的关系外，这个行业还有许多关系岌岌可危。

天联广告的安德鲁·罗伯特森认为，广告是一种价值交换。因为广告的存在可以使消费者获得免费或便宜的内容服务。这其中包括很多消费者需要的信息。尽管消费者往往对广告不屑一顾，甚至嗤之以鼻。但广告的存在是很重要的。如果没有广告，贸易往来以及信息传播将会萎缩，许多零售商店将会关门，新产品将会减少，一些金融服务企业将会停业，而消费者将会抱怨自己像无头苍蝇一般盲目消费。谷歌公司2016年全年794亿美元的收入中，87%由广告贡献。在阅后即焚（Snapchat）平台，这一数字达96%。提供免费服务的互联网平台肯定希望看到广播电视开始向消费者收费。全美报纸业雇员数量从2001年的41 200人降至2016年的17 400人，这其中的主要原因就是广告收入的下滑。广告收入占据报纸收入的一半以上。根据美国报业协会数据，全美报纸广告收入从2000年的635亿美元下滑至2014年的236亿美元。与之相反的是，脸书全年的广告收入超过了当年全美所有报纸广告收入的总和。在美国境外，相同时期内报纸的广告收入从800亿美元缩水至526亿美元。

WPP集团的苏铭天说："广告和营销为经济发展注入能量。"新闻传播史领域权威、普林斯顿大学教授保罗·斯塔尔（Paul Starr）在其《媒体创新》(The Creation of the Media) 一书中认为，广告是新闻客观中立的保证。他写道："美国的新闻传播业既是客观中立且独有创意信息的来源，也是广告和公关的手段，二者是相生相伴的。"

英国经济调查机构马基特公司（IHS Markit）2015年发布的一份报告显示：在美国，1美元的广告投入将产出19美元的销售额，创造67个工作岗位。该公司预计，2019年末，广告业将带动16%的经济总量。欧洲方面，据位于布鲁塞尔的世界广告主联合会估算，每1欧元的广告投入将产出7欧元的经济价值。这些估算正如预测广告对于消费行为的影响一样，并不是很精确。但本书后面会介绍当前蓬勃发展的数据技术可以带来更精准的预估。不过，所有人都认为，广告营销是经济增长的强大支撑。

娜奥米·克莱恩（Naomi Klein）选择从另一个角度测量广告对于经济的影响。在她于2000年出版的书籍《NO LOGO——颠覆品牌全球统治》中，克莱恩把广告业描述为"罪恶深重的经济体系中最能代表大众面孔的"行业，它助长了"血汗工厂"以不健康的方式生产；助长了跨国公司，使其可以左右各国政客去促进所谓"全球主义",贩卖廉价劳动力[1]。娜奥米·克莱恩对于广告业的犀利批评,16年后得到了哥伦比亚大学法学院吴修铭教授的呼应。他在其2016年出版的书籍《注意力商人》中表示,消费者往往要求内容免费,拒绝支付少量的订阅费用,这其实招致了那些令人生厌的广告和低质量的新闻内容[2]。

毋庸置疑,对许多消费者来说,没有广告意味着没有烦扰和误导。但"人人喊打"的广告和营销业却在支持着媒体和互联网平台,也就是与我们休戚相关的信息生态系统。没有广告这台"提款机",许多企业会关门。但广告主都清楚,观众在看由广告费资助才拍摄出来的节目时,并不会对广告有感激之情。让观众看完广告,就如同要求人们为了保护环境而多花钱一样,很难得到理解。当然,有些消费者会通情达理一些,但大多数不是这样。当下,广告不再是必须观看的,消费者掌握了主动权。所以广告主面临的挑战是,必须创造消费者想看的广告。这对广告营销行业来说,是一种结构性改变。我想,首先有必要回顾一下这个行业的过去,看看这个曾经顺风顺水的行业是如何走到今天的。

第二章 可恶的变化

> 我只能"择子而食",因为实在没有别的选择了。
> ——苏铭天,WPP 集团首席执行官

"广告"(advertising)一词源于动词"注意"(advert)。在所有的竞争性的市场经济体系中,广告是不可或缺的一部分。几千年前,古埃及、古希腊、古罗马的墙画和石绘就是一种广告。500 年前,农民卖农产品靠的是一张嘴,裁缝、铁匠宣传手艺靠的是一面招牌。随着 19 世纪工业革命和城镇化,传播手段的进步方便了卖方寻找潜在的买方。广告代理公司于是诞生了。

艾耶父子公司(N. W. Ayer & Son)是世界上首个全职现代广告代理公司,创立于美国内战期间。该公司于 1905 年创立了 15%代理佣金收费制度,随后成为当时代理商主要的收费标准。20 世纪初美国汽车业蓬勃发展,成为广告业繁荣的催化剂。汽车企业为了能够在众多竞争对手中脱颖而出,开始依赖广告,如使用路边广告牌吸引司机注意力。20世纪20年代兴起的广播以及"二战"后兴起的电视成为广告业蓬勃发展的拐点。伴随着21世纪初互联网的兴起，广告业迎来了另一个发展拐点。

随着人口增长、品牌增多，广告可以帮助消费者找到自己需要或自认为需要的商品。广告吸引着消费者，同时催生了许多人们耳熟能详的品牌。早期的广告主要提供商品信息，内容枯燥但"干货"多。19世纪的报纸通常挤满了分类广告密密麻麻的文字，而且很多占据着报纸的整个头版。很快，人们学会在广告中"玩弄"消费者的感觉。20世纪20年代，在雪莱发出"诗人是未经公认的立法者"的呐喊一百年后，心理学家弗洛伊德的侄子爱德华·伯尼斯（Edward Bernays）成为公关行业之父。他在1928年出版的书中介绍了"宣传"的重要功用，尽管这个词到后来出现了贬低的含义，但在伯尼斯看来，市场营销人员的宣传行为是正当的。他认为："宣传是一种对于大众习惯和意见有意识、有技巧的控制，它是民主社会重要的组成部分。而那些掌握宣传的人，就掌握了改变民众观点的无形力量，他们组成了这个国家'隐形的政府'，握有真正的权力。"伯尼斯关注心理动机不足为怪，毕竟他跟心理学家弗洛伊德是亲戚。伯尼斯的研究试图解释人们行为背后隐藏的动机，以及如何调动这些动机。他的研究发现，人们很少能够认识到自己行为的真正动机。他写道："一个买车的人可能觉得，自己是对比了市面上所有车的性能之后做出的购买决策，所以这个决策肯定是最合理的。这其实是自欺欺人。"

今天，广告营销的概念得到很大程度的拓展。既可以是公关，比如为深陷丑闻之中的大众汽车公司做危机公关；也可以是为新产品上市做市场调研。既可以是面向甲骨文这样的数据公司，为代理商和品牌提供推广；也可以是为企业设计标识、重塑品牌的设计公司，就像时代华纳有线更名为光谱（Spectrum）。既可以作为咨询公司，为企业主管提供市场定位信息，比如麦肯锡咨询公司；也可以具体物化为邮件、博客、播客、优惠券、赞助、冠名权、货架展示等。还可以是像百奇斯（Betches）这样深受年轻人喜爱的新平台，在YouTube上有偿发布对产品的好评。

广告营销行业的"触手"深及社会的方方面面。据估计，全世界该行业的从业者为100万人左右。每年9月，约10万人聚集在纽约时报广场，参加一年一度的广告周。还有1月在拉斯韦加斯举行的国际消费电子展，大约17万人参与其中。2月在巴塞罗那举行的全球移动通信大会吸引了数以万计的观众。此外，广告主联盟还在不同区域、不同时间组织活动供相关从业者参加。如在3月美国奥斯汀举办的"西南偏南"（the South by Southwest），4月在迈阿密或洛杉矶举行的美国广告代理商协会转型会议，6月在法国戛纳举行戛纳国际广告节（现为国际创意节），还有由马特·谢克纳（Matt Scheckner）创设并组织的"广告周"活动，现已在伦敦、东京、墨西哥城、上海、悉尼等地推广举行。

广告营销行业一直都对自己的实力充满信心。1987年，智威汤逊公司被WPP集团收购，其主席杰里米·布摩尔（Jeremy Bullmore）如今坐在WPP集团英国总部一间又小又挤的办公室里。WPP集团首席执行官苏铭天仰仗布摩尔为集团撰写精彩的行业报告和企业年报。布摩尔有一对浓密的白眉毛，这让他看起来有些"萌"。他说："在所有成功的经济体系中，最具竞争力的要数自由公开的市场经济。当然，这并不是说这一体系是完美的。假设你回到500年前，来到一个村庄，那里有人拥有胡萝卜和牛奶，村里也有人需要它们。拥有者和需要者必须有某种信息上的交流才能实现沟通。"布摩尔认为，这种交流是通过广告完成的。他认为："发明家爱迪生当时没有说'谁发明了最好的捕鼠器，人们就会抢着来到他的门前'，因为这种说法实在荒唐。如果你确实制造出了一个好的捕鼠器，但你身在深林中。也许当有人知道你的捕鼠器时，老鼠可能都灭绝了。"他以苏联的卫星为例说："苏联没有广告。没有哪家日用品公司认为创新是有必要和有价值的。因为既然没法把自己的新想法和新产品推介出去，也不必担心竞争对手，何必费功夫去创新？"

"前第一夫人米歇尔·奥巴马（Michelle Obama）很会利用营销手段赢得大众支持。比如她推广积极运动和多吃蔬菜水果的健康生活。她说："我们都知道广告很奏效。但广告的作用也可以是负面的。比如之前的香烟广告。"比如当年骆驼牌香烟的广告词说："骆驼香烟是医生最常抽的香烟。"甚至声称吸烟可以提升健康。

广告与广告业的运作方式发生了根本变化。行业被来自四面八方、亦敌亦友的势力颠覆。苏铭天就像当年在美国独立战争期间发出警报的保罗·瑞威尔（Paul Revere），试图团结着传统广告业。他召集WPP集团上下，直面来自多方竞争者的威胁。在WPP集团位于伦敦的全白色简约的办公室，苏铭天边踱步边说："在这个行业里，有宏盟集团这样的直接竞争者，有像脸书、谷歌这样的友敌，有德勒、麦肯锡这样的咨询公司，有塞尔福斯科技服务公司、甲骨文、印孚瑟斯以及其他来自印度的计算机公司。"苏铭天应对这些企业挑战的办法是，强势投资一些数字初创企业，然后淘汰业绩不好的公司。他介绍道："我们投资了 Vice 数字媒体和广播公司，投资了 Fullscreen 网络传媒公司，投资了 Refinery29 网站。"但是，这些收购的数字公司随时可能被淘汰。苏铭天说："我只能'择子而食'，因为实在没有别的选择了。"

令苏铭天不满的是，在这场由曼德尔演讲引发的一系列动荡和恐惧，包括广告主的激烈反应之中，卡森的媒链公司成了最大受益者。苏铭天不愿在公开场合批评卡森，但他的确对媒链公司这样的第三方夹在自己与客户之间感到不满。因行业剧变而苦恼的广告主们，希望得到中立的建议，于是纷纷找到媒链公司而不是苏铭天的WPP集团，这令他十分生气。客观地说，苏铭天的商业头脑和行业经验要胜于卡森及大多数同行。但卡森可以为客户提供一种"安全感"。卡森把自己形容为舒适的"靠枕"。而苏铭天绝不会这样看自己。

就像对病人态度很好的医生一样,卡森知道他的客户为何惴惴不安,并试图安抚他们。他的客户们谈到,全球约有60亿人使用智能手机,手机的加速普及使之取代台式电脑和电视,成为主流平台。他们惊叹于小小手机的惊人力量,阳狮集团的沙德·特柏科沃拉说:"今天的 iPhone 8(苹果8代手机)所拥有的计算能力,要超过当年第一架航天飞机。"令他们兴奋的是,智能手机内置的全球定位系统(GPS)可以更紧密地追踪和接触用户。这些客户还对中国的腾讯公司感到敬畏。腾讯是一家专注于移动通信服务的互联网巨头,旗下有微信等平台。至2016年年中,腾讯已拥有近8亿用户,其中80%的用户每天在其平台上花费的时间要超过一小时。尤其是微信,实现了人们与亲人、朋友、陌生人的联系。此外,微信通过简单的二维码,实现每日5亿次的交易,关联3亿张信用卡,链接到30余万商家。而且这一切只需在微信一个应用中实现,无须切换到其他应用。如果客户不知道微信,卡森会这样解释,微信是一种一站式服务应用,它的功能囊括贝宝(PayPal)、脸书、优步、亚马逊、网飞、银行、艾派迪等许多应用的功能。卡森十分清楚,手机业的未来在中国,而不在美国硅谷。

令卡森的客户更加紧张的是,中国市场并不好进入;而在美国方面,控制移动互联网平台的公司会狠狠地与广告主和广告代理讨价还价。此外还有手机硬件方面的问题：广告会消耗手机电量，小小的手机屏又会限制广告的展示效果；在消费者眼中，手机广告是一种令人生厌的打扰。在美国，1/4的手机用户使用屏蔽广告软件，而这一比例在西欧国家是1/3。于是，卡森的客户迫切地问道，既然手机上的广告不那么有效，且消费者被分散在许多新的平台和社交网络，那么我们怎样才能接触到受众，怎样才能向他们推介产品、塑造品牌？还有如何去打动年轻一代，包括年龄大约在21~34岁的对数字技术十分敏感的千禧一代以及1997年后出生的厌恶兜售行为的网络新生代。据估算，一个人每天平均要遭受5 000条市场信息的"轰炸"，这也是大家普遍对广告感到厌恶的原因之一。

卡森的客户公司对新的数据挖掘技术感到好奇，这些技术工具可以帮助广告和营销公司瞄准消费者。但这些广告主和代理商也害怕这些具有数据挖掘能力的公司，特别是脸书和谷歌。它们一方面和广告主合作，一方面又通过获取海量用户数据和广告主竞争，且不会与他人共享那些数据。这些亦敌亦友的数字公司掌握着用户数据且拥有自己的广告营销平台，如谷歌的双击（DoubleClick），脸书的阿特拉斯（Atlas）。这使得它们成为传统代理商的竞争对手。卡森的一些客户越来越害怕亚马逊集团，因为该集团不同于谷歌和脸书，它可以获取用户的购买数据，同样这些信息是不会和广告代理共享的。更令许多企业担忧的是，亚马逊操控自己的平台优先展示自己的商品。比如，如果你问亚马逊的语言助手Alexa推荐一款电池，Alexa会推荐亚马逊旗下的电池。这也是为何亚马逊电池始终是亚马逊平台的热销产品。谷歌便因此受到欧盟的起诉，指控其在搜索引擎上诱导消费者购买自己旗下的产品。

卡森的客户公司还担心隐私问题。数据的确可以帮助企业瞄准用户，但如果人们发现自己的隐私被侵犯，就会产生对企业的抵制和厌恶，甚至会向政府求助寻求保护。数据可以帮助广告代理商更好地瞄准消费者，但同时也让广告主更清楚地看到代理商操作的广告的效果。新技术使信息更公开，给予人们更多选择。人们可以选择屏蔽广告，可以在手指间表达喜怒哀乐，可以发出自己的声音，可以抛离传统媒体。

新技术丰富着广告平台的种类，企业可以通过电视、社交网络、手机应用、博客、播客、邮件通知等平台接触到消费者。这令广告营销界惊叹不已。但令他们担心的是消费者的分众化和小众化。在这个技术改变的新世界中，业界普遍在思索，怎么做才能吸引人们的注意力。

广告行业普遍担忧的是，他们所谓的广告"艺术创意"将被以数据、算法和人工智能为工具的计算机取代。当下，我们越来越依赖手机。在前谷歌北美地区广告销售业务高级副主管、现美国在线服务（AOL）首席执行官蒂姆·阿姆斯特朗（Tim Armstrong）看来，手机产生的巨大影响极大地冲击着广告业。2015年，他预测未来营销人员将不得不试图通过手机打动消费者。阿姆斯特朗说：

"小小的手机将打破营销人员对消费者的优势，颠覆营销内容和方式。不出5年，60亿人将可以通过手机连接移动互联网。作为广告营销者，这意味着你的信息首先必须能到达人们的手机——'第二大脑'上。所以，你的广告不仅能够打动消费者的心，还要至少能够先显示在消费者的手机屏幕上。"阿姆斯特朗以自己在万事达信用卡董事招待会展示的新产品为例，继续阐释计算机的力量。他介绍了一种智能加油站，可以通过识别支付信用卡获取持卡人是否为常客这样的信息，并根据该信息提供不同程度的加油优惠。他认为："以后加油零售价格将根据消费者的类型或消费积分多少来决定。这意味着，企业将获取更多消费者的个人信息。"手机将记录下消费者与企业的所有消费行为。这些数据是一种力量。对于消费者来说，它将改变消费行为，赋予消费者更大的权力。而对于企业来说，越快适应手机带来的这种变化，就越能获得主动权。

阿姆斯特朗继续说道："未来，营销人员将不得不学会与手机这样的机器搞好关系。因为机器将和人一样强大，上面的软件应用成为人们的左膀右臂。今天，消费者要亲力亲为，比如开车去商店，去亚马逊找到想要的产品，未来都将可以由机器代劳。只要那些机器对你足够了解，知道什么样的东西可以帮助到你。这样看来，购物的重任将从消费者身上转移到那些科技公司身上。"消费者的信息将在人们的手机屏幕上显示；或是通过更智能的亚马逊的Alexa、苹果的Siri和智能音响、谷歌的Home、微软的Cortana等数字助手。新的助手可以观察你一年或一段时间，然后告诉你，哪些东西可以帮助你长寿，哪种购买决策可以帮你省钱。换句话说，机器成了你的代理，于是像代理商这样的中间人可能就要失业了。

代理商对这种趋势感到烦恼。他们对曼德尔的那场指控感到不满。迈克尔·卡森听到了很多客户的抱怨。这其中包括他的"常客"贝斯·康斯托克（Beth Comstock）。康斯托克曾任美国通用集团的首席营销官，后因业绩突出而升任副总裁。她对卡森说："许多客户都在抱怨自己的期望同代理商服务之间的脱节。于是希望能够和媒体直接联系。"这样就可以越过代理商，直接开展广告项目合作。比如，《纽约时报》就曾为通用电气公司创制虚拟现实广告。康斯托克认为，多年来，广告主和代理商之间的不信任与日俱增。因为那些购买广告位的代理商把自己视为媒体的客户。代理商把广告主集中起来，讨价还价。最终直接向媒体购买广告位的往往是代理商，而非广告主。代理商不一定总会对广告主的广告全力以赴。他们有时会隐蔽收取回扣的秘密。对于康斯托克来说，信任问题归根结底为一句话："广告代理商是为广告主工作还是为了媒体公司工作？"

代理商自然不希望自己成为多余的中间人。然而它们的确有可能被代替，比如有的广告主企业为了节约成本，自己建设广告营销部门；或选择一些如《纽约时报》《华尔街日报》、沃克斯这样的媒体广告平台，它们既作为媒体也作为广告代理，可以直接为企业或品牌提供广告服务。代理商还担心，消费者越来越习惯于手机网购，这对以前的广告投放"大户"实体店或零售商来说，就不是减少广告支出这么简单了，而是事关存亡。作为一家蓬勃发展的数字广告代理公司的负责人，R/GA广告公司创始人兼首席执行官鲍勃·格林伯格认为：大型的代理控股公司就像笨重的恐龙，它们通过收购实现增长，但无法调和内部不同公司的文化差异，同时受到一些资金充裕、人脉广阔的大型咨询公司的挑战。格林伯格说："大型的代理控股公司正在垮掉，因为主事的人只关注收益和亏损。"当然，格林伯格的这番言论不包括收购他的R/GA公司的埃培智集团。

阳狮集团的沙德·特柏科沃拉感慨道："行业的这些变化太可恶了。我讨厌变化。我来到公司工作，一干就是34年。我的家在芝加哥，一住就是36年。我12岁的时候在印度遇见了我一辈子的爱人。我讨厌变化，变化迫使你做出改变，去做不擅长的事。于是你会犯错，会像个傻子一样。"但企业的高管可不能让自己看起来愚钝或无知。特柏科沃拉认为："所以他们会对外宣称一切尽在自己掌握之中。而内心却盼着这场变革赶紧在自己退休前结束。而事实往往是，变化来得更加凶猛。"

从大众的视角看，像特柏科沃拉、苏铭天、卡森这样的公司主管心里很清楚，科技将取代他们公司的许多员工。无论是通过电脑购买的程序化的广告，还是即时通信工具或电子邮件上发放的个人定制广告，都可以由机器代劳。这些高管深知，具有人工智能的算法和机器将决定未来人们眼前的一切。正如卡森所说："技术是代理商的头号威胁。因为技术拉近了买方和卖方的距离，降低了中间人存在的必要性。"

这些广告业高管以及卡森内心深处恐惧的是，广告营销的资金并不是流向别处，而是蒸发萎缩。他们的恐惧让人想起海明威的小说《太阳照常升起》中的一段对话——

"你怎么破产的？"比尔·戈顿问。

"分两种方式，渐渐地和突然地。"迈克·坎贝尔回答道。

第三章　再见，唐·德雷珀

> 今天，广告主与代理商的缔结，不像是忠贞的婚姻而像是试探的约会。
>
> ——迈克尔·卡森

唐·德雷珀是电视剧《广告狂人》中一个虚构的角色。他代表着20世纪中期像大卫·奥格威（David Ogilvy）、比尔·伯恩巴克（Bill Bernbach）和乔治·路易斯（George Lois）这样的广告公司高管。他们的时代，是创意部门统治广告的时代。那时麦迪逊大道就是广告的代名词。像迈克尔·卡森的媒链这样的咨询公司是没有必要存在的，而且会被认为是"搅局者"，因为当时的广告代理公司，在曼德尔和康斯托克看来，就是客户实实在在的代理。

19世纪末，报纸开始为广告代理公司提供广告费的15%作为佣金。随后，杂志、广播、电视也开始实行。不过，这种补偿体系并不正常。广告是广告主购买的，但支付给中介佣金的却是卖广告位的媒体，而不是广告主。此外，代理还收取17.65%的服务费，并分批报销广告制作中产生的费用。2016年下半年，杨名皓（Miles Young）从奥美广告公司全球首席执行官的位子上退休，他承认，这些代理费的确很丰厚。

兰德尔·罗滕伯格深耕广告业已超过1/4个世纪了。他撰写的《美国广告故事》（*Where the Suckers Moons: An Advertising Story*）[3]可读性强，且极具指导意义。如今，他成为数字公司的代言人，担任美国互动广告局的负责人。罗滕伯格相信，佣金制度促进了广告代理业务，提高了代理的利润率。他认为："媒体与代理商合谋将价格维持在高位。在这场交易中，企业的营销人员本来是代理商的客户。事实上，媒体成了代理商的客户。广告代理商充当了媒体的经纪人。"于是代理商很少和媒体出版商讨价还价。媒体收到越多的广告费，代理商收到的佣金也就越多。

比尔·伯恩巴克是恒美广告的创始人之一。（他的代表广告创意有：大众甲壳虫汽车的"想想还是小的好"；Levy黑麦面包广告"不必成为犹太人，照样爱纯正的犹太黑麦面包"。）在伯恩巴克的时代，广告代理商高管们的日子是安稳的。安飞士租车公司刚起步时，当时的公司首席执行官请伯恩巴克来策划广告，伯恩巴克提了个条件，就是必须按照我推荐的办法来[4]。伯恩巴克策划的广告"因为我们不是第一，所以我们更努力"获得成功，改变了安飞士租车公司的命运。特立独行的乔治·路易斯和伯恩巴克一样出生在纽约布朗克斯区，曾经获得雪城大学设立的篮球奖学金。他虎背熊腰、声音洪亮、孔武有力。据伯恩巴克的同事杰瑞·德拉·费米纳（Jerry Della Femina）回忆，伯恩巴克不止一次冲着客户喊道："如果你不同意我的广告创意，我就从窗户跳下去！"

从媒体购买做起进入这个行业的卡森回忆道，在过去，给广告主客户做工作的往往是创意人员。客户不会和负责媒体购买的人员谈，比如电视剧《广告狂人》中斯特林·库珀广告公司电视部的负责人哈里·克兰，该人物在剧中的角色是负责媒体购买，并被塑造为书呆子形象。但在20世纪70年代末，出现了独立的媒体购买人，并在90年代受到重视，挑战着当时业界的广告代理公司。

在《广告狂人》所描绘的广告黄金时代里，人们不停争论怎样实现成功的广告创意。20世纪50年代，达彼思广告公司主席兼创意总监罗瑟·里夫斯（Rosser Reeves）认为，当时的广告营销是一门准科学。他提出所谓的USP（Unique Selling Propositing，独特的销售主张）理论，也就是向消费者传递一个可以占据心灵的"独特的销售主张"，是广告成功的关键。这个主张要足够独一无二，当然也必须通过广告效果预测的调查。高露洁牙膏的广告创意：牙膏可以像带子一样顺滑地挤到牙刷上。想法确实是独一无二，但不一定有好的效果。另一个创意：清洁牙齿、清新口气，显然既独一无二又能触动消费者的神经。1952年，里夫斯被邀请作为德怀特·艾森豪威尔参加美国总统竞选的媒体顾问，负责指导30秒电视广告的制作。里夫斯通过盖洛普民意测验,找到了对手民主党存在的三个弱点:腐败问题、经济问题和朝鲜战争。于是,里夫斯为艾森豪威尔设计了"艾森豪威尔,热爱和平的人"的广告语,把他塑造成带来国内外和平的英雄。艾森豪威尔的对手,民主党的阿德莱·史蒂文森(Adlai Stevenson)不看电视,认为通过电视广告向选民发布消息就像是对着小学生说话一样。于是他用95%的电视广告竞选预算换作半小时的广播演讲时间,但听众很少[5]。

  里夫斯的同龄人伯恩巴克却有不同的广告哲学。他不相信统计调查,只相信直觉。就这一话题,伯恩巴克曾对马丁·迈耶(Martin Mayer)说:"调查的确可以告诉你人们喜欢什么,你也可以博得消费者的喜欢,这的确降低了广告制作的难度和风险。但靠用户调查做出来的广告是'烂大街'的。广告不是科学,而是一种说服,是一种说服的艺术。"[6]大卫·奥格威——广告业另一个传奇,是里夫斯的门徒,一定意义上也是他的亲戚。但奥格威与里夫斯在观念层面的分歧加剧,二人于是不再联系。奥格威高度重视品牌形象的重要性,并主张这一形象是通过"产品细微的区分"塑造的。在奥格威设计的许多平面广告中,标题和图像下面往往是一段用来招徕顾客的介绍品牌的文字。比如在他为劳斯莱斯设计的一个广告中,大字号的标题为"开到60迈的这款劳斯莱斯新车,最响的竟然是电子钟",标题下面是13条购买劳斯莱斯豪华车的原因。他坚信,在消费者的心目中,品牌是很重要的。

奥格威和伯恩巴克的关系也不怎么样。虽然不至于争吵，但仍是意见不合。奥格威认为伯恩巴克的广告艺术的形式大于实质的内容。他认为："广告的内容比形式重要。"

伯恩巴克坚决反对。他认为："广告的制作手法决定着广告内容。"[7]这是一场无休无止的争论。

尽管这几位广告业的巨擘的观念相左，但他们达成共识的是，广告主是广告的真正购买者，有最终的决定权。当时，许多广告主担心会得罪白人观众，于是否定了在广告中出现如歌手小萨米·戴维斯这样的黑人形象。另一个例子，烟草广告占当时媒体广告总量的1/10，所以电视新闻很少报道吸烟对身体的害处。多年来，媒体营销的负责人拥有一定决定电视节目编排的权力。媒体需要广告供养自己，首要的经济任务就是为广告吸引读者，于是所有媒体都会努力使广告出现在恰当的时候和地方。深陷性骚扰丑闻的福克斯新闻著名主持人比尔·奥雷利本来能够成功脱身，但因为有人发起对其节目中广告品牌的抵制活动，到2017年4月，不少广告主陆续终止了和福克斯电视台奥雷利节目的合作，福克斯新闻见状也迅速地开除了奥雷利。

伴随着美国商业文化的转型，以及广告行业的变化，广告主对广告费结构的审核越发细致。曼德尔对回扣的控诉并非空穴来风。2008年金融危机后，企业高管越来越倚重公司的财务总监、采购总监去严密监管营销的成本。这对负责选用广告代理的首席营销官来说，意味着手中权力不可避免地减损。曾任可口可乐公司、美国电话电报公司首席营销官的温迪·克拉克（Wendy Clark）对此深有体会。担任恒美广告公司北美大区的首席执行官的温迪说："现在，参加营销方案会议的除了首席营销官外，至少还有两名负责采购的人员。"

欧文·戈特利布发现，这一现象在20世纪90年代就有苗头。负责采购的工作人员会雇用艾博平、埃森哲这样的审计公司去监理代理商。戈特利布说："这些公司赢利的方式就是帮客户想办法从代理商身上省钱，于是成为与代理商存在利益冲突的敌人。这些审计公司往往宣称大雨将至，然后卖给你雨伞。"对于广告主公司，的确通过审计公司省去了一部分钱，有利于眼前的生意，但代价是长期健康的发展。因为在戈特利布看来，营销支出和企业发展是紧密相连的。严密的审查往往消磨着广告主和代理商之间的信任。

卡森认为："今天，广告主与代理商的缔结，不像是忠贞的婚姻而像是试探的约会。"以前，广告主对代理商的审查往往10年才一次，现在频率陡然增加了。恒美广告与美国安海斯–布希公司的合作已有33年。恒美的名誉主席凯茨·雷恩哈德（Keith Reinhard）与该家族企业的核心人物奥格斯特·布希（August Busch）关系很好。雷恩哈德将这层关系形容为"高层之间的友谊"。但是，当首席营销官带着产品经理掺和进来，雷恩哈德认为："这种高层间的友谊正在减少甚至消失。"今天，首席营销官并不列位于以首席执行官为首的，包括首席运营官、首席技术官、首席财务官的公司核心层。首席营销官的任期往往就几年。扬·罗必凯广告公司首席执行官大卫·塞伯（David Sable）感慨道："现在与唐·德雷珀时代最大的区别是代理商和广告主之间的关系。以前，有问题找代理，因为代理商和广告主是合作伙伴。"

精打细算的采购人员的崛起还源自15%佣金制度的结束。正如迈克尔·法玛尔（Michael Farmer）在《麦迪逊大道风波透视：锱铢必较的广告主、爱财逐利的企业主和渐渐衰败的代理商》(*Madison Avenue Manslaughter*: *An Inside View of Free-Cutting Clients, Profit-Hungry Owners and Declining Ad Agencies*) 一书中所写："代理商已不必通过展示多么用心于广告主的项目去为自己赢得佣金，他们的代理费是由广告主已经确定的营销预算决定的。"[8]

历史上第一个"反抗"代理商的广告主公司是壳牌集团。1960年，壳牌集团决定终止和智威汤逊的合作，制定新的付费体系代替此前的佣金制度。壳牌选择了新的代理商大卫·奥格威的奥美广告公司。奥格威得意新设立的实费制广告支付体系，并认为30年内将成为业界通用的方法。奥格威说："经验告诉我，广告代理向广告主收取的代理费用最好是固定的。"他在自传《一个广告人的自白》[①]中写道："当代理商的代理费和广告主的广告预算挂钩时，就

---

① 《一个广告人的自白》中文版由中信出版社于2008年出版。

很难给出客观中肯的咨询服务。我喜欢的状态是在固定的代理费下，当我提出多花钱的方案时，客户不会质疑我的动机；当我提出节省开支的方案时，不至于因为代理费问题得罪我自己的股东。"[9]

对于调整代理商和广告主的利益关系这个问题，奥格威是对的。但他没有注意到新的实费制体系对于广告代理商带来的后果。诚然，15%的佣金制度的确动摇了广告主与代理商之间的信任，但奥格威的新的费用体系动摇了那些创意的代理商。杰里米·布摩尔认为："以前的佣金制度的确不合理，但它却有效果。它使得代理商努力在服务上而非价格上竞争。而实费制使得企业的首席财务官得以锱铢必较，比如提出'为什么不换一个年轻的便宜的广告文字撰稿者'等类似的问题。"奥美广告的杨名皓认为："这样一来，代理商的获利将削减1/3，甚至一半。"

对于广告营销业，最具有颠覆力量的是新技术。在新技术下，消费者的选择激增。地平线传媒的比尔·柯尼斯堡认为："在唐·德雷珀的时代，和消费者打交道的渠道也就6种，电视、报纸、杂志、广播、户外广告和线下的邮寄广告。而今天，则在成百上千种媒介平台上。这对行业的冲击是巨大的。"除了媒介平台，还有每个人手中的智能手机，以及手机中的应用。手机和人朝夕相处、形影不离，上面的广告对于消费者来说有时是有用的信息，有时是一种骚扰。脸书全球营销解决方案副总裁卡洛琳·艾弗森（Carolyn Everson）指出，如今人们在手机上花费的时间要长于看电视的时间。以往的电视广告相当于散弹枪,不确定"打到"哪些消费者;而像脸书这样拥有用户数据的互联网公司则可以为广告主提供狙击枪一般的精确"瞄准"。在新技术的支持下,几乎所有的互联网平台都在承诺,自己的广告是为消费者量身定做,而不是简单地对着消费者发送信息。在世界第二大广告主联合利华集团从事营销和传播工作 30 余年的基斯·威德(Keith Weed)认为,与过去相比,最大改变的是数据。所谓改变,并不是说有新的数据产生,而是人们分析数据的能力增强了。

尽管有了数据,营销人员仍没有掌握主动权。阳狮集团的沙德·特柏科沃拉认为:"与过去相比最大的不同是,消费者看什么、怎么看、什么时候看的选择权越来越掌握在自己手中。消费者成为真正的皇帝。"特柏科沃拉认为 2007 年是"皇帝"获得"权力"的"登基之年"。那一年,苹果推出首台智能手机 iPhone,脸书的目标用户不再仅为年轻大学生,亚马逊推出 Kindle 阅读器。在过去,广告业存在的前提是有效信息的稀缺。广告行业观察家戈德·霍凯斯(Gord Hotchkiss)在电子刊物《媒体邮报》上发文表示,广告向我们提供产品的信息,我们消费者提供给广告的是自己的注意力。今天,我们深陷信息的海洋,缺乏的是注意力。这就使得像优步、爱彼迎、谷歌这样的信息分享平台越来越受到欢迎。在这些平台,信息交换自如,鼓动性强的广告反而显得有些尴尬、不自然和虚伪。所以说广告没有建立信任,反而在减损着信任。广告的式微体现在那些广告屏蔽工具的广泛使用上。据尼尔森数据，半数观众在用DVR录节目时会选择跳过广告。

当下，广告业界乱用概念作为障眼法的行为揭示了行业的紧张情绪。20世纪末，广告商称自己是"品牌管家"，仿佛品牌是个活生生的人。比如耐克集团宣称品牌的使命是"通过体育运动提升人们的生活质量"，比如宝丽莱宣称自己销售的不是相机而是"社交润滑剂"，再如IBM售卖的是"商业解决方案"而非电脑。

这一切都在回避行业内的一个根本性问题：这些广告商对自己面临的威胁是否足够警惕。很多人还在说大话。我们有理由去怀疑这些人或多或少是在自欺欺人，就像文学家罗伯特·路易斯·史蒂文森（Robert Louis Stevenson）所写的，他们并不是在"由盐和酸等元素构成的外在实在中生活，而是在自己脑海里那温暖虚幻的空间里，眼前是画墙和花窗"。

在一些广告业的活动中，比如戛纳广告节，基斯·威德往往身着一身黄绿色的运动夹克，十分引人注目。而在位于伦敦的办公室里，威德往往低调地穿着灰色衬衫和牛仔裤。他表示："过去5年的变化比过去25年的还要多。以往的营销策划方案也就几张纸，现在厚得像书。选择的多样化是好的，但也是充满挑战的。"

广告营销业面对的挑战是代理商和广告主之间信任的流失。这也是媒链公司员工会议经常讨论的话题。在会议室，总裁文达·米拉德坐在一张长方形的白橡木长桌一端，面对着两面大屏，一面显示的是媒链公司洛杉矶办公室的画面，一面是芝加哥的。纽约的会议室里挤满了公司员工，他们或坐在黑色皮质转椅上，或站在墙边。时年62岁的米拉德是公司的元老，身边是她年轻的助手，公司活跃的经理约瑟夫·乌瓦。在乌瓦眼中，公司的两位高管米拉德和卡森的做事风格完全不同，一个刻板挑剔，一个比较随和。米拉德每天的行程精准，而卡森则有些逍遥。

2016年2月，米拉德召集员工大会，将会议时间定在下午两点半。50余名公司高管汇聚在玻璃墙面的会议室中。身在洛杉矶的迈克尔·卡森本应通过视频参加，但他在结束巴塞罗那的全球移动通信大会后，和老婆溜到德国享受温泉去了。看到卡森没有按时出现在视频一端，米拉德说："我们等。"

在洛杉矶的办公室，卡森到了，他身着一身灰色水手领毛衣，露着浅蓝色的衬衣领子，显得十分放松。他风趣地说："温泉的蒸汽让你看不到我了吧。"

米拉德问他怎么看曼德尔在2015年的那场演讲带来的负面影响。

卡森幽默地作答："这个问题让我想起在德国泡温泉。这世道真是变了，我这个犹太人现在花钱请德国人把自己关起来（指泡温泉），还不给饭吃。"卡森的幽默虽没有逗乐大家，但还是显得十分乐观。他开始阐述自己的看法，来媒链公司咨询的广告主感到不安的是与代理商之间的合作缺乏透明度。卡森指出："这些广告主往往会说被代理商坑了，还不如直接和媒体对接做广告。"他举例说，计算机通过算法生成的程序化广告，可以精准投放到目标客户，这其实就会取代代理。广告代理—广告主的商业模式正在受到前所未有的冲击，原因不仅是技术所实现的去中介化，还有信任缺失的问题。而且因为广告主看不到他们的钱是怎么花的，这种期望通过技术去中介化的呼声也就越来越多。

一位公司高管问道："所以我们应该以什么样的姿态对待这些客户？"

卡森风趣地说："那就得从很久以前说起了。你最好先接点水喝。"他接着说："为了保护公司，我们的任务是成为买家和卖家之间的桥梁。我们不应该站队。我们是两边的队员。代理商也是我们的客户。"

卡森的回答被另一位高管的问题打断："我天天接到代理商公司的人打来的电话，说实在不想在广告代理公司工作了。"

米拉德说："所有人都在寻找出口，太多人希望离开这个行业。广告业的收入在缩水。对于这个行业里的人来说，如果发现在代理公司做策划的年薪是4万美元，而在脸书公司年薪却能到6万美元，他会怎么想？广告行业里的人开心不起来。"

米拉德引用《美国广告》杂志2016年的调查数据，在广告营销行业工作5年以上的人中，47%的人表示士气低落，造成这一问题的主要因素是"领导不当""缺少上升机会"以及"对工作不满"。同年，领英进行了针对10个行业的员工更大样本量的调查，结果显示，广告营销行业在"生活和工作的平衡"和"行业战略远景"两项上排名均在最后；在"薪酬与福利""职业路径""工作稳定""职员价值贡献"上排名倒数第二；在其他问题上，广告业都处于中档。

广告代理业的世界乌云密布，但卡森却看到了媒链公司晴朗的未来。他总结道："我希望你们都能看到希望。不畏浮云遮望眼，行业持续的革新和混乱其实是商业机会的伪装，对我们来说，也许连伪装都不是，就是给我们的机会。"

卡森看到的是晴朗天空，在别人看来那正是风暴眼。不过这没有吓到卡森。现在的这点动荡对经历丰富的他来说实在不算什么。

第四章　广告界的媒人

迈克尔·卡森喜欢哼唱音乐剧《你好！多莉》的旋律。该剧主角多莉·利维是一位媒人。可以说，卡森也是广告界的媒人。

在卡森的办公桌上有一个标识，写着四个大字"一切都好"。文达·米拉德形容她的同事卡森是一个乐观、随和的人。米拉德开玩笑地说："我拥有很多鞋子，而且往往脚趾那里都有痕迹，那是因为我经常用脚踢卡森。我知道他肯定会服软。"在媒链公司，有一个关于卡森如何取悦别人的故事常被津津乐道。卡森在他的途明（Tumi）牌背包中携带着一部三星 Galaxy、两部 iPhone、一部黑莓手机和一台 iPad（苹果平板电脑），还有手机充电器和连接线。几年前，他的手机背面印上的服务商标识要么是威讯，要么是美国电话电报公司。有一次，他飞往达拉斯和一位不熟的客户吃饭，那人是美国电话电报公司的一名女性高管。晚餐后，他们走出餐厅，卡森的电话响了。他把手伸进包里，拿出了印着威讯标识的手机。

美国电话电报公司的高管看到后问卡森："您的手机不会是威讯的吧？"当时卡森心里默念着自己真傻真不小心。不过他立刻把拿出来的手机扔到地上，狠狠地用脚踩碎。然后转向那位女高管说："不好意思，有什么事吗？"

两个人都笑了。卡森随后解释道，之所以只用威讯服务，是因为美国电话电报在洛杉矶的信号一般。卡森后来回忆说："从那一刻起，我和那位高管成了朋友。"

对于媒链公司的许多高管，那一刻以及那个故事让他们感受到了自己老板的性格。比如罗伯特·索尔特（Robert Salter）是卡森办公室的"副"主任，因为卡森认为自己是这个办公室的头。索尔特说："当卡森犯错时或得罪人时，他总是面带微笑。这使得大家对他还是产生好感。他充满魅力，总能把尴尬的谈话变得轻松。"

卡森的爱人罗妮·卡森认为，迈克尔·卡森的魅力遗传自他的父亲，一个爱开玩笑的人。他的母亲很严厉，但有着敏锐的商业头脑，这一点卡森也继承了。卡森成长在纽约布鲁克林区东弗莱布许的一个中产家庭，家里还住着他的姥爷、姨妈和姨夫。卡森回忆说："这一家人其实就是一个小型的犹太人村。家里还有我的两个姐姐，母亲一边抚养我们三个，一边帮助父亲经营多家干洗店。我的父亲曾是一名喜剧表演者。但太遗憾了，他没有坚持下去。"要问卡森从父母那里继承了什么，卡森会回答："那就是我脑子里的数不清的段子和玩笑。我的父亲非常聪明、幽默，这是我从父亲那里遗传的最好的基因。"当卡森和姐姐长大一点时，他们的母亲已经成为一名成功的房地产经纪人。卡森开玩笑说："母亲把所谓犹太人的内疚变成了一种艺术。她很会安抚客户的不安全感。"

在卡森3岁时，父亲卖掉干洗店，全家搬到洛杉矶。他的父亲在那里开始新的干洗店生意。卡森很合群，是个好学生，但从来不听话。他记忆中自己当时唯一"减分"的是课堂记录。卡森说："我是个机灵鬼，很喜欢表现自己。在课堂上有话就说，从来不举手。"

当时，卡森的姐夫告诉他，迈阿密大学的学生组织的派对特别棒。所以卡森选择了迈阿密大学。但在第一学年末，他转学到南加州大学，学习了一年后又转到加州大学洛杉矶分校，并在那里学习英语专业直到毕业。由此，他留在了加州，并在位于当地的西南大学法学院获得法学学位。

在法学院的第二年，卡森遇到了他未来的妻子罗妮·克莱茵（Ronnie Klein）。当时罗妮已从迈阿密大学获得心理学学位，从纽约大学获得了咨询专业硕士学位，在洛杉矶的一所学校从事心理咨询工作。他们相遇的故事很有趣。那年2月，卡森需要飞往纽约参加一场婚礼，但没有合适的冬装。他想起一位在圣地亚哥的朋友，有一件很不错的驼绒大衣，于是问他能否借来穿穿。那位朋友恰好要去洛杉矶，所以把衣服捎给了卡森。婚礼结束，那位朋友说恰好他有位朋友开车去圣地亚哥，会路过洛杉矶，这样可以叫那个人把衣服捎过来。那个人就是罗妮·克莱茵。

在电话中，罗妮说自己下午早些时候在家。但卡森直到晚上6点才到她家。罗妮有些生气，打开门拿上那件大衣就把门关上了。

罗妮说："当时我觉得卡森有点令人讨厌，我是帮他的忙，但他有些不可理喻。"卡森说："那一面，我觉得她有一双世界上最美丽的蓝眼睛，令我难以忘怀。"

于是下个周末，卡森打电话主动约她。罗妮说自己周末可能要去棕榈泉，想打发走卡森，并示意他不要再联系自己。

那个周的周五下午，卡森走在威尔夏大道和比佛利街的路口，准备去吃午饭。正巧，他碰到了罗妮。卡森说："看起来周末你是不去棕榈泉了。"

罗妮回忆道："当时我哑口无言，也没啥借口，很是尴尬。"

卡森接着说："看来周末我可以约你吃饭了。"他故意给了罗妮一个台阶，也给自己争取了一个肯定的答复。

1974年2月初，二人去了电影院，然后去吃饭。罗妮回忆说："那晚的约会感觉很棒，出乎自己的意料。"之后卡森不停地打电话，二人每周约会两次。每次约会临别时，罗妮会亲吻卡森并道晚安，但总会想各种理由拒绝他到自己的家里。其间，他们还和别人约会。尽管还没正式确定恋人关系，但彼此已成为很好的朋友。4月，卡森还邀请她到家里参加逾越节的家庭晚餐。

罗妮回忆，在5月的一次晚餐中，"卡森说他爱上我了。我回答说，谢谢你，但是我还没那种感觉"。罗妮说："5月中旬，我们有了更亲密的接触。5月下旬，我们在一起过周末。那时，我发现自己爱上他了。"在一次和别人的见面过后，罗妮打电话给卡森，问他可否来自己的公寓。因为"我想当面对你说，我觉得我爱上你了"。罗妮回忆说。那一晚，二人拥吻在一起。

罗妮还提起另一件事。她有一次要去纽约参加朋友兰迪的婚礼并担任首席女傧相。卡森说："我要和你一起去。"

罗妮说："又没邀请你，而且兰迪也不认识你，更不知道我们在约会。"卡森坚定地回答道："那你告诉他，你要带个人一起参加。"

罗妮于是打电话给兰迪，在等对方接听时，罗妮问卡森，一会儿我该怎么跟她说，带谁去？卡森说："你就说，带你的未婚夫。"

电话通了，罗妮激动地说："我一会儿再给你打，我刚刚订婚了！"

他们于1974年12月结婚，并搬到纽约。卡森开始在纽约大学攻读法律硕士，专攻税法。罗妮则一个人做好几份工作支撑着二人的生活。1976年，二人回到洛杉矶。卡森的母亲帮他们物色了房子，但二人因为钱不够所以只能先租一间公寓。就在第二天，卡森竟然买了一辆保时捷车，罗妮认为这确实有点不负责任。卡森的母亲在南加州谢尔曼橡树区找到一处房子，小两口从表兄史丹利·戈尔德

（Stanley Gold）和父母那里借了点钱，最终买下了那间公寓。表兄史丹利·戈尔德是迪士尼的大股东。

卡森在那个时候买辆保时捷的行为的确令罗妮生气，但是现在，她理解自己的丈夫了。罗妮说："迈克尔肯定是认为，车到山前必有路。他的邮件末尾的固定签名写着'一切都好'，这是有原因的。"

卡森随后在一家企业从事税法工作，罗妮怀了他们的第一个孩子，二人共育有三个子女。卡森的月薪是 1 500 美元，另有业绩提成。工作的第一个月，他就招募了 12 名新员工。卡森说："我很善于成为一个'及时雨'式的乐于雪中送炭的人。"1977 年，他加入了另一家公司。一年后，他与几个朋友创办了一家法律顾问公司。卡森努力地工作。罗妮认为，他很想在商业领域取得业绩，他坚信自己总能够遇到一些客户，碰撞一些火花，成就一番事业。"事实证明，他做到了。"

1986 年，他的一个客户，全球影视娱乐公司（今亚提森娱乐）邀请作为法律顾问的他担任公司总裁兼首席运营官。这家公司是当时最大的独立的家庭影视公司，是很多耳熟能详的电影如《特种部队》《变形金刚》的发行商。全球影视娱乐当时的运营者是何塞·梅内德斯（Jose Menendez），他是卡森不愿美言的几个人之一。卡森介绍说："梅内德斯很严厉，很容易被激怒。你跟他说早上好，在他眼里都是充满敌意的。"卡森在该公司负责销售策划，直到 1987

年离开。1989年，梅内德斯夫妇被他们的两个儿子杀害，这成了美国著名的大案"梅内德斯案"。卡森回到当时创立的法律咨询公司，但心里还是惦记着成为商业圈里的人。

若干年前，在参加一场孩子的生日宴会时，举办宴会的饭店老板问卡森，是否了解特许经营法律，因为他想将自己的肋排餐馆特许经营化。卡森说，自己了解，并告诉那位店主特许经营的第一步是聘请一名律师，准备审核财务报表并提供给州务院公司处。卡森为那位店主介绍了一位会计师。几个月后，那位会计师告诉卡森，自己正在为一家墨西哥风味餐馆 El Pollo Loco 工作，这家饭店也希望开始特许经营。卡森不仅成了这家风味餐馆的律师，还成了忠实的顾客。卡森说："在餐馆老板的车库，我尝了他们的鸡肉，味道好得难以置信。而且因为非油炸，所以是一款很健康的快餐。"卡森召集了他的几个同事，决定成为 El Pollo Loco 餐馆的投资人。他还去了美国心脏协会，请求该协会在饭店的快餐上加上"心脏健康"的标志。这是前所未有的。既健康又美味的 El Pollo Loco 墨西哥风味烤鸡的特许经营业务一发不可收拾，15年间，开了40家特许经营新店。此外，卡森还投资了 Rally's Hamburgers 餐馆。同时，继续作为合伙人开着自己的法律顾问公司。

但是卡森犯了一个典型的商业错误。墨西哥风味烤鸡的特许经营扩展得过于迅速、莽撞。卡森说："我们把饭店开到了拉斯韦加斯，当时在那里投了很多钱。但很快饭店开始亏损，最后经营不下去了。"在加州，拉美裔的人很多，他们很喜欢 El Pollo Loco 餐馆，一般一周能去三次。但在拉斯韦加斯，拉美裔人口没有那么多，一般一个月才能碰到一个。为了支撑拉斯韦加斯的分店防止其破产，卡森把更多的精力投入该分店。他们从银行贷款，未经董事会的同意，把加州分店的钱转移至拉斯韦加斯特许经营店，以减缓其亏损，解决资金不足问题。在账本上，卡森并没有遮掩这些转移，而是作为贷款记录在案。很快，饭店无法偿还银行的贷款，卡森自掏 15 万美元还了贷款。1994 年 1 月，饭店投资人之一、法律咨询公司四个合伙人之一、卡森婚礼上的伴郎约珥·勒丁（Joel Ladin），拿着未经许可取出资金的证据与卡森对质。卡森承认是自己取出了那些钱，于是他被开除了。2 月，勒丁起草了一份正式的诉状并以贪污、盗用的罪名提交给警方。卡森很快还上了从 El Pollo Loco 餐馆借用的款项以及利息，共计 24 万美元。卡森感慨道："有几个夜晚，罗妮会跟我说，'我只想还能剩个家'。那真是背水一战。"

1995 年 6 月，最高法院判卡森"挪用巨额公款"罪，但考虑其挪用动机并非是为自己带来私利，而是为了维持 El Pollo Loco 饭店经营。卡森与诉讼方达成共识，撤销了计划中的无罪辩护，获得了宽大处理。卡森说，他当时不知道，按照加州法律，认罪会自动使得判决生效。要是知道就不会在当时认罪了。最终，他还是被判刑了，缓刑三年，并被要求执行 500 小时的社区服务。如果他顺利地完成了缓刑期间的条款，加州法律则允许他改变对无罪的请求，他的重罪判决被减为一种轻罪，最终被释放。然而，州法院并没有对他宽容，他的判决生效了。1996年6月，在完成了一年的缓刑后，卡森的重罪判决变为轻罪，并从他的记录中消除。但那份羞耻感一直跟着他，没有消除。

那时的卡森很沮丧，他一周要找心理医生四次，倾诉自己的痛苦。他决定上诉，表示不服州法院的裁决。他并不是想用法律挽回什么，而是因为他接受不了这样一个事实：自己的犹太母亲看到儿子竟然无法用法律保护自己。卡森的母亲常对他说："你需要法律作为你的后盾。"因此，卡森上诉至加州的最高法院。在听取了陈述后，1999年4月，加州最高法院做出裁决：

> 以下事实清晰确凿，被告人挪用钱款的目的是挽救El Pollo Loco餐馆的业务……并无故意掩盖行为。当被质疑挪用钱款时，被告人立即承认，并且立即做出补偿……这并不意味着本庭忽视了被告犯罪行为的严厉性，被告人私自挪用大笔公款，已经违反了最基本的诚信准则。尽管如此，鉴于挪用钱款的缘由和背景、被告人此前无犯罪记录、赔偿及时且认罪悔罪，本庭认为，根据以上记录，无须取消其律师资格。

如果从谷歌上搜索迈克尔·卡森，关于他被判刑和被取消律师资格的相关信息往往在很靠后的几页。他在维基百科里的介绍也没有这方面的内容。可以理解，他不想再提及这件事。然而，犯罪的经历始终影响着卡森。从那以后，卡森表示自己时常会回头看看背后，反省自己，担心被司法部门盯上。尽管他把那份罪恶感深埋，但自判刑这件事后，卡森分裂成了两个人，一个是乐观的、充满魅力的，一个是自省的、充满罪恶感的。大多数人认为，卡森是一位成功的乐观主义者，很少有人看到他担心重蹈覆辙、自省的一面。

丹尼斯·霍尔特（Dennis Holt）是卡森律师咨询公司的顾客。他了解到卡森遇到的挫折后，于1994年向他伸出援助之手。1970年，霍尔特创办了西部国际传媒公司（Western International Media）。当时，广告代理商往往宣传自己为客户提供创意、战略、广告位购买的一站式服务。而西部国际传媒则专注于媒体广告位的购买，并成为当时世界范围最一流的媒体购买公司。这家公司当时有37家驻地办公室，上千名员工，购买了大量地方电视台广告位、户外广告牌以及超市促销活动。卡森认为："当时的西部国际传媒就相当于今天的群邑媒介集团，是首屈一指的，也是当时全球最大的独立媒介代理。"西部国际传媒公司的创始人霍尔特表示："我当时选择不去理会卡森的'前科'，是我从挫折中拯救了他。伴随着经营，霍尔特的管理风格逐渐成形，那就是亲自把关每一笔资金。霍尔特说："生意越做越大，越做越杂，不能儿戏。"霍尔特是铁了心要聘请卡森，当时他们在比弗利山庄Nate'n Al's饭店见面。霍尔特盯着卡森说："我给你的不是一个饭碗，我给你的是一种人生。"

霍尔特给了卡森以自信，让他得以昂首挺胸。在西部国际传媒，卡森的首要任务就是去寻找可以收购自己公司的集团。不到 6 个月，卡森成功了。他促成并完成了当时世界上最大的广告代理控股集团埃培智对西部国际传媒的收购。

在西部国际传媒，卡森担任了 5 年的总裁。1999 年，他与公司的主席霍尔特以及埃培智的一些高管发生矛盾。在问及"卡森是否干得不错"这个问题时，霍尔特沉默了一会儿，然后说："没有。但他在促成收购上的确做得不错。"卡森与埃培智的矛盾愈演愈烈。1999 年 8 月，集团拒绝让卡森进入办公室，卡森则向集团提起诉讼，诉讼涉及 6 350 万美元，针对集团在财务上对卡森的诽谤以及违反 5 年聘期的合同。几天后，集团宣布，卡森被正式解职。埃培智的高官们对此事表示沉默，卡森则表示："我只能说的是，我与埃培智友好地解决了我们之间的分歧。"丹尼斯·霍尔特说："此前，埃培智集团有好几次想开掉卡森，是我为他辩护。"但这番言论遭到了卡森妻子罗妮的白眼。霍尔特认为，埃培智集团开掉卡森的理由是，卡森的薪酬待遇过高，包括喜欢按摩，在纽约瑞吉酒店住套房等。卡森的好友戈特利布则认为这是一派胡言。戈特利布此前是以西部国际传媒的竞争对手的身份认识卡森的。他认为，因为成功促成收购，卡森获得丰厚的年终奖金以及为期 5 年的聘用合同。他埃培智的老板则有些嫉妒。"他见不得别人挣钱比自己多。"戈特利布说。

最终，诉讼得以庭外和解。埃培智集团表示满意，审计结果显示卡森并无违规操作。对于"一切都好"的卡森而言，这场风波是既上次挪用钱款之后的，10年内的第二次挫折。其爱人罗妮回忆道："那时他极其沮丧。我们有个很好的朋友，现任博龙资产管理有限公司副主席的莱纳德·特斯勒（Lenard B. Tessler），当时他几乎每天都给卡森打电话，安慰说，'我给你打电话，是不想让你觉得没人愿意联系你'。那时卡森不想再回到法律咨询这个圈子，他不清楚自己想做什么。"

另一位好朋友，为许多好莱坞明星代理的著名律师霍华德·威兹曼（Howard Weitzman）当时参加了众媒公司（Massive Media）———一家软件数字版权企业的启动活动。1999年末，卡森来到该公司工作。卡森当时对媒体和营销行业十分感兴趣，他将众媒公司作为提升对该领域专业知识了解的平台。卡森认为，这份工作使他接触到了数字行业的前沿。威兹曼说："卡森当时在公司里的工作是提升销售业绩和制定商业策略。"

维亚康姆前首席执行官富兰克·比昂迪（Frank Biondi）当时是卡森在众媒公司的同事。比昂迪此前从未见过卡森，但是一直很敬佩他，欣赏他的个性。不过，有一次比昂迪的一位律师朋友致电，表示自己代表的是卡森正在谈的一个投资者，律师朋友尽职地说，经调查发现卡森曾经犯下挪用公款罪，并差点被取消律师资格。但威兹曼向比昂迪打包票说，卡森的人品没问题。比昂迪说："第一年，卡森表现得很好。但是公司当时需要筹集更多的钱，卡森主动请缨去做这项工作。"当时，互联网泡沫开始破灭，行业资本殆尽。最终，卡森筹集资金的工作并不成功。但比昂迪表示："公正地说，这不能怪卡森，即使是上帝在那个时候也不一定能筹集到资金。"

罗妮说："那时候卡森经常只能待在家里。但很多人打电话希望得到他的建议。于是我当时问他，你怎么不对这些咨询收费？"

卡森听从了妻子的建议。后来的三年里，他为美国和欧洲许多的公司提供咨询服务。咨询卡森的大多数是一些小公司，希望获得公司战略方面的建议和建立与其他公司的联系。

卡森看到了商机。广告营销行业深陷动荡之中，而且很快被谷歌、雅虎等新兴的数字互联网公司挑战。向媒体平台购买广告位的用户希望获得专业的指导，但又不可能向无法做到中立的代理商咨询。卖家希望能够接触到买家，也就是说，那些数字平台希望获得各种品牌企业的青睐。卡森与企业打交道的经验和在西部国际传媒这样的媒体机构以及众媒这样的数字企业的经历，加上三年来咨询服务积累的心得，让卡森决心成立一家可以提供这种独一无二的咨询服务的公司。他和后来成立的媒链公司，将作为连接并联结用户的咨询服务平台。

卡森开始着手招兵买马，以期迅速扩大业务规模。他首先想到好莱坞的经纪人公司。于是来到位于威尔希尔的人才中介公司。卡森回忆说："我拿着帽子，走进中介公司。然后解释自己不是来找工作的，而是希望能够找到合适人选组成团队。中介公司的人在那里支支吾吾地敷衍。"

2003年，卡森勇敢地创办了媒链公司。随着时间的推移，公司扩展着一系列相关业务。卡森认为，媒链的意义在于"在混乱中提供沉稳的把控"。卡森的朋友欧文·戈特利布认为，他温暖且能干的个性很适合那个充满恐惧的行业。戈特利布说："卡森人脉很广，而且善于交际。我的专长是数字，能够过目不忘。但要是去认识三两个朋友，我很可能见面后几秒钟就忘记他们的名字。卡森却可以轻松记住人名，他是一个天生的'政治家'。"

这一次，卡森学会了控制自己的"野心"，媒链公司稳步发展。直到2007年，公司才招募了第五位员工。他叫卡尔·斯潘格伯格（Karl Spangenberg），是一名在媒体和数字方面经验丰富的广告销售主管。当时他在美国电话电报公司任高级营销主管，卡森和媒链公司向他敞开了大门。

2008年，媒链公司在纽约的办公室开张了。当时办公环境简陋，办公用品少得可怜，电梯是货运的，吱吱作响。同年，卡森的媒链公司因为得到微软公司的业务而名声大振。

据斯潘格伯格介绍，文达·米拉德于2009年加入媒链公司，媒链的业务迎来爆炸式增长。文达·米拉德的履历丰富，她在传统出版和数字媒体行业深耕35年，获得不少成绩和荣誉。米拉德曾在《家庭圈》《广告周刊》《传媒周刊》《品牌周刊》杂志出版方工作；

在雅虎公司担任首席营销官达6年,而且正值雅虎事业高峰期;在齐夫-戴维斯出版集团任首席信息官;在双击广告公司任执行副总裁。同时,她还担任美国互动广告局主席、纽约广告俱乐部主席。米拉德和卡森相识多年。当卡森找到米拉德时,她正在玛莎斯图尔特生活全媒体公司任总裁兼联合首席执行官。和卡森一样,米拉德在这个行业的人脉很广。但与卡森不同的是,米拉德是个十分有条理的人。当时,米拉德对卡森说,她打算离开玛莎斯图尔特生活全媒体公司,自己成立咨询公司。

卡森惊呼:"千万别!那样我们可能会成竞争对手。不如一起干吧。"持有公司全股的卡森将自己持有股份的1/3给了米拉德,并让其出任总裁兼首席运营官。卡森用这么一段话劝说她:"媒链公司将在麦迪逊大道和硅谷、好莱坞、华尔街的交汇处生长,纵贯广告、科技、娱乐、金融行业。"米拉德被打动了。然而她的几位朋友并没有被打动。其中一位对米拉德说,"狡猾的卡森和实在的你不一定合得来,而且好像有传言,他曾经被逮捕过"。

米拉德还是选择加入媒链公司。一路走来,她和卡森并不是一帆风顺,甚至在很多问题上意见相左。但从公司的业绩上看,二人的合作算是成功的。直到2017年春天,媒链公司已有120名员工,由不同地区、不同部门的工作人员组成并有了一些客户。数据与技术解决方案部由马特·施皮格尔(Matt Spiegel)领衔。马特是一名数字企业家,曾任宏盟集团全球数字执行官,为许多公司提供数字解决咨询服务，包括程序化广告、人工智能、网络安全等。如果有的客户提出想结交谷歌等数字互联网公司的决策者，卡森也会为其"牵线搭桥"。媒链公司曾为重要客户联合利华集团做过这样的事情。7年前，联合利华是第一个咨询能否去硅谷参观的客户。卡森安排了这次参观，去了谷歌、脸书和推特。联合利华的基斯·威德说："作为企业我们很想了解这些平台。我很赞同伍迪·艾伦曾说的'成功的80%是亲身到场'。"联合利华作为世界第二大广告主，如今是谷歌和脸书最大的广告客户。

多伊奇广告公司前客户总监莱斯莉·克莱恩领衔的是销售优化部门，负责签约客户企业日常的咨询服务。该项业务在媒链公司占据重要地位，因为它为媒链积累了客户群。一些潜在的初创企业客户主要由卡森亲自"拉拢"。签约后，企业需要每月支付3.5万美元到几十万美元不等的佣金。一些大企业由卡森亲自服务，则按照项目或按月支付咨询费用。销售优化部门为企业提供组织、战略方面的建议，帮助企业寻找能够改善经营的人员和想法，同时协助企业与广告代理商议合同。莱斯莉·克莱恩以及高级副总裁伯恩哈德·格洛克还组织对广告代理的审查工作，为企业和品牌提供信息。这项工作一开始的宣传标语通常出自卡森之手。

业务加速服务部门与其他部门的业务均有交集，主要是面向传统媒体客户，如赫斯特集团、《纽约时报》、《华尔街日报》、康泰纳仕、时代集团、康卡斯特、美国国家广播环球公司。这些媒体机构向媒链公司咨询企业发展战略，通过安排见面会，提高媒体在广告主那里的知名度，以及就像麦肯锡咨询公司那样提供媒体重组方面的服务。康卡斯特的重组便是在媒链公司的咨询服务下进行的。卡森说："我们往往是雪中送炭。很多传统的纸媒，它们需要把自己的定位从传统的印刷媒体转变为传媒集团。而我们做的就是帮助这些机构实现这种业务的重塑。"《纽约时报》执行副总裁兼首席营收官梅雷迪思·来维恩（Meredith Levien）说："现在的行业版图十分复杂。媒链公司能够帮助我们找到合适的客户。"媒链高级副总裁霍华德·汉姆诺夫（Howard Homonoff）曾在普华永道国际会计师事务所和美国国家广播环球公司任主管。作为业务加速服务部门的一员，他认为，这个部门的工作很琐碎。客户一般会为当下迅猛的变革而烦恼，然后咨询很多问题，比如"帮助我们展望未来三至五年的发展，帮助我们厘清现状并找到在新领域取得成功的途径，帮助我们找到目标受众或合作伙伴，广告的新形式有哪些等"。

在媒链公司，与业务加速部门功能类似的还有新兴媒体部门。该部门主要面向数字出版企业服务，如为推特、Refinery29网站提供战略和营销方面的建议等。新兴媒体部门由苏尼尔·卡帕迪亚（Sunil Kapadia）领衔，他曾在硅谷从事软件工程工作，曾在波士顿咨询公司任主管。Refinery29网站的创始人菲利普·冯·博里斯（Philippe von Borries）说，卡森对像他这样的初创小企业的扶持，足以促进其茁壮成长。他说："卡森是一位耳听八方、左右逢源的媒人和顾问，帮助我们连接品牌、媒体还有各种平台。"

第五个部门是投资战略部，由曾经的投资银行家瑟夫·乌瓦负责，主要为希望收购或投资的企业私人股本公司、对冲基金和风险投资家等客户服务。比如，迪士尼曾咨询媒链公司，收购 Vice 传媒是否会影响到迪士尼传统的具有亲和力的企业形象。媒链的工作人员给 25 家自己的客户致电询问，在不提及迪士尼公司的情况下，调查了解企业在与一些像 Vice 传媒这样比较"新锐"的公司合作后，是否会影响其既有品牌。客户经常会问媒链，你们公司是否会直接收购其他公司？或者说，媒链是否更像是一家风投公司去投资新兴企业，还是以咨询服务获得初创企业的原始股份？瑟夫·乌瓦认为，媒链在与麦肯锡这样的咨询公司以及一些投行和风险投资家竞争。但媒链的优势在于对广告营销、科技行业的丰富经验和精准情报。

有时媒链公司，或者仅仅是卡森和米拉德会用自己的资金参与到投资中。在媒链公司中，卡森的工作是战略顾问，而他本人也是投资家。卡森成功帮助两家长期合作的伙伴实现收购，一家是数字内容制作公司 Maker Studios 工作室，以 7 亿美元被迪士尼收购；一家社交平台广告营销公司 Buddy Media，以 8.5 亿美元被塞尔福斯收购。他也因此获得丰厚的奖金。卡森说："对于那些将广告作为主要收入的企业，我们是它们靠谱的顾问。因为它们需要的不仅是一位投资人，还需要一位可以寻得商机的人。所以，媒链在这个行业中的地位不断提升。"

媒链公司的第六个部门是人才部，为希望寻求填补空缺职位的客户提供猎头服务。客户涉及品牌商、出版平台、互联网公司、代理商等。卡森回忆道，这项业务是从7年前开始的，当时通用电气集团在咨询如何重新整合全球品牌和市场细分。通用电气的首席营销官贝斯·康斯托克还委托媒链帮助寻找人才。因为未来两年，通用将成立卓越数字中心，需要两名高管。康斯托克咨询卡森，这个中心怎么搭建？需要什么样的人？康斯托克原本打算委托史宾沙人才招聘顾问公司。但卡森说，我来做吧。目前，猎头服务已经占据媒链公司业务的15%。卡森认为，媒链公司做这项工作是有很多优势的。第一，媒链公司在行业内沉浸多年，深知行业里的人才情况。第二，我们为企业提供战略咨询服务，所以更知晓什么样的人才最适合这个企业的战略和文化。第三，我们往往会赢得人们的感激。因为经由我们介绍的人才往往会带着他的公司成为我们的客户。卡森说："这对于其他咨询公司来说，的确是一个不公平的优势。"

人才部的经理劳里·罗森菲尔德（Laurie Rosenfield）是一位经验丰富的猎头，曾在哥伦比亚广播公司、TiVo公司、二十世纪福克斯任高管。她向米拉德汇报说，至2017年初，她领衔的人才部十人团队已经为其他企业完成50名高管的寻找工作。2016年末，美国广告代理商协会准备寻找合适人选，接替即将卸任的主席兼首席执行官南希·希尔（Nancy Hill）。他们找到了媒链公司。在高露洁长期担任营销部门负责人至2016年的杰克·哈伯（Jack Haber）对媒链公司的情报网络表示惊叹。他说："媒链公司会为企业提供一个预警机制，有一次高露洁的一位全球营销副总裁辞职了，媒链公司表示已经掌握该信息并已经为高露洁列出了可以填补这一职位空缺的人选名单。"

市场知名度提升部是媒链的另一个部门，由卡森的女儿布莱特·卡森·史密斯（Brett Kassan Smith）和莉娜·彼得森（Lena Petersen）负责。前者在市场营销和公共关系方面经验丰富，后者则来自广告代理界。媒链几个部门之间的工作存在交集，但市场知名度提升部在推广和连接方面是公司的主力。该部门主要的工作包括，吸引iHeart Media电台、群邑媒介集团赞助媒链在戛纳广告节和消费电子展上的活动。为节会期间代理商论坛会议安排发言人员，组织客户在广告节和博览会上洽谈生意等。2016年，卡森从环球音乐集团请来Lady Gaga为国际消费电子展期间媒链的活动现场表演。而那一次，深谙组织活动之道的布莱特不得不阻止她父亲继续邀请更多人参加。因为这会违反消防安全法规。总之，市场知名度提升部相比于其他部门，最突出的作用就是作为活动的召集人和组织者。

对于媒链来说，卡森是公司的召集人和组织者。

埃培智首席执行官迈克尔·罗斯（Michael Roth）大笑着把卡

森形容为广告界的媒人。他举例说:"我们经常请他当顾问,有时卡森会要求我们赞助他的活动。他会打电话说:'宏盟的约翰和WPP 的苏铭天可都争着赞助,你赞助吗?'然后卡森会再给约翰和苏铭天分别打电话说,埃培智的罗斯争着要来赞助。在那场活动上,我们三个见面了,于是一起'吐槽'。"

卡森作为媒人的形象从他和助手马丁·罗斯曼(Martin Rothman)的协商过程就可见一斑。2016 年 4 月,在参加完于迈阿密举行的广告代理商协会峰会后,他们乘坐租用的 6 座小客机离开。在飞机上,二人审阅着一份由卡森口述、他人记录的报告。卡森将在第二天向客户汇报该份报告,报告内容是关于如何选择新媒体平台的问题。卡森说:"客户经常问的一个问题是,我和竞争对手的差距或差别在哪儿?"卡森往往会笑而不语。他自然不会告诉客户,你的竞争对手也是我的客户,也不会将其他公司的信息与该客户分享。在飞机上,卡森和助手还做了很多工作。包括为其客户艾伦·帕提考夫(Alan Patricof)和他的格雷克罗夫特投资公司筛选在其 6 月峰会上的发言人选;审阅公司员工起草的文件并签字;确定要跟谁和先跟谁打电话、吃早饭、吃午饭、喝酒、吃晚餐等重要日程。尽管助手马丁·罗斯曼住在纽约,但如果卡森在洛杉矶或者出差到其他地方,他总是在其身边,做会议记录,在卡森成百的电话会谈前提醒他内容,并记录电话会谈内容。此外,还要处理卡森每天收到的约 500 封电子邮件。

卡森的一天从早上 7 点 40 分开始到晚餐后结束，一般会被分割成若干 5~20 分钟长的碎片。每一次会谈都是有目的、有目标的。卡森的首任助手，现为媒链首席执行官的格兰特·吉特林（Grant Gittlin）介绍说："卡森每天被许多邮件、电话和会议包围。当一个人很忙碌的时候，很难做到所有事情亲力亲为，这就需要助手协助他的工作。就像演奏家即兴演奏创作音乐，助手则记下乐谱。"但卡森有时令他的手下"抓狂"。他往往在各种会议和业务中穿梭，所以下属们很难通过静下来的一场会议，从他口中获得确定的答案。米拉德开玩笑说："卡森简直诠释了什么是注意力缺陷障碍（ADD）。他很难将精力放在单独一件业务上，除非他不得不这样。"

就注意力问题，卡森的爱人罗妮回忆起一件令她生气的事。2015 年 8 月，他们在度假胜地汉普顿斯（Hamptons）租了一间房子。8 月的前两个星期，卡森把罗妮一个人丢在汉普顿斯，自己跑去纽约工作。下一次他们再租房子度假时，罗妮给卡森下了最后通牒："如果你敢去纽约工作，那我也立刻回家。"

卡森的广泛的人脉资源使他在这个行业有了极高的权力。他就是广告界的"媒人"多莉。多莉是音乐剧《你好！多莉》中的主角，恰巧卡森也很喜欢哼唱这个音乐剧。温迪·克拉克被宏盟集团从可口可乐挖走去担任集团下恒美广告的北美区首席执行官，卡森既作为顾问又作为律师，参与了这份人事合同的商定，而且一分钱没要。而温迪·克拉克给予卡森的，只是以前作为可口可乐的营销人员,花钱委托过媒链安排在消费电子展上的参观。脸书的卡洛琳·艾弗森说:"卡森有点像这个行业的教父。当他欣赏、尊重你时,就会待你如亲人。比如他曾邀请我去自己子女第一个孩子的割礼。"亿滋国际前高级副总裁兼首席营销官达娜·安德森(Dana Anderson)于2017年年中加入媒链。安德森至今都认为卡森是个神人,因为他有魔力,能在不到几天时间把金·卡戴珊(Kim Kardashian)这样的重量级人物请到当时亿滋国际的活动上。

几乎所有人都把卡森的成功归结于他个人的魅力和智慧。阳狮集团的沙德·特柏科沃拉与卡森相识多年,他把卡森的实力解释为一种能够在各方之间斡旋的能力。特柏科沃拉说:"我虽不知道他是怎么做到的,但我表示敬意。如果我不知道是否该相信一个人,我会感到些许的不安。但是卡森的所做触及了行业的不安的神经。人们现在十分敬畏他,担心如果得罪他,自己会失去什么。没有人反对他。"特柏科沃拉进一步解释说:"这个行业充满了不安,人们不知道发生了什么。"多年以来,一直有广告代理集团问卡森能否并购他的媒链公司。卡森知道,一旦被收购,媒链将无法公正地对代理进行审查和评估。所以,媒链一直是把代理商、广告主以及提供广告位的媒体仅仅当作客户。比如,电通集团全球业务执行主席蒂姆·安德烈(Tim Andree)说,电通与媒链一直有项目合作。哈瓦斯的首席执行官亚尼克·博洛尔(Yannick Bolloré)也同样表示哈瓦斯与媒链有项目合作。

资深广告分析师、MyersBizNet企业数据公司主席杰克·迈尔斯（Jack Myers）评价卡森为"劝说大师"并且"是行业里不可或缺、最有力量、独一无二的人物"。iHeartMedia电台是美国最大的电台公司，该公司主席兼首席执行官鲍勃·皮特曼（Bob Pittman）把卡森形容为19世纪在中国连接中西方的"买办"。哥伦比亚广播公司主席兼首席执行官莱斯·穆恩维斯（Les Moonves）认为卡森是一个"八面玲珑的人，可以代表各方利益"。他认为，卡森始终是这个行业的重量级玩家，但大约六七年前开始，他越来越成为一个位高权重的经纪人。卡森经常恳求哥伦比亚广播公司的高管和他的客户见面。"卡森有点滑头，但想做的事都能做成。"穆恩维斯说。

令人们感到惊奇的是，卡森的媒链公司几乎没有什么竞争对手。通用电气的贝斯·康斯托克说："令我震惊的是，没有什么公司可以和媒链竞争。的确，有一些个人充当着媒链的角色。比如，谢丽尔·帕尔默（Shelly Palmer），她也为广告代理商提供战略咨询服务，在博客上发表文章，安排企业参观和洽谈会议，但她不成规模。"欧文·戈特利布说："现在没有人做出规模，如果你只有一个人，你也没法做出规模。卡森的成功之处在于他没有选择自己单干。"此外，这个行业也有一些猎头和管理咨询公司，但都不成气候。2003年成立至今，卡森的媒链公司几乎没有什么竞争对手，它的成长还得力于网络效应。

当然，也有批评卡森的声音。那些最激烈的批评被要求进行匿名保护。某科技公司首席执行官把媒链公司形容为"收取保护费的黑社会"。那位首席执行官表示:"我第一年每月支付给媒链2万美元,第二年涨到一个月2.5万美元。一开始我还能见到迈克尔·卡森和文达·米拉德这样的高管,以后见到的就只能是一些年轻的'小喽啰'。你花钱,他们就邀请你参加国际消费电子展;你不给钱,他就不邀请你。"卡森对这番指责反驳道:"只有客户才能得到邀请。"另一个数字公司的高管表示:"卡森有点像《马戏之王》里的费尼尔司·泰勒·巴纳姆(P. T. Barnum),狡猾多变;但这种狡猾恰恰和广告业的精确化趋势形成巨大反差。广告,从一种创意艺术变为科学,从过去两个世纪以来所谓的'大吹大擂'和'花言巧语',变成了如今广告效果确凿、投入和产出清晰的精准投资行为。而在这个行业,能够左右逢源的,却还是那大吹大擂、花言巧语的人。"

上面的指责与另一条对他性格的批评吻合。那就是卡森经常喜欢和人"套近乎",急切成为每个人的好朋友。比如在戛纳广告节或消费电子展期间的会议访谈上,在采访客户的时候,他的确会问一些好问题,但通常会在问前先对自己的客户美言一番。例如,向观众介绍鲍勃·皮特曼(Bob Pittman)是如何成功地改造iHeartMedia品牌,但对他欠下的债务和造成的亏损却只字不提。对于自己的客户,卡森通常会避开一些触及核心的尖锐问题。比如在戛纳有一次采访哥伦比亚广播公司的莱斯·穆恩维斯,卡森就回避了"是否支持哥伦比亚广播公司和维亚康姆的合并",以及"会不会在合并后担任首席执行官"这样的尖锐问题。

对于卡森迎合他人的性格,要分开看。有人会批判,认为他就是个说大话、说谎话的骗子。有人则不这么认为,比如卡森的朋友霍华德·威兹曼。他说:"我得知卡森还能联系并邀请他的'仇人'霍尔特吃饭,我不确定我能不能有这种勇气和亲和力。卡森往往关注他人的优点,有时会选择忽略他人的不足。他是个大度的人。"卡森的爱人罗妮也不会和霍尔特吃饭。她认为,自己的丈夫有一颗宽容的心。但罗妮还认为卡森有些缺乏安全感,他太渴望得到别人的喜欢。这一点罗妮是作为爱人细腻地观察到的,但在别人眼中往往会产生负面的解读。

还有一些对于卡森的意见集中在对媒链公司利益冲突的批评上。很多批评家质疑卡森,既然脸书、谷歌、微软、迪士尼、二十一世纪福克斯、广播环球公司等公司彼此是竞争对手,那么媒链该如何一一代表这些公司?如何做到相互信息的保密?既然卡森以私人的身份投资了Maker Studios工作室和Buddy Media社交营销平台,那么如何保证不会出于私利,向客户推荐自己投资的企业?还有他是如何做到同时代表商业谈判的双方,买广告位的(广告主或代理)以及卖广告位的(媒体或数字平台)?

和卡森打交道的人,都承认他是一个有魅力的人。卡森庞大的朋友圈证明了他的善于交际和忠于朋友。对于针对利益冲突的指责,卡森常说:"没有冲突就没有利益。"即便谈判桌的两边都是自己的客户。他说:"我们的秘诀在于信任。我们会让两边都相信媒链是不会背叛他们的。"尽管卡森所谓的中立并非传统意义上的中立,但他坚持认为,自己是透明的,因为谈判双方都知道卡森是不会欺骗客户的。卡森说:"我们代表很多方的利益,而多方冲突彼此抵消。律师圈里不是有个说法:'一个领域里你有两个委托方,那很容易出现矛盾;但你若有三个,那说明你是个受认可的好律师。'"说到这儿,卡森笑了,那笑容充满了魅力。

第五章 焦虑的广告主

> 如果你想找个经验丰富的"接吻高手",那我们是你的不二选择。
>
> ——迈克尔·卡森

位于纽约曼哈顿东 61 街的 Scalinatella 意大利餐馆是卡森最喜欢吃晚餐的地方之一。餐馆在地下,光线微弱。餐馆的人和卡森很熟,每次他来吃饭都会问好,卡森也会拥抱那里的经理。餐馆里的人都知道,卡森喜欢什么都不加的原味伏特加马提尼。一晚他和客户吃饭,卡森点了西红柿洋葱沙拉,小牛排以及大份的球花甘蓝配菜,然后大快朵颐。他着便装,开领衬衫套着一件毛衣,深色卡其裤和柔软的黑色鞋子,很有加州的风格。卡森滔滔不绝,讲述着自己常对一些大广告商说的话。一位表示担忧的主管说:"这些话,你跟我们的竞争对手都说过。我怎么能够放心地对你敞开心扉?"

卡森说:"你得这么想。跟我们合作的企业太多了,我们就像一个'接吻高手',但我们不会向您透露和其他人接吻的感觉。如果你想找个经验丰富的'接吻高手',那我们是你不二的选择。"卡森把自己复杂的客户群这一情况,类比为好莱坞的著名律师事务所西弗伦·布里滕纳姆公司或纽约的律师艾伦·格鲁曼。这些律师代理过的人很多,见识也很广。

曼德尔对代理商的指控刺痛了这个行业,痛感从2015年蔓延到了2016年。很多品牌开始审视是否要终止和广告代理商的合作。联合利华、美国银行、二十一世纪福克斯等向卡森寻求指导。曾在美国银行担任首席营销官多年的,现任副总裁的安妮·芬努凯恩（Anne Finucane）认为,信任问题要比曼德尔指出的回扣问题影响更为深远。她指出,资金的透明可以在合同中规约,她也一直这么坚持。但问题是,现在的代理商往往属于更大的集团,这些集团的经营面广,往往要求代理商不要"只为自己的客户着想"。比如,有一次她的代理商疯狂向美国银行推销其集团下兄弟企业的服务,这令芬努凯恩十分反感。

高露洁的杰克·哈伯也有同感。他也认为,代理商推销其他服务将越来越降低其在客户心中的可信度。哈伯说,以前广告代理商和广告主之间的关系很简单。而现在,代理商不再去挣那丰厚的15%的佣金,而是去讨要费用。而且代理商往往属于对利益更渴求的大型控股集团。"我当年在代理商工作时,我的目标就是去卖广告;而现在我们的代理商WPP集团则是兜售其他服务。他们的目标是去从客户身上赚更多的钱。"哈伯说,"原来我们会讨论怎么做广告。而现在,代理商会兜售数据是什么,目标受众怎么吸引,公共关系是什么,社交媒体怎么做。我当时就质问代理商:为什么你给我的团队里,没有做广告创意的人?"哈伯表示,作为首席营销官,现在与过去的区别在于,现在必须越来越严苛和谨慎。

当然,造成代理商和广告主之间关系紧张的解释还有很多。从广告主角度看,日新月异的新技术和雨后春笋般的数字平台不仅抬高了广告成本,还令他们感到困惑。

面对的眼花缭乱的平台,广告主该如何选择?没有谁有正确答案,无论哪个咨询公司都不会有胆量声称自己知道答案。企业的首席执行官们的眼中只有利润空间,仿佛为了营销而花钱是一种浪费。代理商抱怨,广告主给的低费用无法养活自己。但广告主知道,这些代理商的控股集团的利润以每年15%以上的幅度增长。所以企业的高管要求营销投入要带来切实的收入。至于最后能否带来收入,最诚实的答案就是:只能靠猜。控股集团在压迫旗下的公司,要求其尽快产生尽可能多的利润。在企业中,一般首席营销官一两年就会换。而新上任的首席营销官往往倾向于换新的代理,并且使劲儿压低价格。

企业的首席营销官们会如何看待"刷数据"的欺骗行为?2015年网站防欺诈服务商 Distil Networks 所做的调查显示,每三个数字广告中,就有一个存在刷数据的欺骗行为。也就是说,广告的钱按照点击量花了，但并不是所有的点击都是消费者贡献的。很多是出自机器人的操作。营销人员的官方代言人——全美广告主联盟首席执行长鲍勃·利奥迪斯介绍说："据粗略统计，截至2015年底，12%的数字广告点击量是机器造的，23%的数字广告数据存在欺骗行为。"利奥迪斯认为，欺诈造成广告主的损失达65亿美元。他毫不掩盖自己对广告主的责怪，"我们太粗心了，根本没有数字安全方面的投入"。Distil的调查显示，相关的损失更高，2015年，数据诈骗造成广告主的损失达185亿美元。据另一个广告主组织，世界广告主联合会估计，如果这种欺诈得不到法律制裁，到2025年全球的品牌营销费用每年将损失500亿美元。

首席营销官们感到无助。公司的首席财务官要求，应立刻停止在这些存有刷数据欺诈行为以及根本不是消费者看的广告上浪费钱。但是然后怎么样？营销人员不能完全相信脸书这样的数字平台，因为多少人看了广告的数据由这些平台提供，而看得人越多他们就挣得越多；营销人员也不能相信代理商，因为他们收了数字平台的钱；营销人员也不能依赖尼尔森这样的老牌数据统计公司，因为面对数字平台广告的覆盖情况，他们的统计手段还很原始。

当然，并不是所有的广告主都对自己的代理商不满意。比如说联合利华。其400多个品牌产品的广告由多个代理商操作，其中大多是WPP旗下的代理公司。联合利华的营销主管基斯·威德直截了当地说："我没有失去对代理商的信任。"对于成本问题，他表示在联合利华，采购人员服从我的决定。在2016年戛纳国际广告节上，营销主管们的一场研讨会在沙滩上举行，很是热闹。要是有代理商的人参加这场会议，那他一定会很欣慰。因为在会议上，全球最大的广告主宝洁公司的全球首席品牌运营官毕瑞哲（Marc Pritchard）出乎意料地表示了对广告代理商的同情和对广告主企业的批评。他表示："当我们把代理商当成合作伙伴时，我们会得到很好的服务；但当我们把代理商当成供应商，我们往往合作得不好。"毕瑞哲把"巴掌"打在了采购人员的脸上，说："代理商最大的抱怨就是我们的生意是采购人员在掌握。也就是说，在我们眼中，营销是一种成本的消耗，而不是一种价值的投资。"

时任百事可乐公司全球休闲品牌总裁的布拉德·杰克曼（Brad Jakeman）也加入了讨论。他指出，当年早些时候他的公司就已经"砍掉"采购部门，以更能"专注于营销"。卡森认为："把负责采购的人从控制决策的位子上拿掉，就如同把交响乐团的头把小提琴手变成普通乐团的一员。"杰克曼然后表达了自己对一些面临困境的广告代理的同情。他说："这些代理知道我们尊重他们要挣钱糊口，我们也是一样。它们有些是上市公司，我们也是。他们对利润有要求，我们也有。他们有创收任务，我们也有。所以，唯一能够操作变通的，只有人员和工作的质量了。也就是说，一分钱一分货，你给的钱少了，代理就会派一些没经验、没能力的人来操办你的广告，而这将直接体现在最后的营销效果上。"

回顾代理商的 2015 年，能够感受到些许的火药味和苦涩。阳狮集团的莫里斯·利维对宏盟集团从其手中抢走宝洁公司的生意感到不满，但令他狂喜的是，阳狮从 WPP 集团苏铭天的手中抢来了为美国银行进行战略策划的生意。在这桩大生意上，利维事无巨细、全程把控，展示出很强的劲头和高卢人的魅力。利维向美国银行许诺，将指派自己敬重的首席战略师沙德·特柏科沃拉全程参与美国银行 20 亿美元营销预算使用的策划和执行。美国银行的高官们抱怨，此前 WPP 的苏铭天派了各种首席执行官，而且他们之间大多互不认识。所以 WPP 的汇报展示显得脱节零散。银行的高管感觉，苏铭天和欧文·戈特利布当时滔滔不绝，简直是在给他们上课。一位高管说："当时苏铭天讲了半小时，戈特利布又讲了一个小时，最后只留下半小时时间讨论。"

既往对广告代理质量的调查报告一般是中规中矩，问题提得不痛不痒。而在 2015 年曼德尔的那番指控后，这调查报告开始变得不同了。很明显而且是首次，能够感受到，广告主开始抛弃中间人。越来越多的广告主企业自建广告渠道。比如宝洁公司创设了自有的程序化广告交易系统，自己做部分的广告购买工作。根据全美广告主联盟 2016 年的一份报告，31% 的广告主表示它们已经开始购买用来自建程序化广告交易系统的所需资源。当然，这也存在困难。特别是对于一些小企业。因为程序化广告交易系统需要一定规模的交易。但这一趋势对于代理商们来说是很不利的。

更令代理商担忧的是，广告主企业还开始自建或自寻广告创意部门。比如，联合利华。此前联合利华的广告创意工作交给代理商操作，而现在则将创意工作室外包给一个公司。可口可乐前营销主管乔纳森·米尔登霍尔（Jonathan Mildenhall）2014年加入了新兴互联网企业爱彼迎，并担任首席营销官。他表示，在爱彼迎，营销部门的一半都是创意工作者。他们是写手、艺术家、摄影家、摄像师等。这样做的一个主要原因是广告代理商的行动太慢。广告主公司亲自做创意工作，是米尔登霍尔在可口可乐时就开始做的。苹果公司也在这样做。在时尚圈，更是如此，设计师的创意是所有的核心，创意营销往往由企业自己的营销部门来实现。

如今，更加灵活的公关公司取代了代理商的位置，它们帮助广告主企业运营推特、博客、播客等。比如全球最大的私营公关公司爱德曼国际。该公司为三星、塔可钟等企业提供在互联网上的公共关系维护，包括消费者咨询留言回复，邀请有影响力的"网红"在不同平台吸引消费者等。对于多芬头发护理，据爱德曼国际首席执行官理查德·爱德曼介绍，该公司为多芬设计创造了一系列色彩丰富的"爱卷发"表情包，在很多网站上投放，并生成数以亿计的衍生使用。爱德曼介绍，随着传统报业的萎缩，传统的对记者的公关不再有效，我们必须寻找新的渠道。比如我们现在和"嗡嗡喂"网站（Buzzfeed）、Vice传媒、商业内幕新闻网等合作。这些平台希望获得品牌内容，对内容的期待则是幽默搞笑，可以"越过"年轻人对广告的抵触和警惕的"壁垒"。对于年轻人来说，我们销售的是广告，不是新闻。

越来越多的品牌创意工作开始由企业自建部门和公关公司执行，即便如此，广告主还是会选择依赖代理商。爱彼迎的米尔登霍尔说："即便说 80% 的内容是我们公司自己做的，但我们营销预算的 80% 还是给了代理商。"为什么？爱彼迎自己做的营销工作主要围绕促销信息和活动活动的发布，比如设计编辑平台网站。兵贵神速，越来越多的企业选择在不同的社交媒体平台自建账号，自行发布内容。但是，在许多大企业中，负责创意的团队往往不会将所有精力专注于一个单一品牌或项目，这使得企业自己的创意工作往往减速。正如苏铭天的智囊杰里米·布摩尔所说的那样，有才能的创意团队是不会甘心只为一个品牌服务的，他们希望能够在不同领域和品牌之中，自由地施展创意。尽管如此，企业越来越倚重自己的营销团队，这对代理商来说仍是不小的挑战。

对于广告代理商，另一威胁来自具有广告创意能力的媒体。媒体可以发布类似推广软文的原生广告，比如在新闻资讯或一些引人兴趣的报道中暗地宣传某种品牌。这一举动显然是为了绕过应用日益广泛的广告屏蔽软件的阻拦。这些推广软文并不是广告，自然可以"骗过"屏蔽软件和消费者。Vice 传媒是原生广告方面的先驱。2013 年，Vice 帮助英特尔创办了一个英特尔在线艺术家交流平台，鼓励不同地区的当地艺术家互相交流，比如在美国就有布鲁克林艺术项目平台。传统媒体把写稿子的记者"转移"去写推广软文,于是也就抢了代理商的饭碗。比如《纽约时报》,这家老牌媒体不仅"养了"很多记者,还雇用了110名广告文字撰写者和艺术导演,负责为企业品牌创作原生广告。而这个创意团队占了整个《纽约时报》广告营销部门的1/3。对于那些"惹不起"广告主的代理商来说,几乎没有什么办法可以应对这方面的威胁。

谈到代理商面对的重重威胁,苏铭天在集团位于伦敦总部的二楼办公室里,面对着堆满文件的小会议桌,身子向前倾着。他并非对这些威胁视而不见,事实上,他经常谈到数字互联网公司、咨询公司、公关公司以及媒体机构对代理商的威胁。苏铭天经常出席各种论坛会议,与这些亦敌亦友的企业打交道,这使得他更能深切地体会到它们对自己企业的威胁。尽管如此,苏铭天指出,WPP集团面对的一些存在竞争关系的平台,实际是集团入股的公司,比如Vice传媒。他说:"我们的战略,是把传统的广告代理公司迅速转型为数字公司,并作为数字公司更迅速地转型发展。"苏铭天举了WPP集团几项着力发展数字化的例子,比如WPP集团下的伟门、奥美、雅酷。他对《纽约时报》将对广告业带来威胁的说法不屑一顾,表示说:"我不担心它们,《纽约时报》应该担心自己。110人团队制作的那些原生广告,是无法扭转传统媒体的颓势的。"

即便是老一辈的广告人比尔·伯恩巴克和大卫·奥格威,也为现在广告主"难伺候"的程度感到震惊。以前,广告代理公司类似于家庭经营的小店,从战略制定、广告创意到广告位购买,所有的事都由代理全程操作。但这些代理公司一个个被大型传媒控股公司收购。这些集团往往有统一的战略规划。代理商公司的规模成为与提供广告位的媒体讨价还价的资本。随着一些创意代理公司利润的缩水,控股公司开始直接购买渠道、公关公司和其他创意代理。取代15%代理费的是代理商收取的不同名目的服务费用。

媒体的版图也在发生着根本性变化。通用电气的贝斯·康斯托克认为:"在唐·德雷珀的时代,也就只有三个主要媒介渠道。那时候很容易获得人们的注意力,人们可选择的也少。而现在,数字革命改变了广告的定义。一段制作精良的30秒电视广告确实不错,但这不再是所有人唯一的选择。"

康斯托克早期的工作并没有预示着她未来能成为一个与创意打交道的人。1986年,康斯托克进入美国全国广播公司任公共关系协调员。随后她在美国有线电视新闻网、哥伦比亚广播公司从事广告宣传工作。并于1994年回到美国全国广播公司,两天后成为公司公共关系部门负责人。作为美国全国广播公司的母公司,通用电气于1998年成立了信息传播部门。当时,时任通用电气首席执行官杰克·韦尔奇(Jack Welch)选用康斯托克任该部门的负责人。伴随着工作,康斯托克成为数字化、社交媒体、营销创新等领域的专家。集团首席执行官杰夫·伊梅尔特(Jeff Immelt)随后提拔她为首席营销官。康斯托克逐渐成为通用电气在数字化上的关键人物。她开始探索，数字革命如何改变集团的营销工作，以及公司本身。随后她成为负责商业创新的副总裁，成为勾画通用电气未来的重要人物。康斯托克参加各类数字峰会，经常访问硅谷，她不断挖掘处在行业前沿的代理商和企业家，寻找新的合作伙伴，创新营销工作。现任通用电气首席营销官琳达·鲍芙经常在由营销团队和代理商代表参加的月会上阐释，通用集团面临的营销挑战是将传统的工业品牌形象改造为时髦的、数字的。因为现在在华尔街的投资者眼中，这些时髦的数字公司是潜力股，同时更能吸引年轻的工程师加入，进一步促进集团的数字化转型。

为了推进这一目标的实现，在首席营销官的支持下，集团成立了一个名为"前沿革命实验室"的四人办公室，由山姆·欧斯坦负责。山姆现年33岁，穿着牛仔裤和运动鞋上班，头发就是简单地扎起来。据他介绍，自己最重要的工作就是感知技术前沿，感知新生内容创新技术的成形等。他经常在应用商店翻看排名前100的新应用。在康斯托克和鲍芙的鼓励下，山姆·欧斯坦推动着通用电气成为一个"内容生产者"。欧斯坦认为，我们的品牌形象是科学技术以及科技的那种神奇，这便是我们发力的角度和方向。同样，其他企业机构比如HBO频道、探索发现频道、迪士尼都也有自己的品牌形象和努力的方向。我们希望搭建一个平台，并且能够影响到所有的信息娱乐平台。"倒不是要像迪士尼那样。但欧斯坦相信，通用电气可以自己生产内容，并且将其发布在网站上，发布在脸书、Instagram、推特、阅后即焚等平台以及国家地理频道和一些像 *Slate*（《石板》）这样的数字杂志上。

作为内容生产者，通用电气与国家地理频道合作创作了6集纪录片《突破》(*Breakthrough*)，旨在"为生活注入美好故事"。纪录片由朗·霍华德（Ron Howard）导演，由霍华德和想象电影娱乐公司（Imagine Entertainment）的布赖恩·格雷泽（Brian Grazer）共同完成（WPP集团拥有想象电影娱乐公司10%的股份）。每一集长为一小时，围绕一个科技话题展开，比如机器人、大脑、能源。通用电气并没有在纪录片中强势植入广告。而是在每一集的开头注明，本纪录片由通用电气共同制作。鲍芙说："纪录片的确拍的都是我们的科学家、我们的技术和我们的客户，但彼此有机地结合在一起。"

通用电气在下功夫营造自己"时髦"的形象，以吸引年轻工程师来工作。《欧文怎么了？》是通用电气的一则引发关注的营销广告。在广告中，刚毕业的大学生欧文决定去通用电气工作，但他的朋友和家人都觉得通用电气是一家有138年历史的老气横秋、缺乏创新的公司。欧文有点书呆子气，但不乏幽默。在广告中，欧文在成长，就像通用电气的气质在改变。该广告不禁让人们想起苹果公司10年前做的《我是苹果》的广告，在苹果的广告中，一个穿着T恤看起来很酷的"苹果Mac"取笑穿着西服打着领结看起来老气横秋的"微软PC"。通用电气自称，《欧文怎么了？》的广告在中国的微信平台的阅读量达 5 000 万。

用通用电气首席营销官鲍芙的话说,为了拉近和年轻人的联系,吸引更多年轻工程师。通用电气创造了另一个标新立异的广告。广告的创意是将辣椒酱和材料科技结合。通用电气使用世界上辣度最高的辣椒,制作了奇辣无比的辣椒酱。而盛辣椒酱的容器,是通用电气生产的用来制作喷气式飞机引擎材料的镍基超合金,该材料可以承受 2 400 度华氏(约合 1 315 摄氏度)高温。容器和辣椒酱都是限量版的,商品投放在了 Thrillist 购物网站。辣椒酱火了,很快卖完,广告开始呈病毒式传播。广告展示了通用电气很酷的一面。通用电气的播客开设有 10~15 分钟长度的科幻节目,据鲍芙的副手兼首席创意官安迪·戈德堡(Andy Goldberg)介绍,连续 17 天,通用电气的节目占据着整个 iTunes(苹果在线音乐商店)上下载量之首。戈德堡说:"节目中带有广告成分的可能就是开头那句'本节目由通用电气带来'。在看完节目后,消费者反馈说,通用电气没有向我们灌输自己造的引擎很好,而是让我们欣赏了精彩的内容。"

近 100 年来,通用电气合作的广告代理商一直是天联广告。而现在,通用电气开始和其他更多的代理商以及更多的项目伙伴如《纽约时报》合作。这无疑也昭示着广告代理行业的另一种变化。每个月,鲍芙都会主持代理商的会议。戈德堡说:"每一家代理公司各有所长,所以我们允许也相信会议会是不同观点的碰撞。"比如范纳媒体（Vayner Medie）擅长社交媒体上的营销，这也是为何该公司会被邀请参会。巨勺广告代理公司（Giant Spoon）联合创始人艾伦·科恩（Alan Cohen）在参加完会议后表示："会议上一半的人我都不认识。通用电气的路子是，择优而用。所以我们觉得自己就像通用电气的员工。"天联广告创意经理大卫·罗巴斯（David Lubars）说："我欢迎其他的代理商参与竞争，这种有些'偏执'的筛选倒可以提升所有代理商的表现。"琳达·鲍芙坚持认为，代理商之间的关系不是竞争性的，而是合作关系，因为它们都"希望成为更好的公司"。这也许有些理想化，因为现实往往是残酷的。尤其是在巨变和不确定之中逐步融合的行业。

毋庸置疑，通用电气的广告营销是受到广泛认可的。特别是通用电气在营销上的预算只有1亿美元，因为该集团在创意方面的步幅已不可同日而语。资深市场总监、现任美国银行高级副总裁卢·帕斯卡里斯（Lou Paskalis）称赞通用电气的团队文化，认为琳达·鲍芙能成功统筹不同的代理商，共同完成不错的广告很了不起。卢说："琳达在她所在的内容营销领域遥遥领先。她把自己集团的喷气机引擎和火车这样的高科技变成了寻常百姓喜欢的形象，而且展示出企业对产品质量和对自然环境保护的责任感。可以说，琳达就是个炼金术师，我很羡慕她。"但是，再神奇的炼金术师也没能"点化"通用集团的股价。2001年9月7日，杰夫·伊梅尔特成为首席执行官，2017年6月13日，他被赶下台。这期间，通用电气的估价跌了27%。

有才能的人总是恃才傲物，不容易被管理，所以鲍芙的营销部门的团队合作并不理想。比如，范纳媒体的创始人盖里·范纳洽（Gary Vaynerchuk）。他说："我很赞同通用电气的创新。但我们范纳媒体是很有竞争力的，不应该只被通用电气安排去负责社交媒体的营销。我相信，未来我会从天联广告手中夺来电视广告的业务。"不止一次，踌躇满志的范纳洽打电话给鲍芙，推介自己在电视广告方面的创意。

范纳媒体是典型的新生代独立数字广告代理。它的目标就是在广告业和大的代理公司控制的行业里掀起一场革命。成立8年的范纳媒体由41岁的盖里·范纳洽领导，年收入为1亿美元。其中大多数是通过在脸书上的广告营销获得。范纳洽为自己在"点"传统广告业的"死穴"感到满意。他在2016年10月全美广告主联盟的营销高峰论坛上表示："这些传统的企业即将死亡。在这个行业，如果你是'攻城'的，那这是一个最好的时代；如果你是'守城'的，那这是最坏的时代。"

在一次向潜在客户美国大通银行的推介中，范纳洽穿着牛仔裤和一件圆领毛衣，坐在有些拥挤的白色会议桌前。美国大通银行希望额外寻找一个公司来帮助其运营社交媒体并进行互联网营销。范纳洽手下的一位业务主管介绍了范纳媒体的发展情况。随后，范纳洽分享了他的生活经历。

范纳洽出生于苏联。1978年，3岁的他和家人移民到美国。他的家从皇后区的小公寓搬到新泽西的爱迪生市。其父亲在当地开了两家贩酒商店。因为患有读写困难症，范纳洽无法参与学校体育运动，也没有得到恋爱的机会。小时候他的梦想是成为一名企业家。从小学开始，他就贩卖棒球卡和漫画书，开了一家柠檬水吧，在车库里卖着旧物。1999年，从马萨诸塞州的蒙特爱达学院毕业后，范纳洽接手了父亲的贩酒商店。他自学了很多关于酒的知识，成了酒的行家。并开设了一个现在看很超前的销售网站。网站还每天更新关于酒的网络广播。YouTube上线一年后，范纳洽在上面开设了自己展示酒的频道。2011年末，谷歌的右侧广告赞助商链接出现，他在上面为自己的商店做广告。当新的数字公司如推特、钉趣图（Pinterest）、阅后即焚崛起时，范纳洽也是作为早期"原住民"在上面为自己的酒发布信息。他的网站WineLibrary.com成为当时美国最大的酒类零售网站，包括人们耳熟能详的谢利-莱曼和施氏佳酿都在他的平台上有售。

2009年，范纳洽和其弟弟共同创办范纳媒体。几年后，他们的贩酒生意从300万美元扩大为6 500万美元。此时，范纳洽从酒生意中离开，全身心专注于范纳媒体。他认为，大的广告代理公司往往忽视社交媒体平台，所以他将范纳媒体的重点放到了社交媒体的广告代理上。纽约喷气式飞机橄榄球队是他的第一个客户。后来，百事可乐、安海斯-布希公司、亿滋国际、联合利华、丰田汽车还有通用电气都成为他的客户。他利用自己和父母在贩酒生意上的资金投资了像脸书、推特、优步、汤博乐（Tumblr）等当时的初创企业。范纳洽的视频经常出现在 YouTube 上，他妙语连珠、慷慨陈词，视频经常走红。于是，不少出版社请他写一些网络营销类的书籍，比如《捏扁它！是时候把激情变现了》（*Crush IT !: Why Now Is the Time to Cash In on Your Passion*）成了全美畅销书。

到 2016 年，范纳洽已经著有 4 本畅销书。并在 YouTube 开设专门频道，担任了"美国小姐"选美比赛评委，成为各种论坛会议的常客。他和影星格温妮丝·帕特罗、音乐人小威廉姆·詹姆斯·亚当斯共同作为评委嘉宾出现在苹果"应用星球"真人秀节目。在该节目中，一些应用设计者比拼自己的应用推广能力，以期获得启动资金。今天，他会向每个人说，从六年级起，纽约喷气式飞机橄榄球队的比赛他一场不落。小时候，他曾对朋友说："总有一天，我会买下纽约喷气式飞机橄榄球队。"范纳洽是一个不爱谦虚的人，也不喜欢故作深沉。在他第四本书《范纳洽谈企业家：领导力、社交媒体和自我认识》[10]（*Ask GaryVee：One Entrepreneur's Take On Leadership, Social Media & Self-Awareness*）中，他写道："如果你从未看见台上的我，那可以想象下那些著名的喜剧演员——艾迪·墨菲（Eddie Murphy）、基斯·洛克（Chris Rock）、理查德·普赖尔（Richard Pryor）。他们是我年轻时的偶像，我的台上风格是模仿着他们来的。"

范纳洽对美国大通银行的营销高管说："注意力是我们信奉的一切。"他进一步阐释，自己之所以喜欢在社交媒体上做市场营销，是因为这里的广告价值往往是被低估的。在社交媒体上，很少出现"广告浪费"，因为可选择的信息太多，还因为数字世界的一切都可以被准确测量。一些大型的代理商控股集团往往兜售价格高、效果又不好测量的电视广告，与它们不同的是，范纳媒体专注于"深度而非广度"。随后，范纳洽展示了公司之前的在线广告案例。会议后没几天，范纳媒体成功获得美国大通银行的青睐，为其包括新的蓝宝石信用卡进行市场营销。

几个星期后，在一场讨论美国大通银行的新的旅行信用卡的头脑风暴中，范纳洽把手指戳进一份外卖的寿司，然后试图诠释范纳媒体的企业初衷和商业框架。他说："范纳媒体的业务围绕的是那些鲜有人问津的手机应用和新兴互联网企业，因为我们公司是属于那个世界的。我们取得了不少成绩。现在，事实证明，我们已经足够强大，可以制作视频、电视广告。我们不再仅仅是一个互联网广告代理。我们可以把一些业务从传统代理商那里抢过来。范纳媒体已经形成了一定的口碑，那就是相信叙事的力量。范纳媒体可以对客户说，让我们为你做视频广告，做电视广告。"

接着，范纳洽的思路天马行空地转换，他抛出一个和信用卡广告无关的想法，讲述起自己对社交媒体的认识。范纳洽："想象一下，如果推特上的转发键由经营复印设备的施乐公司赞助，因为转发就是一种复制。再想想，推特肯定不会这样做。但再想下，人们总是束缚着自己的目标，别人说不可能，而我不会。"

范纳洽的团队成员温顺地提醒他回到会议主题——美国大通银行信用卡的广告，说道："繁重的行李是旅行的一大麻烦。如果人们可以'兵马未动衣服先行'，可以减轻随身行李。我们必须考虑乘客的需求和所能承担的费用。"范纳洽说："你们听说过一家叫Affirm的初创公司吗？这是一家金融科技公司，旨在让人们的金融信用更加透明。这家公司的创始人是PayPal的创始人之一麦克斯·拉夫琴（Max Levchin）。假设你在卡斯珀床垫网店消费，你准备支付时发现一个'确认'键，那意味着你的信用可以支持你分三期支付。"

范纳洽接着说："如果我们和一些零售商签订独家协议，在这些销售平台上设立'蓝宝石信用卡'支付按键。这样范纳媒体实际帮助自己的银行客户成功地黏住了消费者。还比如通过蓝宝石信用卡支付可以产生三倍的商城积分。这样消费者既可以分期付款又不必担心高昂的手续费或利息。如果我们可以悄悄地和15家零售公司签订这个合约，那我们很快就能实现规模。"他举例说："想想当年迪士尼公司在奥兰多，没有人知道他们买下的那些地是为了建造一个宏大的迪士尼乐园。"范纳洽继续说道："如果你在一些公司的初创期，冒着风险雪中送炭，那你将和这家公司产生不一样的感情。"无疑，他是想起了自己早年对推特、脸书的投资经历。在许多互联网公司那里是座上宾的范纳洽,为他的客户美国大通银行在这些互联网平台上的广告营销服务。反过来,范纳媒体也从消费者处获得了建立信任、收集数据的好处。"我们锁定新一代的消费者。"范纳洽说。

范纳洽明白,如果自己想实现儿时梦想,买下纽约喷射机橄榄球队。那他必须进一步扩大经营的区域和领域,不仅仅作为一个数字广告代理,事实上,应该不仅仅做一个代理。

从美国银行的营销会议上,很容易感受到代理商和广告主之间关系的改变。会议经常由美国银行的营销高管安妮·芬努凯恩主持,但她并不是一名典型的银行高管。安妮成长在波士顿,母亲是民主党众议院议长蒂普·奥尼尔(Tip O'Neill)的远亲;父亲是一位优秀的律师,客户包括新英格兰爱国者橄榄球队(当时名为波士顿爱国者)。安妮毕业后,来到波士顿市长凯文·怀特(Kevin White)办公室工作。工作期间,她遇到了未来的丈夫,《波士顿环球报》的专栏作家麦克·巴尼克尔(Mike Barnicle)。安妮和麦克与肯尼迪家族以及马萨诸塞州的民主党人士关系密切。安妮随后成为希尔霍利迪广告代理公司的高级主管。1995年,安妮受任富利金融公司负责市场营销和公司事务的副总裁。这家金融公司此前在1993年深陷困境,因涉嫌掠夺性放贷行为,被迫支付了1亿美元平息指控。安妮在公司的任务无疑是通过收购资产和安抚地方官员,帮助富利摆脱此前的指控阴影。她像知己一样,辅佐陪伴了富利公司的两任首席执行官。2004年，富利公司被美国银行并购。安妮凭借其在政治和人际关系上的技巧，成为美国银行先后两任首席执行官肯尼思·刘易斯（Kenneth D. Lewis）和布莱恩·莫伊尼汉（Brian T. Moynihan）的知己。

安妮是如何和上面提到的四位首席执行官维持好关系的？她自己认为："因为我不是银行家，我的专长在于市场营销、沟通交流、公共政策、数据分析和调查研究。一位值得信任的顾问需要既不抢客户的生意与之发生利益冲突，又能做好本职工作。"

在2008年险象环生的金融危机中，所有的银行都在设法保全自己，其中美国银行是形势是最紧急的。2008年，美国银行以41亿美元收购了岌岌可危的美国国家金融服务公司（Countrywide Financial），以500亿美元收购了火烧眉毛的美林集团（Merrill Lynch），这无疑加重了美国银行的负担。与其他很多银行一样，美国银行得到了美国政府的救助。但与其他银行不同的是，美国银行的股价经过了很长时间才实现反弹，直到2015年才超过危机前。2015年，当安妮·芬努凯恩准备重新审视美国银行经常合作的几个广告代理时，她找到了媒链的卡森。安妮说："卡森对代理商公司如数家珍，知道哪家做得好，哪家刚刚出现优秀人才的流失。而且卡森还熟知当下最红的营销手段和平台。"

美国银行拥有5 000万银行和经纪客户，4 689个金融服务中心，16 000个自动柜台机；存款量占全美的13%；还经营着一家零售银行、一家投资银行和一家商业银行，以及一家投资服务公司。然而，在大银行备受指责的大的政治环境下，为美国银行做广告营销并非易事。每个季度，安妮都会在位于纽约曼哈顿西 41 街布莱恩公园旁的银行大厦主持召开美国银行营销大会。届时，20 余家广告代理商以及银行的高管们会聚集在大厦的 51 层会议室。在 2016 年 6 月的会议上，除了美国银行市场、传播、客户、政策、数据等领域部门的高管外，参加的还有两位 WPP 集团的高管：博雅公关公司的主席兼首席执行官、美国前总统克林顿白宫通信主任唐纳德·贝尔（Donald Baer）和本尼森战略集团首席执行官约珥·本尼森（Joel Benenson），他的集团曾负责美国前总统奥巴马和 2016 年希拉里·克林顿竞选的民意调查。此外，参加大会的还有阳狮集团的沙德·特柏科沃拉以及一些创意代理公司的负责人。比如埃培智旗下的希尔霍利迪公司的高管，精准战略公司合伙人、美国前总统奥巴马 2012 年竞选团队副主管斯蒂芬妮·卡特尔（Stephanie Cutter）。利平科特公司高级合伙人兼企业形象首席战略创新官约翰·马歇尔（John Marshall）等。会场上，桌子被铺上白布，摆成方形，每一位参会者都有指定的席签位置。

6 月的这场会议展示出银行是多么依赖那些自己无法控制的力量；也通过座位的前后和资金投入，展示出了广告在整个银行营销中的次要位置。在美国银行，相较于媒体战略、公共关系、民意调查、游说、咨询、调研、设计、直发邮件等营销手段，广告的投入资金是较低的。大会以发布美国银行财报开始。

财报显示，银行的利润从2014年的40亿美元增长到160亿美元，银行的流动性是2008年的4倍。但是这些好消息淹没在当时正在进行的总统竞选的噪声中。民主党候选人希拉里·克林顿（Hillary Clinton）和她的竞争对手伯尼·桑德斯（Bernie Sanders）以及共和党候选人唐纳德·特朗普（Donald Trump）都对银行表示批评。

芬努凯恩说："调查显示，人们对银行的支持率下降了5个百分点。但我所关注的是，美国银行不应该成为人们关于《多德－弗兰克法案》（金融改革法案）讨论的焦点。"

民意调查专家约珥·本尼森说："伯尼·桑德斯因发表'我们的经济体系是被操控的'的观点而获得人们的支持。但这个问题并不会因总统选举而解决。因为尽管企业的利润实现了新高，但员工的薪水还是那些。"

芬努凯恩重申了自己的担忧，她问道："我们可不想成为众矢之的，那么该如何让美国银行躲开这个问题？"

美国银行全球企业通信和公共政策执行主管吉姆·马奥尼（Jim Mahoney）回答："尽管我们已通过改善移动银行和住房抵押贷款业务取得了长足的进步，但这些总统竞选人的批评之声让我们的企业沟通很难有效。"

大会上，人们讨论着美国银行该采取哪些措施，以展示出自己正面的形象，比如支持降低碳排放，实现可持续发展的行动（美国银行是绿色债券的认购银行）。芬努凯恩说："现在，我们的确比其他一些金融服务机构过得好一些，但这不是我们的最终目标。"

会议的话题转移到如何成为用户的"管家"或助手，以更好地黏住他们。目前，用户友好的美国银行手机应用已有 2 200 多万用户。所收集的大量客户数据可以帮助银行进一步发展。比如，一位下载了 Zillow 房地产估价应用的用户，会传递出一个清晰的信号，那就是在寻找新的房屋贷款。美国银行并不收集用户的姓名信息，更不会与他人分享或买卖客户信息。除了在手机应用上直接收集用户数据外，银行还可以通过其他方法了解在线用户的行为，并据此调整自己的信息。负责营销工作的副总裁卢·帕斯卡里斯认为："我们不能仅仅靠广告吸引用户，我们还需要黏住用户。我们不能简单地说，'贷款请点这里'。"美国银行缓慢小心地收集着用户在软件中产生的数字痕迹，这样就可以跟踪他们在一些广告支持的网站的行动。会议前发布一份文件显示，当人们在线阅读《纽约时报》时，美国银行可以置入有关房屋所有权的舆论信息。当人们在使用 ESPN（娱乐与体育节目电视网）的应用时，为他们提供最合适的信息。

卢·帕斯卡里斯说："这种一对一的营销是基于一种'确定性模型'。"亚马逊根据用户已购买的书籍或音乐，为其进一步推荐可能喜欢的内容的模式正在电视广告，特别是互联网电视上蔓延。帕斯卡里斯相信，这种一对一的营销可以让广告商以隐蔽的方式为每个家庭提供定制化信息，同时保护他们的隐私。这无疑将改变营销行业的游戏规则。

和往常的会议一样，芬努凯恩很渴望听到阳狮集团特柏科沃拉的观点。他是美国银行外聘的首席战略师，被芬努凯恩称为"在座最聪明的人"。二人性格迥异，芬努凯恩习惯戴着大号的眼镜，很善于交谈；特柏科沃拉则戴着无框圆边眼镜，坐如佛，讷于言，有点高校教授的感觉。特柏科沃拉轻声细语，旁边的人往往需要斜身倾听才能听清。他警告说："我们的征程刚刚开始。当美国银行宣传自己在环保上的所作所为时，我们实际进行的是一种非一对一的叙事。传播的效果取决于其中的情感。卢是对的。我们会通过人们的行为越来越了解他们的需求。但问题是，消费者对美国银行的需求是什么？成功的公司会发现它们将了解需求这项工作交给了消费者去做，我们只要去聆听、去回应。亚马逊、脸书之所以能够实现'确定性模型'，是因为人们在他们的平台上，自行生成着自己的需求列表。"但是，不要把单个产品或单次购买行为和用户对一个品牌的期待画等号。特柏科沃拉认为："美国人需要的，是一个愿意站在自己这一边的人。桑德斯和特朗普之所以获得出人意料的广泛支持，是因为他们不断向选民们传递'我和你是一伙的'的信息。如果我们再看银行所传递的信息，那美国银行在贴近用户这方面做得不错。"

在总结时，特柏科沃拉的思绪回到了2013年，当时美国银行正试图重新调整品牌形象，提出"我们虽然不是您生活的中心，但我们会尽全力帮助您找到那个中心"的新口号，旨在宣传银行可以为人们提供更好的金融服务。特柏科沃拉提到他认为至关重要的观念，那就是"同理心"，"如果人们对一家企业在情感上是信任的，那么就会认同这家企业的营销和服务"。

美国银行知道自己在营销方式上必须不走寻常路，所以走了一条品牌内容广告的进路。那些广告旨在增强消费者对银行的同理心，而非直接灌输产品或品牌的信息。广告一般是讲述一个故事，品牌在其中起到正面作用，调动起观看者的感情。在成功的品牌内容广告中，人们往往很难发觉广告的痕迹，因为广告内容往往是讲述故事或分享知识。所以，美国银行于2013年，与教育性非营利组织可汗学院合作开发了介绍高端金融知识的视频课程，如"好的金融习惯"系列课程。并在Pinterest等平台发布。

品牌内容广告另一个经典的例子，是天联广告印度分公司为宝洁的碧浪洗衣剂制作的《男性分担家务》广告片。该广告一开始，年轻的家庭主妇忙活着安顿孩子、为丈夫煮茶，而丈夫在看电视，与此同时，主妇还在接电话、做晚饭、把脏衣服放到洗衣机。家庭主妇做着家务，满足着家里所有人的需要，这一切都看在她的父亲眼里。广告使用主妇父亲的声音作旁白，父亲用带有一丝悲伤的语气说："我和所有做了坏榜样的父亲一样，都感到深深的歉意。

因为女儿现在被迫所做的，正是以前她的妈妈所做的，而她的丈夫一定是跟他的父亲学的，把所有家务都给妻子做。"主妇的父亲给女儿写了张纸条，起身拥抱了她，然后说："我代表所有的父亲表示歉意。"主妇的父亲随后出现在自己家里，他拥抱了自己的妻子，然后叫她停下了手中的家务。主妇的父亲自己拿起洗衣篮，把衣服放入洗衣机，然后倒了些碧浪洗衣剂。这时，白色的粗体字出现在画面上，写道："为什么洗衣服的活都得家庭主妇来做？"碧浪在全印度发起了"分担家务"运动，用"洗衣不仅仅是妇女的任务"等口号提升品牌的社会认可。据称，碧浪在印度的销售猛增60%。

对于银行来说，是否能够制作出一则广告，类似碧浪广告的方式，温暖消费者的心窝？安妮·芬努凯恩深知问题的实质。在美国银行的营销会议结尾，她强调，对于美国银行来说最亟须的任务是赢得更多消费者的信任。根据调查，仅有28%的美国人信任银行行业。上一次金融危机已经过去8年，银行还在废墟中"重建"着自己的形象。芬努凯恩对自己的营销团队说："我们一定要掌握传递理念的能力。"

但对美国银行，品牌推广和广告仅仅是其营销事业的一小部分，这体现在预算上。在20亿美元的总预算中，广告预算仅为1亿。不过，即便预算上去了，也不一定会有什么神奇的广告，可以挽回银行往日失去的客户信任。

第六章　个儿不高的苏铭天

> 我们 200 亿美元收入的 75%，也就是 150 亿美元产生于新兴业务。这些是广告黄金时代的唐·德雷珀见都没见过的。
>
> ——苏铭天

在卡森常去的另一家餐馆，位于曼哈顿西 55 街的 Milos，饭店主厨看到熟客卡森来了，从厨房出来介绍菜品，并拿给卡森一杯他习惯喝的马提尼。卡森抿了一口酒，他刚从剧院看了《汉密尔顿》，这已是他第三遍观看这部音乐剧了。他也深受这部剧的启发，喝着酒，阐释自己对广告代理业及四大代理控股集团所面临困境的见地。"现在缺乏新一代领导，"他介绍说，"WPP 集团的苏铭天现年 71 岁了，阳狮集团的莫里斯·利维马上 75 岁了，埃培智的迈克尔·罗斯 70 岁了，最年轻的是宏盟的首席执行官庄任（John Wren），今年也 65 岁了。而且，他们的继任者是谁，目前都没有清晰的信号。也就是说，这个行业缺少明确的新一代领军人物。"卡森深知广告代理公司深陷危机。但他不确定，传统的代理控股公司该如何应对这次数字革命？他接着说："但可以确定的是，危机中的他们，即便不会完全消亡，也无法阻挡客户被蚕食。"卡森对媒链的员工说："广告代理公司客户的流失，对我们来说是好消息。当广告主不再信赖代理商时，他们会找到我们。曼德尔的那番指控，中伤了代理业，但实际上帮助了媒链这样的咨询公司。"

卡森眼中的好消息，对于代理商们来说恰恰是坏消息。在这一点上，所有的代理商都感到一样的愤慨。但这些代理商巨头之间存在很大区别。WPP集团是"老大"，2015年收入为187亿美元，排名第一。紧随其后的是宏盟集团，年收入151亿美元；往后是阳狮集团，106亿美元；埃培智，76亿美元；地平线传媒，65亿美元；电通集团，63亿美元；哈瓦斯，24亿美元。这些集团各自有与众不同的品牌区分。比如，宏盟通过旗下数字媒体代理公司Hearts & Science在2016年创造了不少新的业绩，是以上几个代理集团中获得新业务最多的集团。尽管宏盟的首席执行官庄任喜待在自己位于棕榈滩的家中，但还是指导宏盟生产出不少获奖广告。至于阳狮集团，2016年他们损失了的客户较其他集团来说是最多的。但是阳狮的莫里斯·利维认为，与其他集团不同的是，自己的集团已经真正实现了全球化。他认为："很多集团，包括WPP集团，还是用西方传统的眼光看待世界。但阳狮集团不是。阳狮集团是所有这些集团中，第一个开拓中国市场的。"埃培智首席执行官迈克尔·罗斯说："埃培智具有企业家和创业家的血统，而非是颐指气使的贵族血统。"通过旗下的由鲍勃·格林伯格管理的R/GA广告代理公司，埃培智集团创造了许多不同寻常的数字广告。而在罗斯看来，格林伯格就是资本的配置员，R/GA广告公司就是埃培智的门面。

其他几个集团虽然体量巨大，但服务范围有所局限。比如日本的电通集团，它为广告主提供强大的媒体代理服务，但在日本之外，大多只能通过与当地其他创意代理公司合作实现服务。地平线传媒则专注于媒体服务和与创意代理的合作。地平线首席执行官比尔·柯尼斯堡说："我们的服务并不追求全面，因为我们是私有的，所以我不必为季度的赢利情况而分神，于是可以更专注于两类人——我的员工和我的客户。"法国的哈瓦斯是这几家集团中收入体量最小的。因为哈瓦斯属于家族所有，所以集团首席执行官亚尼克·博洛尔与地平线的柯尼斯堡相似，都不必完全依赖市场。博洛尔认为："他们集团更具合作精神。"当然，这样的论断说起来容易，证明起来难。

相比于其他代理集团的老总，WPP集团的苏铭天是最喜欢发表对竞争对手的意见的。他很好胜，而且不是那么圆滑。其他几位老总都对卡森示好，但苏铭天则在公开场合表示，卡森和他的媒链公司以及脸书、谷歌等平台是广告代理行业的"友敌"。

苏铭天的这种警惕性是天生的。他的犹太裔祖父母从乌克兰、波兰和罗马尼亚移民到伦敦。当时，在贫困的伦敦东区，他的祖父母和父母感受到反犹太的压力，于是把姓氏从施皮茨贝格（Spitzberg）改为索勒斯（Sorrell）。为了养家，苏铭天的父亲杰克，放弃了皇家音乐学院的奖学金和小提琴生涯，于13岁辍学，在一家俄系犹太人开的电器商店做起了销售员。1945年2月苏铭天出生，当时杰克已是商店的总经理。可以说，苏铭天出生在一个相对富裕的家庭。他们先住在伦敦西北部一套舒适的公寓里，随后搬到绿树成荫的郊区米尔山，住在一栋更大的独立式住宅里。苏铭天曾有一位兄弟早年夭折，作为家里的独子，他获得了父母的全部关爱。苏铭天的母亲萨莉成为全职主妇，照顾孩子的生活。上学前，她会仔细准备好午餐的三明治，放到塑料餐盒中。苏铭天的父亲还是位业余的莎士比亚研究者，能够背诵整段整段的莎士比亚的戏剧。

在苏铭天的位于伦敦的办公室，也能找到其父亲杰克的影子。在办公室桌子对面的书柜上，摆放着许多照片，其中最大的一张就是父亲杰克的。照片没有框，有些旧。照片里，苏铭天的父亲有些帝王气质：深色、浓密的胡子修剪整齐，眼睛乌黑，黑发梳得笔直；深色的西装配上黑色的领带，搭配上白色的圆点图案和浅色口袋方巾。杰克嘴巴紧闭，但能看出露出的一丝微笑，他似乎是在克制着笑容。苏铭天和其父亲在外貌上并不像。苏铭天头发为灰色，更短一些；戴着无边框的眼镜，没有留胡子。与其父亲的低调不

第六章　个儿不高的苏铭天

同的是，苏铭天认为自己是一名企业家。他毫不掩饰自己的自豪之情，认为是自己将 WPP 集团从一家经营电线与塑料产品的小公司打造为全球最大的广告营销集团。但是和父亲一样，苏铭天无法忍受愚蠢的人，脾气也不小。苏铭天说："我的父亲从来没有什么优越感，因为他 13 岁就辍学了，他放弃了奖学金。父亲真的很有天赋，但令他沮丧的是，他一辈子都是在辛苦地替别人打工。父亲希望我能得到他当年没能得到的。"

望子成龙的父亲把苏铭天送到好学校学习，苏铭天也不负所望。父亲还是苏铭天的值得信赖的军师。他曾对《福布斯》杂志的记者说，我的父亲是这样的一个人，即便你和他没有生意上的利益关系，他也总会把你的利益放到心中，为你出谋划策。父亲在苏铭天心中的地位之重，除了他的妻子外别无他人可及。

著名历史学家西蒙·沙玛（Simon Schama）和苏铭天是发小，二人 11 岁时共同在位于伦敦西北的哈博戴雪阿斯克男子精英学校上学。西蒙·沙玛认为，苏铭天"充满活力且性格坚强"，但内心深处还隐藏着"温暖和可爱"，大多时候不显露出来。1962 年，二人共同进入剑桥大学基督学院学习。每个周五，苏铭天的母亲都会做些烤鸡，用锡纸包好，放到餐盒中，然后放到去往剑桥的小火车上。苏铭天回忆说："我在车站取下烤鸡，还温着呢。"西蒙则会做些意式调味饭搭配着烤鸡。苏铭天母亲送来的烤鸡以及其他饭菜都是犹太食品。西蒙说："我和苏铭天当时都是有点左倾的犹太复国主义者，以半波西米亚式的方式生活。我们一起编辑并出版光纸印刷的双月刊《剑桥评论》，每一期的文章围绕一个话题。1964年那几期的主题是关于美国的。"学校的一位教授美国民主党成员丹尼尔·帕特里克·莫伊尼汉（Daniel Patrick Moynihan），在那位教授的帮助下，西蒙·沙玛写了篇关于纽约民主党的文章，并于夏天和苏铭天前往美国。莫伊尼汉热情地为他们办了记者证，于是二人得以参加在亚特兰飞举行的民主党全国代表大会。两个19岁的年轻人当时满心支持林登·约翰逊（Lyndon Johnson）。下一个暑假，完成大一课程的他们，一起去维也纳、柏林、东欧旅行，去更好地考察、理解西蒙所说的"反犹太主义的幽灵"。二人在来到关押犹太人的集中营时，泪流满面。

在剑桥大学的同学中，立志成为作家、教授或律师是很平常的事。马丁是与众不同的。他说，作为一个经济学专业的人，我是"铁了心"要做一个商人。西蒙·沙玛说："在苏铭天心中，他的父亲杰克受到雇主的不公待遇。所以他希望用自己的成功，去证明父亲的能力。"随后，苏铭天从哈佛商学院取得工商管理学硕士MBA，他时常说，学习过程中的案例讨论教会他以一个公司领导者的角度思考问题。在康涅狄格州的一个咨询公司工作一阵后，苏铭天再一次向美国国际管理集团（IMG）的创始人、主席马克·麦考马克（Mark McCormack）自荐。国际管理集团是一家跨国广告代理，主要为体育运动员、明星制作广告。当时麦考马克正在哈佛讲演，据他回忆，那时的苏铭天是个有些傲慢的小伙子，在讲演后与他交谈。麦考马克为苏铭天提供了国际管理集团伦敦办公室的职位。几个月后，麦考马克允许苏铭天借他的豪车去约会，苏铭天记不清当时借的是劳斯莱斯还是宾利了，但约会对象后来成了他的妻子——桑德拉·芬斯顿（Sandra Finestone），他们育有三个儿子。这场婚姻持续了35年，二人于2005年离婚（离婚共分割苏铭天约3 000万英镑和一栋四层联排别墅的财产）。

20世纪70年代，志在他方的苏铭天离开了国际管理集团。在接受《哈佛商业评论》采访时，他说："当时是想和最亲密的顾问和导师——我的父亲一起创立公司。"不过，他们并没有找到合适的业务。随后，他加入詹姆斯格利佛联合公司（James Gulliver Associates），担任财务顾问。这家公司当时投资了一家代理商，而这个代理商被盛世长城国际广告公司（Saatchi & Saatchi）并购。当时，盛世长城正在找首席财务官。1976年，苏铭天获得了这个职位。在之后的9年里，他在盛世长城两兄弟莫里斯·萨奇（Maurice Saatchi）和查尔斯·萨奇（Charles Saatchi）手下工作。头脑敏捷的苏铭天经常会震慑到谈判桌对面的人，他脑子里的数字转得飞快，眼睛紧盯着对手；他经办了一系列并购，使得盛世长城国际广告公司成为实力强大的控股集团。

麦肯世界集团的总裁小马里恩·哈珀（Marion Harper, Jr.）是开启广告代理"控股集团"时代的先驱。他在20世纪60年代收购了一批广告代理公司,并组成埃培智集团。许多代理公司开始上市,吸引了著名的投资人沃伦·巴菲特(Warren Buffett)。20世纪60年代,巴菲特持有大量奥美广告公司和麦肯世界集团的股份。"那时最好的行业是什么样的?"奥美广告前主席肯尼斯·罗曼(Kenneth Roman)引述巴菲特的话说:"那就是早上你对着镜子刮胡子,灵机一动任性涨价,然后价格真的可以涨。"[11] 在大多数行业,存在一条真理,就是规模化会带来绝对的优势。规模化是提高价格和降低成本的手段,可以在全球市场中吸引更多客户和业务,激活协同效应从而带来更高的效率。此外,对被收购的资产进行成本压榨可以更快速地提升母集团的利润率。

盛世长城的萨奇兄弟已经意识到,未来的广告业将会呈现两个分层:上层的是像他们这样的大集团,下层的是其他小企业,是大集团的"猎物"。小马里恩·哈珀自然懂得这一点。安德鲁·克拉科内尔(Andrew Cracknell)认为,或者说谴责,哈珀推动大型控股集团的形成是因为他把广告业作为"自己行业革命的把手"。在《真正的广告狂人:麦迪逊大道的叛徒和广告业的黄金时代》(*The Real Mad Men: The Renegads of Madison Avenue and the Golden Age of Advertising*)一书中,克拉科内尔写道:"赢利能力取代创意,成为衡量代理公司的标尺。"哈珀创造了"整合营销传播"概念,来阐释把自己将代理公司集中到埃培智,并为客户提供不同服务的理念。在克拉科内尔眼中,这使得哈珀成为广告圈比比尔·伯恩巴克还有影响力的人。[12]

盛世长城国际广告公司的第一次大型并购发生在1975年,当时他们与加兰传媒的伦敦办公室合作。加兰传媒的客户包括宝洁公司,还拥有康普顿传媒公司。康普顿传媒的规模要比当时的盛世长城大得多。这显然是一次反向并购,若是成功将使得盛世长城取代埃培智成为世界上最大的广告代理集团。当时苏铭天是这场收购的财务工程师。他说:"这场交易是奠基性质的,是一场精彩的交易。"苏铭天在一句中连用了三个"精彩"去形容这场交易。通过交易,盛世长城挤掉了康普顿传媒,成为集团的所有者。按照合约,康普顿传媒将拥有盛世长城20%的股份。

但是苏铭天劝说康普顿传媒将自己的股份的1/5转换成盛世长城新成立的子公司的股份。康普顿传媒是一家上市公司,其市场价值为盛世长城提供了用来进一步收购其他企业的资金池,包括1982年收购康普顿在美国的公司。

在盛世长城工作的9年里,苏铭天常被别人称为萨奇氏的第三个兄弟。然而他拒绝这个称谓。因为在苏铭天看来,萨奇二兄弟是精明的战略家,而自己很明显只是他们的雇员。作为盛世长城的谈判高手,苏铭天有时令人感到胆寒。费米纳-特拉维萨诺联合广告代理公司(Della Femina, Travisano & Partners)的创始人之一杰瑞·德拉·费米纳说:"我在圈内算是一个有魄力的人,我发现了商机,于是在(20世纪)70年代决定收购一家英国的广告代理。"

费米纳调查了英国市场，发现盛世长城正在寻求收购。费米纳说："当时，我去找了萨奇兄弟和苏铭天，见面他们就给我戴高帽，说我是他们的救世英雄。然后，他们介绍如何促成这桩收购。我当时对自己说，这三个人还真挺聪明。但是过了一阵，我就恍然大悟，这些人比我聪明。他们不是想被收购，而是想生生吞并我。"几年后，杰瑞·德拉·费米纳接受《广告时代》杂志记者的采访，在被问及怎么看待盛世长城被加兰传媒收购时，费米纳说："不，盛世长城会反过来收购加兰。之后的事实证明，他们做到了。"

苏铭天说："萨奇兄弟的伟大之处在于，他们会让你做自己想做的事。"他又加了一句："前提是，你不抢了萨奇兄弟的风头。"

苏铭天的好友西蒙·沙玛回忆说："那个时候，苏铭天不怎么开心。"为何不开心？苏铭天列举了三个原因。尽管在他眼中萨奇兄弟是很好的广告人和战略家，但他俩太喜欢"出风头"，两个人对公司增长的业务不是很上心。还有就是苏铭天感到自己没有足够的实权。他说："之所以选择离开盛世长城，还因为想自己干一番事业。我当时40岁了，有些四十不惑的感觉。"苏铭天认为，不能走父亲"寄人篱下"的旧路。他说："我的父亲总对我说，在你喜欢的行业踏踏实实的，这份踏实会换来人们的尊重，换来在行业内行走的筹码和影响力。但在这些观点上，我不同意父亲。"直到1989年苏铭天的父亲去世，苏铭天每天都和父亲交流。

苏铭天一边准备离开盛世长城，一边开始对一家电线制造企业投资。那家企业注册名称为电线塑料制品公司（Wire and Plastic Products）。开始投资后一年，苏铭天离开了盛世长城；用电线塑料制品公司的首字母，将公司更名为WPP；并用合伙人在伦敦的一间房作为办公室门头。当时，苏铭天在WPP的股份是16%，达到控股水平。在接下来的18个月，WPP收购了18家公司。苏铭天说："我们的市值从100万英镑猛增到1.5亿英镑。"在此之前，广告代理公司都还是很"绅士"的，不会去恶意收购别人。但苏铭天对于这个不成文的规定嗤之以鼻。1987年，WPP开始了小吃大、蛇吞象式的并购。他首先瞄准了年收入是WPP13倍之多但当时处于困境之中的智威汤逊集团。苏铭天通过借债和在日本房地产投资获得的收益等资金共计5.66亿美元，收购了智威汤逊及旗下的全球最大的公关公司伟达公共关系顾问公司（Hill & Knowlton）。时任智威汤逊伦敦主席的杰里米·布摩尔说："我对WPP对智威汤逊的收购并不感到沮丧，因为当时的公司正在走下坡路。"布摩尔现在是苏铭天很信任的顾问。

在苏铭天搭建自己集团帝国的时候，杰克·韦尔奇也在打造着通用电气集团。他们共同的办法不是创办公司，而是收购公司。与大手大脚的小马里恩·哈珀不同的是，苏铭天的WPP集团成为第一家在收入上取得成功的广告代理控股集团。不到两年，智威汤逊的收入翻倍。1988年，苏铭天恶意并购奥美广告。气得奥格威在公开场合称苏铭天为"可恶的小屎蛋"。（苏铭天身高约1.67米。

他喜欢自称"和拿破仑一样高"。媒体在报道时把奥格威的怒骂弱化为"可恶的小混蛋")。不久，WPP 集团又吞并了两家大型广告代理公司，扬·罗必凯广告公司和精信广告公司。WPP 集团于是成为世界上最大的广告营销公司，在全球拥有 20.5 万名员工，3 000 家办公室，覆盖 112 个国家或地区。到 2015 年，WPP 集团的利润率高达 16.9%，居全行业之首。利润率之所以如此之高，是因为苏铭天不断拓展业务，把 WPP 集团从一个依赖北美和英国市场的公司转变为全球公司。高速增长的亚太市场、拉美市场以及非洲、中东、中东欧市场产生的利润占 WPP 集团的 45%。中国现在是 WPP 集团第三大市场，WPP 集团在那里有 1.5 万名员工；在印度，WPP 集团更是占据其全国总广告营销份额的 45%。2000 年，英国女王为苏铭天封爵授勋。苏铭天在他的爵士盾牌上选择刻印"坚持与速度"作为座右铭。

苏铭天爵士的收购野心一度让 WPP 集团于 1991 年濒临破产。当时在负债累累与全球经济衰退的双重压迫下，WPP 估价和收入双双下跌。银行催促苏铭天还款。沙玛回忆说："当时我和苏铭天在凯莱德吃饭。他向我倾诉说，WPP 集团已经深陷危机临近破产。"为了让公司摆脱困境，苏铭天不得不以让渡自己的股权给银行的方式削减了债务。

1992 年，苏铭天和 WPP 集团重整旗鼓。如果我们称卡森是这个行业牵线搭桥的"媒人"，那苏铭天则可以称为整合企业的"集运商"。WPP集团开始积极收购全球范围其他广告公司的股权。根据其官方网站数据显示，WPP集团全部拥有或间接持股的公司超过412家。步入集团伦敦办公室亮黄色的大门，坐在门口人造皮革的访客沙发上，映入眼帘的是一面巨大的橙色大鼓。鼓面上，密密麻麻地写着集团旗下的公司名。包括一些公关公司，如伟达、博雅、富思博睿；一些数据、技术和调查公司，如群邑的邑策、凯度、本尼森战略、明略行、PSB调研等；公共事务及游说公司，如杜威广场集团、洛弗－帕克集团、韦克斯勒和沃克公共政策联营公司等；一些在健康、传播、设计、邮件广告业举足轻重的企业。WPP还拥有一些数字内容企业的大量股份，如Vice传媒、Refinery29网站、Fullscreen网络传媒公司；拥有电影电视制作企业的股份，如韦恩斯坦国际影业公司。WPP集团还占据由Rentrak娱乐产业调查与研究公司和comScore流量分析公司组建的新公司股份的1/5，与尼尔森市场调研公司竞争。在进入WPP集团前，夏洛特·比尔斯说："对于苏铭天收购这些陷入困境的公司的做法，我不敢苟同。但事实证明我错了。正是这些收购使得WPP集团如此强盛。"比尔斯后来被任命为集团旗下奥美广告首席执行官，也成为苏铭天信任的同事。

苏铭天认为，今天，WPP集团200亿美元年收入的75%产生于与信息传播相关的新兴业务。那些是唐·德雷珀那个广告黄金时代所没有的。WPP集团和许多其他广告营销巨头一样，不仅收购广告代理公司，也开始收购一些营销企业。当下，除了美国市场外，英国、法国、德国、日本、中国是其主要的广告营销市场。在20世纪末，中国和印度的人口很快都超过了10亿，现在中印两国分列互联网用户第一和第二大国。每一集《广告狂人》都追的苏铭天说："在《广告狂人》描绘的广告黄金年代里，他们只需和纽约、芝加哥、底特律的办公室打交道，只需把精力集中在美国市场。因为当时美国是广告营销最大的市场。现在虽然美国仍是最大的市场，但早已不是30年前我入行时的样子。当时，世界范围内75%的广告营销活动都由美国东海岸控制。现在早已不是这样。"

即便是苏铭天的批评者也不否认他是一位出色的、有远见的战略家。无论是在年度报告中，在与分析师的会谈中，还是在媒体采访中，苏铭天都习惯性地表达着对于企业目光短浅的严厉批评。在2017年初《经济学人》的一篇文章中，他愤怒地写道："那些每个季度的赢利要求，都是只在公司才待了几年的高管制定的。"在文章中，他批评一些美国的企业2016年6月超过其留存利润地进行股份回购和要求股利。苏铭天说："这些企业即便手里握着70多亿美元的钱，也要为了节省而减少投资。我们的一次调查显示，80%的首席执行官承认会以牺牲长远发展为代价而提高短期的季度的赢利表现。在这样的大环境下，采购和财政部门获得了企业发展的指挥棒，而非研发和营销这样的促进企业成长的部门。"

苏铭天较早认识到，数据、新技术以及连接到目标受众的能力将取代传统的消费者统计，进一步改变广告营销行业。所以，他斥重金投资数据和科技公司。24/7 传媒创始人大卫·摩尔认为，2007年是拐点。谷歌收购了自动化数字广告服务平台双击广告公司。这一收购引起了苏铭天的注意，他怀疑谷歌有意进入广告营销行业。摩尔说："我给苏铭天发信息，说我们合作吧。他同意了。但苏铭天希望收购我们，而不是和我们合作。"2011 年，WPP 集团兼并24/7 传媒，并将其放到群邑媒介集团，与谷歌的双击和脸书的阿特拉斯竞争（阿特拉斯后被脸书放弃）。

  与苏铭天共事的人，总感觉他在时刻监视着别人。这一点有点像年轻时候的鲁伯特·默多克（Rupert Murdoch）。苏铭天回复邮件很迅速，即便他在观看温网比赛时也照回不误。在杨名皓还担任奥美广告首席执行官时，他回忆说："我几乎每天都会收到三四封来自苏铭天的邮件。我很崇拜他。他既能高瞻远瞩，也能事无巨细。"苏铭天经常在搭乘航班飞来飞去的旅途中，或参加论坛，比如在洛杉矶、巴塞罗那举行的峰会；或前往 WPP 集团在印度、巴西的分部，或在北京和纽约参加董事大会；或作为主席，在希腊、戛纳等地主持 WPP 集团的年度峰会（他共主持 34 届）；再或到西西里参加谷歌的会议，到内华达参加火人节等。

  邮件上的执念让苏铭天获得了一个"微管理者"的名声。苏铭天对于那些属下许诺但没有完成的目标有着惊人的记忆力。一些不愿透露姓名的 WPP 集团高管说，苏铭天对细节的高要求给他们一种窒息感。事必躬亲的苏铭天把"微管理者"的称谓当作一种赞美，因为在他看来，天下大事，必作于细。即便公司的规模大到和一个国家一样，作为首席执行官，必须给予细节足够的关注。宏盟集团的凯茨·雷恩哈德认为："宏盟集团是一家控股集团，但WPP是一家管得细的母公司。"也有人持反对意见。时任扬·罗必凯广告公司首席执行官，并已在该职位工作6年的大卫·塞伯认为："苏铭天是个被高估的管理者。很多人都说他亲力亲为，但我没感觉到。苏铭天很少对我发出什么指示。"

若想深入理解苏铭天的管理之道，我们可以从他作为企业创始人的身份谈起。他对于股东的批评不屑一顾，即便对方是前伦敦市长鲍里斯·约翰逊（Boris Johnson）。他曾批评苏铭天陡然增加的工资，从2014年年薪4 300万英镑涨到2015年的7 040万英镑。苏铭天也成了英国薪水最高的高管。在发表于《金融时报》2012年6月刊的一篇专栏文章中，苏铭天称："我的工作是作为一个公司的拥有者，而不是一个拿高薪的经理。如果我在工作中像一个经理，那是我的过失。我认为，在企业里，我们应像一个业主、企业家一样去奋斗，而不是作为企业里的某级官僚。"如今，苏铭天拥有WPP集团2%的股份，他没有选择在其他地方投资，而是把自己的身家和WPP集团的业绩紧紧连在一起。苏铭天说："父亲曾经说过，只投资你熟悉的企业。"即便苏铭天已十分富有，但他仍然坚持坐普通航班，而不是坐私人飞机。因为他认为那会辜负了投资者。他直抒胸臆，从不掩盖自己对时事的观点，无论是英国脱欧还是特朗普的移民政策（他对这两件事都持反对意见）。更不用说他公开贬低自己的对手——阳狮集团的莫里斯·利维时，所表现出的那种毫不掩饰的高调。

苏铭天曾公开对一些高傲的但在广告界式微的创意人士表示蔑视。这引发了WPP集团里的有些人的不满。2015年9月，在广告周上，苏铭天接受卡森的采访时说："我们200亿美元收入的75%，也就是150亿美元产生于新兴业务。这些是广告黄金时代的唐·德雷珀见都没见过的。"在苏铭天看来，那些处理数据的、购买广告时间的、策划收购的、在社交媒体设计信息传播方式的人，和撰写广告词的"创意人士"一样具有创意。杨名皓也承认："营销工作中的其他工种也可以是创意性的。事实上，水管工工作都需要创意。但是广告需要的是想法上的创新，苏铭天也许看不起这个，因为他从来没有广告代理方面的工作的经验。"这也解释了其他人对苏铭天的嘲讽。R/GA广告代理公司的鲍勃·格林伯格讽刺苏铭天是"一个行政人员，一个财务人员"。苏铭天的智囊团成员杰里米·布摩尔自然反对这样的指称。但他也不同意苏铭天对创意广告代理的贬低。他说："苏铭天在这件事上传递的信号是错误的，而且人们的解读也是片面的"。布摩尔认为："人们会把苏铭天在代理创意问题上的看法，解读成WPP集团不再从事广告代理，这其实是讲不通的。因为苏铭天的WPP集团就是一个广告代理集团。苏铭天有个令人头疼的毛病，就是有些观点在一定角度看是正确的，但是这个观点往往会带来别人错误的甚至危险的解读。"

就像一个身经百战的老将军，苏铭天在这个行业可谓树敌无数。在伦敦，人们针对他的身高，背地里讽刺他为"6·21"，因为6月21日是一年中夜晚最短的一天。迈克尔·卡森相信，苏铭天和阳狮的莫里斯·利维的"梁子"是在双方集团竞争收购科戴安特传播集团时结下的。卡森说："我当时还在瑟伯罗斯资本管理公司，也参加了这场收购竞争。后来苏铭天三年没和我说话。瑟伯罗斯资本管理公司主要是对陷于困境的企业投资，当时背负科戴安特7900万美元的债务。但当时科戴安特过度扩张，陷入债务违约。瑟伯罗斯资本管理公司对广告代理行业并不熟悉，所以指派我去处理。"卡森在伦敦一待就是三个月，辗转于苏铭天和利维之间，以期帮助自己的资本管理公司实现并购中利益的最大的化。卡森说："两家集团相互竞争，最后苏铭天的WPP集团胜利了，但比苏铭天预期的需要更多的资金。他于是怪罪于我，称这是私人恩怨。这根本不是。"

卡森回忆，科戴安特并购结束后的几个月，自己在伦敦的凯莱德酒店和客户见面。客户看到了苏铭天也在那里便前去打招呼，我也跟了过去。我向苏铭天伸出手准备握手，但他拒绝了。卡森说："我们直到几年后才第一次说话。当时我在Nobu饭店请我的客户一位美国电话电报公司的朋友吃饭。电话电报公司同时也是WPP集团的客户。"卡森告诉他的朋友欧文·戈特利布,除非苏铭天向他道歉,否则自己是不欢迎苏铭天的。戈特利布说,苏铭天道歉了。苏铭天解释道:"自己已经不记得当时在凯莱德酒店拒绝握手的事,只记得卡森没有直接参与科戴安特的收购谈判,他只是别人花钱请来的顾问。"

苏铭天的专注人尽皆知,他几乎将所有的心思投入了 WPP 集团。苏铭天的第二任妻子克里斯蒂安娜·富尔肯(Cristiana Falcone)说:"他没有几个亲密的朋友。"即便是他的发小西蒙·沙玛每年也就见一次面。WPP 集团长期的客户高露洁公司的杰克·哈伯评价说:"我喜欢他的集团,他很有趣,我很尊重他。但是我和他从来没有那种好朋友的关系。也许因为我们之间有数十亿的生意,我是他的重要客户。"哈伯回忆:"有一次我参加消费电子展的鸡尾酒会,与 WPP 集团的三位高管打算去吃晚饭。我提议问问苏铭天来不来。WPP 的几位高管说,不会的,他不是一个喜欢参加派对享乐的人。我没有一点不尊重的意思,但苏铭天的确是一位很严厉、高要求的老板。"

克里斯蒂安娜·富尔肯喜欢把自己有些刻板的丈夫,比作电影《雨人》中的达斯汀·霍夫曼(Dustin Hoffman)饰演的恪守固定的仪式的雷蒙。为了丰富两人的生活,富尔肯曾预定了一次去乌拉圭的十日游。苏铭天也很快地做出了旅行计划。富尔肯说:"我们必须下午一点吃午饭,如果这个时候苏铭天不坐在饭桌上,他就会大发雷霆。"吃饭时，苏铭天会问服务员有什么甜品，但他每次点的都是老一套。平日里，苏铭天的一部黑莓手机、一部苹果手机和一台平板电脑从不离手。富尔肯说："苏铭天为 WPP 集团而生、而活。他的坚持和专注造就了今天的成功。"富尔肯还有意提及了苏铭天当年离婚时他的三个孩子的证词，她说："孩子们说自己的父亲很伟大。"

苏铭天有多么执着？看看当年他是怎么追富尔肯的就知道了。富尔肯 1973 年 2 月生于罗马，父母分别是航班飞行员和意大利航空公司的高管。在塔夫茨大学法律与外交学院取得硕士学位后，她先后在壳牌公司和联合国国际劳工组织工作。她随后进入了世界经济论坛工作，担任传媒与娱乐产业组的高级主管（后担任董事），负责协调相关行业高管前往达沃斯或其他地方参加论坛会议。富尔肯金发碧眼、身材苗条、活力四射，带着一点意大利的口音，而且有一点谁都不服的"高冷"。苏铭天第一次见到她时就被迷住了。富尔肯说："苏铭天当年在达沃斯试图和我约会，一追就是 4 年，但我始终没有答应。他还是不断尝试，示意他就是我的真命天子。"富尔肯当时有一位瑞士的男朋友，所以她自然拒绝了。之后，富尔肯前往戛纳参加电影节，于是在电话自动回复上留言，自己人在戛纳。苏铭天于是跟到了戛纳，还跟到了世界经济论坛在南非、印度、日本举行的多场论坛。在得知父母给富尔肯取的意大利名是"塞维奇"后，苏铭天为了讨好她，把自己的爱尔兰长毛猎犬以她的名字命名。尽管富尔肯有些担心年龄上30岁的代沟,但在苏铭天的软磨硬泡下,她被他的诚意和魅力打动。富尔肯说:"苏铭天很愿意倾听,很会理解、包容她。"二人举案齐眉,于2008年结婚。

夏洛特·比尔斯是苏铭天曾经的手下,也是他很好的合作伙伴。之后比尔斯去了美国国务院辅佐前总统乔治·布什,于是渐渐和苏铭天疏远了。但比尔斯清晰地记得,2003年离婚时苏铭天是多么的苦闷。当比尔斯再次联系苏铭天时,他已经和富尔肯结婚。令比尔斯惊奇的是,苏铭天几乎焕然一新。她说:"苏铭天看起来年轻了10岁,骨子里有一种新的力量。可以看出他的生活美满、婚姻幸福。其实苏铭天很会生活,只不过工作的忙碌遮蔽了他的这一面。但是富尔肯是个很会调剂生活的人。她会跳舞,还喜欢尝试不同寻常的事物。"比如,富尔肯拽着苏铭天去内华达的沙漠,参加著名的火人节。二人的结晶,一个女孩于2016年秋天降生。

人们对苏铭天批评很多,但都是片面的,无法拼凑出他这个人真实的面貌。我们也不能用静止的眼光去看苏铭天和他身负的骂声。比如,曾经称他"小屎蛋"的大卫·奥格威,在第一次见到苏铭天后,给他写信说:"我真没想到,我还挺喜欢你。我很高兴你引用了我书中的话,还邀请我作为你的公司WPP集团的主席。我决定接受你的邀请……我想对我们见面之前,我所说的那些冒犯的话表示歉意。"在奥格威因癌症病危期间,苏铭天去看望他,并承诺会照顾好他的夫人。他说到做到。据奥美广告前任首席执行官杨名皓说："奥美给奥格威夫人的所有费用其实都是苏铭天自己掏钱出的。苏铭天看起来是广告界的铁血'成吉思汗'，但他也有一颗懂得关心他人的心。"2007年，大卫·摩尔的妻子被急救车送进纽约的医院，并诊断出脑瘤。摩尔当时人在伦敦，他告诉苏铭天自己要赶去纽约。刚落地，摩尔打开手机就收到了三条语音信息，都是苏铭天为他请的医生留的，表示随时听候调遣。

苏铭天有棱角的性格往往成为焦点，人们大多忽视了他在业界取得的成绩。奥美广告前首席执行官、现任名誉主席夏兰泽（Shelly Lazarus）说："他的视野望到了没有人意识到的未来。他眼光长远、勇于尝试。当年苏铭天开创性地投资了一家调查公司，当时所有人都觉得他疯了。可是事实证明，他是对的。苏铭天实现了WPP集团的多样化发展。他勇敢地投资了没有人了解和看好的程序化广告购买。他天南海北地跑，收集信息，更新观念，规划未来。"

在2015年《哈佛商业评论》百佳CEO榜单中，苏铭天位列第五。几个广告营销集团的首席执行官中，也就只有阳狮集团的莫里斯·利维进入过这个榜单。苏铭天可能会窃喜，因为当年利维只排在39位。2016年，苏铭天的排位上升到前三。这三位高管都是因为成功开拓实施长远的发展战略而受到好评。

广告营销业的企业林林总总，但对行业有着一些共识。比如，他们都认为，广告营销应被视为一种价值的投资，而非一种成本的消耗。他们都表示失望的是，和他们打交道的是许多广告主企业的采购和财务部门，这些人往往只关注短期利益。他们都表示抱怨的是，企业从广告营销预算中省钱，既压榨了代理商利益，又损害了自己品牌的利益。

在苏铭天看来，前方的路上有两种"死敌"：一种是像谷歌、脸书这样的互联网巨头，一种是咨询公司、软件公司。但尴尬的是，广告传媒集团会花费数以亿计的资金投入购买互联网平台的广告，或购买咨询公司、软件公司的服务。苏铭天发明一个新词——"友敌"来形容这些既存在合作关系，又彼此竞争的企业。在这一点上，苏铭天和"死对头"莫里斯·利维没有分歧。在这个充满动荡和革命的行业，那些戴着王冠的"贵族"往往是最紧张的。

第七章　友敌

> 克拉克说:"我知道人们不相信,但我们并不想颠覆广告代理商。"
>
> ——卡洛琳·艾弗森

对卡森来说,脸书全球营销解决方案副总裁卡洛琳·艾弗森看起来不像是威胁或敌友。传统印象中的 IT 工程师往往喜欢充满激情地大声咆哮,而且总是一身 T 恤打扮,不整理头发,说话时总盯着地面。卡洛琳不是这样。她一头金发,发型通过精心打理,整齐地披到肩部。脖子和手腕戴着首饰。她的穿衣风格时尚,甚至可以登上 *Vogue* 时尚杂志。卡森和卡洛琳认识时,卡洛琳还是维亚康姆音乐电视网广告销售的执行副总裁兼首席运营官。作为卡洛琳的导师,当时卡森是消费电子展期间一场研讨会的主持人。研讨中,卡洛琳和阳狮当时的高管帕姆·朱克(Pam Zucker)围绕信息传播和数据使用展开激烈辩论。为了给火热的讨论带来点轻松,卡森借用了《周六夜现场》节目中用来怼人的经典台词——"简！你个无知的野女人！"并改成了："帕姆，我觉得这时候你一定想说，卡洛琳！你这个无知的野女人，你不知道自己嘟囔着什么。"台下的大家都笑了。只有卡洛琳没有笑。

第二天早上，是个周五，卡森的一位朋友打电话给他说："你惹到维亚康姆公司了。你叫卡洛琳'野女人'。"维亚康姆音乐电视网的首席执行官向消费电子展提出严正投诉。卡森认识到问题的严重，打电话向卡洛琳解释，自己只是借用《周六夜现场》里大家都知道的台词，并说："我怎么可能叫你'野女人'？"

下个周一的早晨，卡洛琳来到办公室，发现卡森送的玫瑰花束和一张留言卡，上面写道："只希望我能改变在你心中的第一印象，再给我一次机会。"卡洛琳说："初次见面的不愉快的确改变了，我们后来成为很要好的朋友。"

卡洛琳和他的哥哥比尔成长于长岛石溪镇的中产家庭。母亲是当地一所小学的老师，父亲是格鲁曼公司的一名中层领导。小时候，性格外向的卡洛琳就展现出销售方面的天赋，她练习芭蕾舞表演，参加公共演讲，参与竞技体育，总是课堂上发言最积极的学生。她的哥哥比尔说："卡洛琳总能得到老师们的青睐。"后来，卡洛琳获得了维拉诺瓦大学全额奖学金。尽管没有一个明确的职业规划，但卡洛琳找到了一位启蒙良师——社会学教授伯纳德·加拉赫尔（Bernard Gallagher）。加拉赫尔对拉罗琳在学术杂志上发表的系列文章赞赏有加，当安达信会计师事务所校招时，积极地推荐她参加面试。1993年，卡洛琳以最优等的成绩从学校毕业，并进入安达信，从事公文工作。她的第一项任务就是帮助协调美国默沙东集团和英国阿斯利康公司的战略合资，并调研合作的战略。卡洛琳很会虚心向高手请教，她想起曾读过罗伯特·波特·林奇（Robert Porter Lynch）撰写的关于企业合资的书籍，于是直接给林奇打电话，并聘请他作为顾问为两家企业的合资出谋划策。他也算是卡洛琳的另一位启蒙良师。因为这项工作，卡洛琳还与当时默沙东集团的一位离过婚的高管道格拉斯·艾弗森成为朋友。而这份友谊最后成了浪漫的爱情。

1995年，卡洛琳于离开安达信会计师事务所，加入迪士尼公司。1997年，她与道格拉斯结婚。哥哥比尔认为她以后要在商业圈工作，于是督促她去商学院学习。她在迪士尼的上司，查尔斯·亚当斯（Charles Adams）深知卡洛琳的远大志向，成为帮助她成长道路上的另一位良师。他对卡洛琳说："如果你想成为首席执行官或总经理，你需要去哈佛商学院学习。"作为哈佛商学院的校友，亚当斯向学校推荐了她。

以优异的成绩从哈佛商学院毕业后，卡洛琳在几年内在不同的企业任高管，包括Pets.com，然后在查氏餐馆调查工作了两年，在PriMedia有限公司工作了三年，随后加入维亚康姆。2010年，在卡森的促成下，媒链公司的客户之一微软公司为卡洛琳提供了全球广告营销部门的副总裁职位，工作地点在美国西雅图。卡洛琳先是接受了这一职位，并向卡森咨询。卡洛琳回忆说："当时卡森告诫我，不要去西雅图。他虽然希望我接受这个工作，但说广告营销圈的重镇是美国纽约。"微软也没有提出新的职位。

不到四个月，猎头找到卡洛琳，问她是否有兴趣见见脸书的首席运营官谢丽尔·桑德伯格（Sheryl Sandberg）。一开始她是拒绝的。卡森说："当时卡洛琳有些犹豫。她是个对公司很忠诚的人。但脸书的职位是千载难逢的机会。"最后，卡洛琳还是动摇了，在去澳大利亚找微软的路上，她先去了硅谷。在那里，卡洛琳见到了谢丽尔·桑德伯格和马克·扎克伯格，在脸书待了一整天。她说："这之后，我深知这就是我心里想要的工作。它充满了创业者的激情。此外，广告也是脸书业务的重中之重。而对于微软，广告只是微不足道的业务。"

卡洛琳·艾弗森与谢丽尔·桑德伯格同岁，都已是40多岁。二人都是哈佛商学院的贝克学者（Baker Schola），彼此关系很好。卡洛琳经常向她的智囊"董事会"请教。其中包括媒链的卡森和文达·米拉德，群邑的欧文·戈特利布，地平线传媒的比尔·柯尼斯堡，天联广告的安德鲁·罗伯特森，电通安吉斯集团美国首席执行官尼克·布里恩，MyersBizNet的主席、资深营销顾问杰克·迈尔斯，卢马联合（Luma Partners）的首席执行官、投资银行家特里·卡瓦加等。卡洛琳还曾致电苏铭天咨询问题。不过这些顾问有一个共同之处，那就是与广告企业集团的利益是一致的。

当然，在智囊董事会中发挥作用最大的是"非正式董事长"迈克尔·卡森。卡森提供一站式服务。他曾在幕后，劝说微软同意放弃卡洛琳，并介绍她去脸书。卡洛琳的丈夫道格拉斯说："卡洛琳很崇拜卡森。"因为卡洛琳经常出差，在默沙东公司任高管的道格拉斯为了照顾他们的双胞胎女儿，在60岁提前退休。他补充说："对于卡洛琳来说，卡森既是带来资源的良师，又像是我们的家人。""卡森把我当成侄女一样对待。"卡洛琳说。道格拉斯第一段婚姻中有两个儿子，其中一个生了孩子。当上爷爷的道格拉斯邀请卡森来参加孙子的割礼。2016年5月，纽约犹太社区联合会传播营销分会嘉奖卡洛琳和群邑的全球首席数字官罗伯·诺尔曼（Rob Norman），并举行年度慈善晚宴，募集近100万美元。卡森已连续七年担任晚宴主持，并作为联合会娱乐、传媒和通信分会的联合主席，负责选拔嘉奖候选人。在卡森的组织下，晚宴上，广告营销界群贤毕至。恒美广告的温迪·克拉克说："卡森有种一呼百应的魔力。"卡洛琳上台发表获奖感言时，首先感谢了家人，然后转向卡森，鞠了一躬，说："迈克尔，感谢您的关照。"

作为脸书和广告圈的桥梁，卡洛琳的工作获得高度评价。温迪·克拉克说："卡洛琳是一个连接者，她有热情，有干劲而且充满乐观精神。在她的带动下，脸书内部的通力合作成为其他企业的典范。"在广告代理商的问题上，克拉克说："我们并不想颠覆广告代理商，我们只是想帮助他们提高销量。"卡洛琳说："代理商会找到我们，因为我们可以帮助它们分析当下的行业变化。帮助它们在移动互联网环境下，快速更新观念、转变发展、应对变化。在这番咨询后，相信广告代理们会加大在移动互联网平台的广告投入，其实就是选择和我们合作，谁叫我们是最主流的移动互联网平台呢。所以说，我们脸书不是去直接要钱，至少5年里我没这样做，但有些人就是这么认为。"她所说的"有些人"指的是WPP集团的苏铭天。卡洛琳认为，苏铭天有些草木皆兵，"我们不是他所谓的'友敌'，你没有听过宏盟的庄任这样抱怨吧？至少没有公开地？"卡洛琳说。

2016年冬天，苏铭天渐渐开始对脸书产生警惕。当听说脸书表示并无意颠覆广告代理商的表态时，苏铭天说："他们不是天真的不可知论者，他们这样说只是为了推销脸书。"苏铭天很清楚，广告主越来越不信任代理商，脸书正是利用这份日益增长的不信任实现了收益的增长。而且脸书伪装了自己，它已不仅仅是一家科技公司，它成为一个平台，一家传媒公司。苏铭天说："没有人会让媒体做媒介策划，那为什么会让脸书做？这其中存在一个问题：做广告的很需要知道广告的效果，而证明效果的唯一途径是数据。但脸书不会给你用户的数据。"

卡森认为，在广告代理商中，抱怨脸书是"友敌"的不仅是WPP集团的苏铭天。"广告主在咨询脸书这样的数字平台的过程中，会感到更不受约束。其实如果两个人说同一种语言，那何必需要一个翻译作中介。这对代理商来说无疑是越来越不利的。"显然，脸书在抢广告业的生意。但有时，脸书又作为一种补充支持了传媒业。卡洛琳说："年轻人很少看电视，但是通过脸书，电视行业找到了年轻的观众。"不过，卡洛琳还是承认："说到底，我们所有人都在抢广告的生意。"卡森说："苏铭天做得不对的地方是，他反对脸书和广告主会面，并对脸书说，你不能抢我的客户。这种限制自由、强买强卖的时代，早已过去。"

造成人们对脸书做广告持有偏执看法的原因还有很多。比如，脸书公司的巨大体量；坐拥平台产生的数据并拒绝与他人分享；巨大的数据生产和收集能力以及可能取代代理的地位等。截至2015年，脸书公司的市值已经相当于通用电气。到2016年，脸书超过全球市值排名第四的埃克森美孚国际公司。2016年年底，脸书的广告收入是270亿美元，利润为100亿美元。据KPCB风险投资公司的玛丽·米克尔主持编写的《互联网报告（2016年第一季度）》，在每一美元的数字广告花费中，有85美分进了谷歌和脸书的"腰包"。据推算，2017年的数字广告花费将达700亿美元，超过第一广告平台——电视，这无疑使得脸书和谷歌越来越成为数字世界的统治力量。

垄断的恐惧在蔓延。投资银行家特里·卡瓦加认为："脸书和谷歌形成了双头垄断市场。它们占据着全部手机广告收入的2/3，而且还在增长。它们还掌握着用户的一手数据，而且这份能够具体到用户身份的数据还是它们独有的。可以说，它们让其他行业感到窒息。"Vice传媒联合创始人兼首席执行官肖恩·史密斯（Shane Smith）说话常以惊叹号结束，起劲时会带些脏字，特别是说到脸书时。2016年5月在赫斯特集团的高管面前，他说Vice传媒将紧追脸书，努力成为世界上可以排到三四名的大型传媒集团。史密斯说："我们这个行业的问题在于，脸书收购了近2/3的新媒体公司，而且是不花一分钱。因为它们控制着手机，自然也就控制着信息的接入。"负责协调数字公司广告交易的美国互动广告局首席执行长兰德尔·罗滕伯格分享了自己的反思："过去广告花费大多投放到两三家电视台，现在和那个年代又有什么区别？"

企业在和脸书的竞争中，往往感到十分脆弱。在它们看来，现在和过去那个年代是有区别的。帕特里克·基恩（Patrick Keane）是Sharethrough.com网的前总裁。该平台将原生广告售卖给数字平台，并为品牌广告商的数字广告发布提供服务。基恩表达了自己在和脸书竞争中产生的恐惧。他说："我们生活在脸书构建的世界，而脸书、谷歌等巨头留给其他数字平台的广告赢利机会少之又少。脸书拥有极强的转型能力，几乎无所不能。脸书在移动互联网上的起步虽晚，但它们几乎一夜之间就扭转了颓势。如今，它们在视频领域与YouTube竞争，通过设立新闻快读平台与出版传媒业竞争。"新闻快读（Instant Articles）平台于2016上线，支持媒体在脸书手机应用上发布新闻。Kargo 是一家移动互联网平台上的广告营销公司，其创始人兼首席执行官哈里·卡格曼（Harry Kargman）表示担忧："脸书在追求什么？是人们百分之百的时间都花费在脸书上。也就是说，脸书希望代替整个互联网。"

如果脸书真的取代了互联网，人们将永远黏在其中，在上面即时通信、分享照片、获得新闻、购物消费、搜索信息、收看电视，甚至有一天观看电影。脸书无疑圈建了一个带着围栏的小世界。2016 年，越来越多的广告代理商和企业对脸书产生不满，因为脸书和谷歌一样，收了它们做广告的钱，但拒绝分享大量的用户数据。这使得无论是品牌还是广告代理都无法了解自己的目标受众。罗伯·诺尔曼说："我们得不到数据，就无法顺利地决定未来的广告营销活动。"如果脸书能够提供用户喜好的相关数据，对于广告代理商来说，将可以使未来的广告做到精准化投放。

诺尔曼很清楚，代理商以及广告主是很希望能从数字平台获得用户数据的，因为他们无法从电视、广播、报刊等传统媒体获得。诺尔曼对比了脸书、谷歌和亚马逊三大互联网巨头，说："谁有最优质的数据？你可以说是脸书，因为脸书的数据产生于人们的社交行为；你可以说是谷歌，因为搜索行为清晰地显示了人们的意图；而在购买意图上，亚马逊无疑具有最优质的数据。"当然，对于代理商和广告主来说，这三家的数据都获得是最优选择。然而，在数据上，这三大巨头出于收入的考量，是拒绝分享的。它们对外的说辞是，这是保护用户个人信息和隐私的需要，也是数字平台的承诺。

2016年，脸书和谷歌来抢广告代理商饭碗的观点越来越得到认同。令代理商们感到不满的是，脸书和谷歌拒绝将数据提供给尼尔森等这样的调查机构，使得广告的效果如何无法判定。苏铭天经常批评这种做法，说："脸书和谷歌实际是在自己给自己打分。"无疑，数据问题加剧广告界对于数字平台要颠覆自己的猜测。

脸书和谷歌还从代理商公司中挖走人才。比如脸书挖走了盛世长城的创意总监马克·达西（Mark D'Arcy），在脸书担任首席创意主管。此前，达西一直从事创意广告词撰写工作并在多个广告代理公司和媒体担任创意官。达西又招募了克里斯潘波特与勃古斯基广告营销公司的首席执行官安德鲁·凯勒（Andrew Keller），在脸书担任全球创意主管。针对代理商的抱怨，卡洛琳表示不同意，她说："我们无意和代理商竞争。达西和凯勒领导的220人组成的创意团队并不是要去抢代理商的饭碗，而是去启发他们的创意。"但是，除了卡洛琳，很少有人能够明白所谓启发和竞争之间的界限。达西就不明白，他承认自己的创意团队的确在和代理商竞争。达西说："脸书60%的时间是和代理商合作的，至于剩下的那40%，肯定就不是合作了。但是，我们对于成为广告代理没有丝毫兴趣。而且创意也不是哪家企业可以垄断的。"在广告方面，脸书的主要业务是出售广告位，所以自然会去想办法吸引广告主前来投放。一些小型

第七章　友敌

广告主企业通常会直接找到脸书，一些大的企业也开始直接和脸书建立联系。据《广告时代》杂志报道，在全球前50位广告主企业之中，半数公司指派专门团队负责与脸书、谷歌的密切合作，以期更好地获得与用户的联系。美国银行的安妮·芬努凯恩说："脸书不会直接说，找代理商有什么用处？而是对企业和代理商示意，不要刻意阻止我们和广告主的合作。这一点我是认同的。但是，代理商不认同，它们想在广告主和数字平台之间建一堵隔离墙。广告代理商虽然没少挣钱，但它们希望一切尽在自己的掌握中。"脸书这样的互联网平台会帮助广告主企业提升广告创意和效果。不可避免的是，脸书会抢代理商的生意，还有一些顾问的生意。

每个季度，脸书公司都会在纽约曼哈顿租一个大的场地，邀请客户和广告代理商参加全天举行的推介会。会上，脸书主要介绍广告的新阵地——新的电视——手机视频业务。参会的听众达三四百人，而且大多是不到35岁的新锐。为了突显手机视频的重要，脸书的高管介绍说："在脸书平台，每天全体用户观看视频的总时长可达1亿小时，超过了看电视的总时长。在推介会上，脸书放映了一段黑白电视时代布洛瓦手表的老广告，用来展示并提醒移动互联网时代的广告与旧式广告在格式和长度上的显著区别。他们还展示了在脸书帮助下，取得良好广告效果的企业客户的溢美之词。推介会上，脸书邀请"男巫"扎克·金（Zach King）上台演讲。扎克·金主要制作和发布魔术视频，在脸书上拥有1 300万粉丝。在推介会上，他介绍了自己是如何成为"网红"的。通过个人的故事，脸书推广着平台的产品，也灌输着这样的理念，因为人们在手机上的注意力和耐心是稀缺的。广告如果不能在三秒内迅速吸引观看者的注意力，将注定是失败的。会上还介绍了脸书的动态广告项目，即根据用户产生的数据预测其喜好，并根据算法定向投放广告。

傍晚5点30分，推介会即将结束。卡洛琳说："手机是迄今和人们最亲密且私密的媒介，历史上没有其他媒介可以比拟。不像电视，我们可以天天随身携带手机。我们在手机上保存着自己的个人信息、私人照片以及喜爱的应用软件。我们从来不把手机借给别人。因为它太私密了。所以，手机上的广告必须有这么一种'亲密感'，而不能作为一种打扰。"卡洛琳总结说："最重要的一点是，通过脸书，你将获得一种与消费者沟通的全新方式，而这种方式是'走心'的，更是为你带来经济效益的。"一整天的推介会本身就是一个广告，告诉广告主和代理商，在脸书上做广告是多么的值得。

据一位现场的记者记录，推介会上的观众确实被脸书打动了。但对于脸书来说，仍有许多障碍摆在他们和广告主之间。美国银行的芬努凯恩说："对于广告主来说，最核心和关切的是中立性问题。代理商往往在利益上是中立的，但脸书并非如此，脸书也在售卖自己的东西，怎么可能保持中立。谷歌亦是如此。"广告界的不少人士预测，脸书或谷歌将同群邑媒介集团在媒体购买上竞争。但是，谷歌起草的媒体购买方案难道会纳入他的竞争对手阅后即焚吗？另一个障碍是，对于利益的追求。安德鲁·罗伯特森说："脸书何必和其他人分享自己那 40% 的广告收入？"

在恐慌的危机中，代理商忘却了脸书等硅谷新锐企业以革命者的身份为傲。这些互联网企业旨在减少一切多余的中间环节和"摩擦"，以更好地服务用户。脸书的马克·扎克伯格有一句著名的公司信条："快速突破，除旧立新。"（2014 年，脸书将这一信条改为："快速突破，脚踏实地。"的确可以看出，脸书有意减少了些锋芒。）据全球沟通与公共政策副总裁艾略特·施拉格（Elliot Schrage）说："与大多广告代理商不同的是，脸书的作风像著名冰球运动员韦恩·格雷茨基①（Wayne Gretzky）也就是说，大多数的企业是看到哪里有商机，就追到哪里。而脸书是引领着商机可能出现的未来。脸书并不是想取代广告代理商，但像脸书这样的企业会为用户提供越来越丰富全面的服务。"

从脸书的发展历史可以看出，这家公司走了一条把握机会的发展模式。像谷歌等许多互联网公司一样，脸书一开始是不欢迎广告的。在《脸书效应》（*The Facebook Effect*：*The Inside Story of the Compang that Is Connecting the world*）一书作者大卫·柯克帕特里克（David Kirkpatrick）看来，脸书 2004 年上线的时候，扎克伯格

---

① 格雷茨基的冰球风格信条是：我总是滑向冰球运动的方向，而不是等冰球到位再追。——译者注

对广告的态度是"既爱又恨"的。他需要广告的收入支持网站,但在扎克伯格心中,用户数量的增长和体验的提升要比挣钱更重要。2008年,谢丽尔·桑德伯格从谷歌来到脸书并任二把手,直到这时脸书才清醒地认识到广告的重要。在谷歌时,桑德伯格负责的正是为公司带来主要收入的在线广告工作。桑德伯格来到脸书后,扎克伯格曾有一次长达一个月的全球出差活动。他故意离开公司,为桑德伯格在脸书提供树立权威的机会。其间,桑德伯格召开了一整天的高管会议,讨论如何将脸书2.5亿巨大的用户量变现。会议结果很清楚,桑德伯格说:"收入来自广告。"

和扎克伯格一样,谷歌的联合创始人拉里·佩奇(Larry Page)和谢尔盖·布林(Sergey Brin)也认为广告是有害的,是不利于提升用户体验的。《注意力商人》一书的作者吴修铭找到了1998年在澳大利亚的一场互联网峰会上,佩奇和布林的论文发言,其中写道:"当搜索引擎受到广告资金的支持时,搜索结果势必会背离使用者真实的需求,而向对广告主有利的方向倾斜"。[13] 今天,和脸书一样,谷歌也在争取着广告和人们的注意力。谷歌为广告主提供一系列服务,比如通过"双击广告"实现程序化广告购买,设计搜索广告。推介旗下YouTube平台,宣传其比标准电视拥有更好的广告效果,并且根据用户的点击量收费;此外还提供用户需求数据,如搜索了什么,什么时候搜索。2015年底,谷歌的广告收入为745亿美元,遥遥领先于脸书的269亿美元。但脸书的广告收入增长速度高于谷歌。

2011年卡洛琳加入脸书，当时脸书的广告客户有50万。谢丽尔·桑德伯格在广告周的一次发言中指出，截至2016年3月，脸书的广告客户已达到300万，预计6个月后将达到400万，很快还将到500万。广告客户数量的增长一定程度上反映出了脸书平台的扩张。目前，每个脸书的用户一天在网站上敲击鼠标的平均次数是150次。这一数字一部分来源于脸书在新工具上的不断研发，努力帮助广告客户精准找到目标消费群体。与之不同的是，有的广告主花了500万美元在"超级碗"比赛期间做了一个时长32秒的广告，却不知道最后谁看了这广告。

对于脸书的广告客户，做广告不是一件复杂的事情。任何公司如果想在脸书上对自己的品牌产品进行广告营销的话，可以不需要代理商，直接通过脸书的"广告销售线索"平台实现。广告主企业只需首先选择要发送的广告信息、广告投放量、目标受众群体，以及联系方式。如果不确定哪种广告信息的效果好，脸书的人工智能机器还可以对广告进行效果测试，选择最优的投放群体。企业则可以实时监测广告效果。

脸书对广告信息的效果进行分析，在得出结果后与广告主分享。但对于一些有价值的数据，脸书会用于分析，但不会与客户分享。脸书往往会告诉广告客户，他们可以通过用户的一些属性来帮助企业通达目标受众。这些属性除了年龄、性别、教育、工作职位以外，还有许多个人信息，如兴趣爱好、喜欢的娱乐方式、过去的消费行为、所在地点等。于是，广告客户便可以选择广告营销的区域。脸书甚至还会分析出与广告客户目标受众类似的客户群体。坐拥充足的数据，脸书可以为广告通达数以万计甚至百万计的消费群体。卡洛琳说："在脸书，我们把这种营销称为规模化的精准营销。我想，创意营销的定义已经改变，已不是唐·德雷珀时代的样子。瞄准消费者的技术和工具已经成为'创意'的有机组成。"

通过影像，卡洛琳展示了雷克萨斯新型 NX 跨界休旅车的广告，一边是投放在 2015 年的"超级碗"的 32 秒广告，一边是在脸书上的别出心裁的分众广告。在脸书上的广告一改以往在报刊、电视上发布的千篇一律的广告，而是变成受众不同、内容不同、"千篇千律"的在线广告。面对不同的人群，比如在硅谷工作的男性、在洛杉矶生活的女性滑板爱好者，高尔夫球爱好者，曾经开过雷克萨斯的人，打算近期买车的人。脸书通过自己的用户匿名数据和雷克萨斯提供的数据再加上购买的所谓第三方数据，实现了汽车广告内容的"量身定做"和营销信息的分众传播。

卡洛琳的上司是脸书的商业和营销合作伙伴关系副总裁大卫·费舍尔（David Fischer）。他曾在克林顿时期的财政部工作，当时就是桑德伯格的副手，现在在脸书也是。为了实现更顺畅的沟通，卡洛琳于 2011 年建立了脸书客户委员会，成员主要是一些大客户，如宝洁、联合利华的首席营销官以及一些顶尖广告代理商的

第七章 友敌

高管。2012年，她设立了创意委员会，由一些创意广告代理商组成。委员会每个季度都会碰一次头。在2016年6月戛纳广告节上，他们还组织召开了共同会议。

在戛纳的会议上，卡洛琳站在戛纳雄伟巴里尔酒店会议厅前面。她身着一席白色长裙，戴着蓝色珍珠项链。卡洛琳声音洪亮所以没有用话筒。她高声欢迎着台下40多位客户和广告代理商代表。代表们则按照排好的席签围坐成长方形，中间是红地毯。卡洛琳首先做了一个情况说明，提到9月的会议将邀请一些新兴企业，特别是对传统行业产生颠覆影响的企业。她希望能够通过邀请这些企业交流，更好地了解这些"革命者"的思路，更能启发企业找到应对冲击的办法。随后，卡洛琳感谢了委员会针对脸书在移动互联网领域发展欠缺所提出的警告，这促使脸书积极地发展手机平台。目前，脸书已迅速从一个社交网站转变成一个手机平台。而且手机平台产生的广告收入占全部广告收入的80%。

此外，卡洛琳针对委员会之前的一些建议，介绍了脸书所做的改变。她说："委员会提醒我们要重视新兴市场。现在我们已在全世界开设了60个分部。"委员会还曾提出，视频在4G网络上播放顺畅，但有的用户使用脸书时使用的是2G网络甚至是功能电话。脸书为此专门设计了一种幻灯片式的播放形式。委员会还曾抱怨脸书把数据"攥"得太紧，脸书则表示会开始提供更多的数据。

在会议上，卡洛琳还提供了脸书发展的几个新数字：Instagram 图片分享平台的用户量达到 5.88 亿，在过去两年翻了一番，而且 68% 的用户每天都会打开访问。过去 6 个月，脸书的视频业务增长 160%。即时通信工具的用户数量从两年前的 1.5 亿达到现在的 9 亿。脸书在印度的用户数量达到 1.58 亿。不用过多久就将超过美国的 2.03 亿用户数量。在巴西，脸书的用户数量突破 1.1 亿。

卡洛琳邀请产品营销总监格雷厄姆·马德（Graham Mudd）介绍脸书在提高客户广告效果监测精准度方面的努力。马德说："监测的一个关键点在于这条信息是仅仅被用户点击了，还是对用户产生了影响。为了探究这个问题，脸书正在努力测算用户和广告信息之间的'情感连接'，以及信息对用户注意力的'唤起'这两个因素。方法是通过测量用户阅读信息的时间，与该用户在阅读其他内容或广告时长进行对比。或通过用户点赞或分享的行为进行判断。"目前，脸书在相对容易测量的用户注意力方面取得显著成果。脸书通过研究发现，年轻的千禧一代或青少年阅读速度是老年人的两倍。而且终端屏幕越大，人们就越愿意花时间看视频。这要求脸书需要获得用户使用的终端类型。研究还发现，通常一条信息如果能在前两秒吸引到用户的注意，那就是成功的。当然，这种预估需要排除掉阅读信息更迅速的年轻人。如果一个人能持续阅读信息达三秒钟，那有 85% 的可能，这个人会留下来再看 30 多秒。脸书可以横向对比不同广告吸引人们注意力的时间，看什么样的广告更吸引人,也可以推测出广告吸引了哪类人。于是,如果说客户要求广告达到的观众数为1 000万,那么脸书可以精准地确定是哪1 000万人会喜欢这个广告。

会上,一个企业的首席营销官问道,脸书提供的各类平台工具是否可以被共享,这样客户可以在其他平台进行广告营销时,也使用脸书的数据。脸书的一名高管说:"这是一个难题。广告的效果数据是可以共享的,但是目前没有一个统一的数据平台,每家平台的数据格式不同,所以共享数据几乎是不可能。"脸书的高管没有直说,他们不想和企业共享自己用户的数据,也不想成为那个统一的数据平台。

数据分享问题上的紧张对立并没有改变这场会议的氛围,尽管已经有火药味了。早些时候,广告主和广告代理已经对脸书在数据共享问题上产生不满。企业需要目标用户的数据,以便在不同平台开展广告营销。但是脸书拒绝提供广告消费者的数据,以防止用户将脸书的数据用于其他平台的营销活动,降低脸书的竞争力。脸书方面则表示担心隐私问题,因为广告主和广告代理所希望获得的是脸书用户的带有姓名、联系方式等个人验证信息,以便可以联系到目标受众。但脸书认为,这侵犯了公司保护用户隐私的承诺。广告主否认自己要的是侵犯隐私的个人验证信息。两边各执一词,都在试图占据道德的高地。

委员会的成员大多对脸书举行的会议表示满意。联合利华的基斯·威德说："委员会可以说是卡洛琳的孩子，刚建立时我就加入了。这是一个很聪明的设计。你把行业的领军人物召集来，开诚布公地介绍彼此的进展和对脸书工作的反馈。这相当于免费请了许多顾问。"但"友敌"的话题并未远离这个看似和谐的委员会。一位不愿意透露姓名的代理商代表表示："这是一个笑里藏刀的'鸿门宴'，别人对你舞剑，你还得赔笑喝彩。"这位代理商认为，脸书的这个委员会是在试图"驯化"自己的客户，灌输"脸书可以解决一切问题"的思想，假以时日，广告主就不愿再和自己的代理商合作了。

　　脸书上的广告本身也招致许多抱怨。2015年底，二十一世纪福克斯首席执行官詹姆斯·默多克（James Murdoch）质疑脸书视频广告模式的价值。他认为，当时百事可乐花了2 000万美元，二十一世纪福克斯将它们的产品广告自然地植入到其热播电视剧《嘻哈帝国》的情节中。但脸书的广告，一个两秒钟的短视频，随着你手指的滑动在一个角落播放。我觉得这种广告形式无法唤起人们的注意。"（或许只得到了脸书的"注意"，因为这些广告位可以带来可观的收益。）2016年初，脸书的竞争者之一帕特里克·基恩接着默多克的话说："脸书所获得的巨大收益有很多是互联网产生的'鸡肋'。比如一些不经脑子的回复、浅薄的内容、粗糙的旗舰广告等。为的是吸引用户的注意力，并引诱下载。他们之所以能够这样做，是因为这些广告是可以量化的。在屏幕上待1秒，就算钱。也没有其他人可以监督或评价他们工作的质量。"基恩的论断与苏铭天的一些观点不谋而合。苏铭天担心,许多广告的阅读量是机器人或软件造出来的。"一段3秒钟视频,一半的人观看时是关掉声音的。这种广告怎么能够和五六十秒长的电视广告相比?"苏铭天公开抱怨说。

的确,无法证实的广告效果成为脸书以及谷歌面临的新挑战。

代理商和广告主还在试图通过扶持其他数字平台与脸书和谷歌形成竞争。他们所做的类似于,19世纪奥地利帝国首相克莱门斯·梅特涅通过国家联盟制衡俄国的扩张,以实现欧洲的大国均势。但是,其他的几个主流数字平台并不是传统意义上的广告平台。苹果重视的不是广告业务,而是硬件软件销售以及iTunes上的订阅业务。目前,亚马逊和微软的收入都不依赖于广告。推特需要广告,但目前没有实现利润。

2015年底,出现了被许多广告主和代理商看好的两家数字平台。一家是美国在线服务。美国电信巨头威讯担心自己会成为只提供通道服务的"哑管道",于是在2015年5月收购美国在线服务,为其发展提供了新的资金支持。另一个是阅后即焚应用,一个正在成长的社交平台。内容方面由美国在线和《赫芬顿邮报》生产,渠道方面由威讯支持,加上威讯1.35亿的通信用户数所产生的巨量数据,美国在线服务的首席执行官蒂姆·阿姆斯特朗在2015年9月的广告周的一次发言中,大胆地预测说:"美国在线服务有信心成为世界上最大的移动互联网传媒公司。我们的竞争对手就是谷歌和脸书。"

阅后即焚联合创始人兼首席执行官埃文·斯皮格尔（Evan Spiegel）公开表达了对脸书的挑战。他认为脸书已经过时了。2015年10月，在曼哈顿的四季酒店吃早餐时，斯皮格尔说："下一代的社交媒体，关键在于'即时表达'这个概念。智能手机的进步使这一概念成为可能。智能手机带有照相机。人们往往低估了这产生的颠覆性变化。有了手机相机，人们可以实时地、即时地表达和展示自己。也就不会存在这种奇怪的、基于脸书这样旧式社交媒体的体验，即将所拍所感积攒下来，然后统一发布。比如在 Instagram 你会看到朋友三天前上传的照片。但在阅后即焚，你看到内容和内容的生产是同步的。"

2016 年，苏铭天决定将赌注压在阅后即焚上。他将 WPP 集团的一些广告投入放到阅后即焚上。苏铭天在接受美国全国广播公司财经频道采访时表示："阅后即焚的确可以成为我们的另一个选择。作为脸书的竞争对手，这对阅后即焚来说是好机会。我觉得脸书要担心了。"

可能没有必要那么担心。苏铭天对脸书的威胁有些虚张声势。尽管 WPP 集团投放在阅后即焚平台的广告额从 2016 年的 9 000 万美元增长到 2017 年的 2 亿美元，但也只是杯水车薪。WPP 集团在谷歌平台的广告投入 2016 年增长了 5 倍，达 50 亿美元，脸书方面则是 17 亿美元。阅后即焚的年收入 2016 年增长了 7 倍，达到 4.045 亿美元。而脸书仅广告收入 2016 年就有 270 亿美元。看来，能够引起苏铭天和其他广告代理商注意，并对脸书和谷歌产生潜在威胁的，不是阅后即焚，而是亚马逊。

第八章　媒介代理的崛起

> 我坚持这么一种看法，谈生意时越让对方搞不懂我想要什么，我手中讨价还价的筹码就越多。如果对方知道我需要什么，那他还怎么可能给我打折？
>
> ——欧文·戈特利布

在好莱坞，如果你只说了一个人的名，比如，沃伦、芭芭拉、杰弗瑞，电影界的人就会心照不宣地知道，你指的是沃伦·比蒂、芭芭拉·史翠珊、杰弗瑞·卡森伯格。在广告界，如果你说欧文，那大家肯定知道你指的是群邑媒介集团的"设计师"、全球总裁欧文·戈特利布。卡森把欧文视为自己最要好的朋友，每天至少谈到他名字一次。卡森说："欧文·戈特利布就是这个行业的'尤达大师'。"

戈特利布的上司苏铭天对比了媒介代理和创意代理的区别。他说："媒介代理的收益能力要强于创意代理。前者是WPP集团的主要发展动力。"在许多挂着 WPP 集团旗帜的子公司中，群邑媒介集团是最大的利润贡献者。然而，媒介代理也是前文提到的曼德尔指控的主要目标。传统意义的媒介代理主要是监控广告营销活动，从制定策略到确定投放媒体，从商定广告费到购买广告位或促销消息。到 2015 年底，群邑媒介集团的主要竞争媒介代理集团包括阳狮集团、宏盟集团、电通集团、埃培智集团和地平线传媒。群邑旗下有 10 家公司，包括主要媒介策划和购买公司传立媒体、世界最大的程序广告购买公司邑策等。每年，群邑集团在广告市场上各类媒介平台上投入的资金可达 750 亿美元。2015 年，投入占到全球广告投放的 1/5。群邑集团的主要业务模式是工作范围制，具体说就是代理提出人员设置、预期利润等工作计划，并得到广告主的同意。利润还会伴随着广告效果（关键绩效指标）浮动。通常，群邑的收益率要比全 WPP 集团的 17.4% 高出几个百分点。

外貌上，戈特利布头发整洁，看起来就像刚从理发店出来。他往往身着一身笔挺西服，若是不打领带，就把衬衫上的头两个扣子解开。戈特利布语速不快，仿佛是在推敲每个字词。做事谨慎的他有着一段曲折的人生道路。戈特利布出生在中国大连市。他的父母，雅各布和珍雅是来自白俄罗斯的难民，在第一次世界大战之后，他们分别乘火车穿越西伯利亚前往中国。当时日本允许犹太人在日占区定居，加上又有亲友已经移居那里，所以戈特利布的母亲一家逃到中国的哈尔滨谋生。父亲雅各布的迁移路更加曲折。雅各布的父母很早离世,他小时候加入了雅博廷斯基麾下的青年团。雅博廷斯基是一个激进犹太复国主义在贝塔尔区域的将领。18 岁时,雅各布·戈特利布成为更狂热的犹太复国主义者,并在波兰的军队服役。据欧文·戈特利布说,当时父亲被视为闹事者而被赶出波兰。沮丧的雅各布不得不从波兰逃到巴勒斯坦,但被阻拦了。于是只能前往哈尔滨避难。

雅各布和珍雅在中国结婚。1949 年 6 月,欧文降生。1950 年,欧文和他的姐姐以及父母登上了一艘载有 1 600 名难民的改造后的煤炭运输船。航行了 6 个月,船到了以色列。在那里,雅各布的兄弟拥有一家电影院和肉类加工厂。欧文说,当时父亲带了些十分珍贵的石头,最后带了 13 个大箱子,里面装有水晶、银器,甚至还有一个冰箱。但他把一半的好东西用来疏通关系,才换来回家的机会。欧文说:"父亲有很多好东西。至于这些东西是从哪里来的,至今是个谜。上面说的也是道听途说,我从未听父亲提过这段经历,也许是他不想提。"欧文也不知道,当年 37 岁的父亲是怎么做到既没有去以色列军队服兵役,也没有受到相应的惩罚的。他说:"我所知道的是,当时父亲在外交部工作了一年,没有要任何工资报酬,才免掉了兵役。"欧文知道,这也许不是全部的事实。更令他感到意外的是,父亲 1952 年独自飞往日本东京,三个月后召集全家人搬到在他位于神户的新家。父亲在那里开始了珍珠钻石生意。欧文介绍,父亲还有许多奇怪的地方:他在以色列特拉维夫留有一处公寓，常去那里拜访自己的好朋友伊尔贡组织的领导人梅纳赫姆·贝京（Menachem Begin）。父亲倔强且难以相处。欧文·戈特利布和母亲更亲近些。他说："我有一位伟大的母亲。她是位优秀的数学家和钢琴家。她也要求我学这两样。小时候，我每天练习三个小时的钢琴。13岁时，我已经达到可以开音乐会的水准。"成年礼后，我不再弹琴了。但2014年后，我又重新弹钢琴了。儿时的欧文天资聪慧，而且早熟。他会说9种语言，在学校跳级，15岁时父母把他送到了美国的一所大学。

欧文·戈特利布被纽约大学录取。但他没有去上学，而且也没有告诉父母。像他的父亲一样，在未来几年里欧文过着双面生活。他说："父母以为我在上学，而我那时候经常参加派对。"随后，欧文在诺曼·克雷格·库梅尔公司的媒体部找到了一份差事。有一天，他在位于曼哈顿第五大道和东61街路口的单身酒吧"星期五"，遇到伊丽莎白·比利克（Elizabeth Billick）。他当时要了伊丽莎白的电话，但是等了三周才打电话。为什么？欧文说："我不能这么早就摊牌。"这种精明就像未来在广告生意中表现得那样。现在，二人已经结婚48年，有一个女儿，女儿又为他们带来两个外孙、外孙女。

戈特利布在许多代理公司工作过。他的第二份工作在SSC&B公司。1977年他跳槽到本顿-鲍尔斯广告公司担任广播电视广告部副主任。戈特利布越来越对广告业和美国的狭隘主义感到沮丧。他说："20 世纪 70 年代，我喜欢吃寿司。在西 48 街的寿司店里，我竟然是唯一的不是亚裔的顾客。历史上，美国就是一个很狭隘的国家。我们其实是一个大岛，被两个大洋与世界隔离。80 年代，在本顿－鲍尔斯广告公司有这么一种观点，说伦敦就是一个外地的办事处。但在我看来，天外永远有天。"1989 年，戈特利布成为公司的全球传播总监。他于 1993 年离开本顿－鲍尔斯广告公司，并创设全球传媒韦斯特公司。

1999 年，苏铭天邀请他担任传立媒体的主席兼首席执行官。传立媒体由智威汤逊和奥美广告组建而成，已成为全球著名的媒介公司。2003 年，WPP 集团将旗下的代理公司整合到群邑媒介集团，并请戈特利布担任全球首席执行官。戈特利布热衷于技术，他也是较早洞察到数据在未来广告营销中将起战略作用的人。截至 2015 年，他招募了 2 500 名工程师和分析师。

戈特利布敏锐嗅到的趋势一定程度上代表了整个广告业的发展方向。凭借雄厚的资本，一些控股公司开始收购媒介代理公司。在美国，第一桩收购是 1994 年埃培智集团收购了卡森所在的西部国际传媒公司。此前，在法国，WCRS 集团于 1979 年收购了凯络（carat），后又被电通收购。在英国，1988 年盛世长城剥离实力传媒，使其发展为一家独立的代理公司（先属于法国的阳狮集团）。

最终，大型的广告代理控股集团都拥有了自己的媒介代理公司，在跟客户谈判时中起到重要作用。依托集团力量，这些媒介代理拥有雄厚的资本，在广告位价格的谈判上更具优势。加之越来越多的广告主开始依赖大数据和精准营销，在这方面具有优势的媒介代理很快产生出优势。其利润率也超过了那些传统的创意代理。

古德拜·希尔福斯坦广告代理公司联合创始人兼联合主席杰夫·古德拜（Jeff Goodby）认为："今天和《广告狂人》时代的一个很大的区别是，老一辈广告人如伯恩巴克和奥格威，他们是媒体人。现在广告人正在变成公众人物。"比如，WPP集团的苏铭天，常现于《华尔街日报》报端；而大卫·德罗戈（David Droga）或鲍勃·格林伯格却鲜为圈外人所知。另一位对于《广告狂人》时代的观察者杰瑞·德拉·费米纳认为："那个时候，和大多数人一样，我用自己的名字命名公司。比如卡尔·艾力广告公司、帕伯特－凯尼格－路易斯广告公司等，现在很少有代理公司的名称取自人名了，都是一些像摇滚乐队的名称，比如'72andSunny'。"费米纳可能有些夸张了，因为现在还是有一些广告代理公司是用人名命名的，比如德罗戈和古德拜。但一定程度上，他的判断没有问题。

媒介代理崛起带来的一个后果就是，广告主和广告代理之间信任的进一步瓦解。阳狮集团的首席执行官莫里斯·利维认为，媒介代理动辄上百万美元的高收益，加上他们对客户"我们从媒体比你拿的价格更低"的许诺，更加引起了广告主的怀疑。过去，广告代理商的日子的确滋润。许多广告代理公司拥有私人主厨，客户还会请吃豪华大餐。埃培智集团首席执行官马里恩·哈珀曾指挥一个5

架飞机组成的飞机队。其中一架是他的 DC-7 私人客机，内部装潢奢华，配有一张特大床，还有浴池。在一次接受采访时，哈珀炫耀说："我们要支持在生活上有要求和有追求的人。"[14]

有不少人认为，戈特利布谈判的技巧跟他在中国成长的经历有关。比如，奥美首席执行官杨名皓说："戈特利布很有东方人的那种圆滑和神秘。他看透了市场，但许多事从来不说透。"戈特利布否认这些性格来自在中国生活的经历，但他也承认自己有杨名皓所说的那些特点。戈特利布说："我坚持这么一种看法，谈生意时越让对方搞不懂我想要什么，我手中讨价还价的筹码就越多。如果对方知道我需要什么，那他还怎么可能给我打折？"戈特利布也认同，当谈判结束后，双方应该都有一种胜利的感觉。他时常告诉下属说："谈判不是比谁的嗓门大，也不是比谁坚持得久，更不是比谁下手更狠。谈判需要策略。你需要洞察到对方的利益诉求，然后一点一点地把对方'请'到墙角，达成生意。如果你的'力道'掌握得好，那么对方不会不高兴。双方最后一定是皆大欢喜，因为谈判的结果一定是符合双方的利益的。还有，要对别人手下留情，因为你可能有一天需要别人的帮助。"

出生于中国的戈特利布和在英国出生的苏铭天有着共同的信念，那就是向全球市场求发展。截至 2015 年，WPP 集团的全部收入只有 37% 来自北美市场，另有 30% 来自亚洲、南美洲、非洲、中东市场。世界广告主联合会总干事斯蒂芬·勒尔克（Stephan

Loerke)认为:"近年来,在不少非西方国家,广告的价值正在被逐渐重视。许多国家的政府大力发展支持广告业。比如你去中国或巴西就会发现,和我们不同的是,他们最关心的是'如何用广告推动行业及其经济效益的增长'。"所以,中国禁用广告屏蔽软件,也就不足为怪了。

与对待谷歌、脸书和默多克的新闻集团的态度不同,中国政府允许 WPP 集团在中国发展。而且,在中国,WPP 旗下群邑媒介集团挖掘获取用户数据时的自由度很大。为什么?群邑中国前首席执行官李倩玲认为:"因为在中国,人们愿意去分享这些数据。"[15] 中国成为 WPP 集团继美国和英国的第三大市场。2015 年 9 月,WPP 集团将旗下群邑的 3 000 名员工和其他代理公司一起搬到上海集中办公。

联合利华的基斯·威德回忆了自己在上海的一周。在中国,人们使用手机 75% 的时间都在腾讯、阿里巴巴和百度这三家互联网巨头的平台上。比如,腾讯的微信拥有 6.5 亿用户。联合利华中国的一位同事带着威德参观上海。那位同事没有带钱,只带了一部手机。下午,他们体验了只依靠手机如何生活。他们用手机应用租了车,用支付宝订了餐,又用微信支付了餐费,在淘宝上购物,用手机下单支付,通过微信买电影票……威德说:"6 年前,中国只是在模仿硅谷的样子。现在,我能感受到这里有真的创新。在信息领域,中国领先于我们。他们把信息作为互联网的入口。"

在人口有望超过中国的印度,政府对资本主义持更开放的态度。2015年10月,印度总理纳伦德拉·莫迪(Narendra Modi)会见了到访的苏铭天。苏铭天在接受当地一家媒体的采访中表示:"印度将成为世界重要的广告营销市场。"WPP旗下或合作的广告企业占据印度整个广告营销市场的45%。阳狮集团的沙德·特柏科沃拉认为:"印度市场的吸引力在于,那里的人口近半数是25岁的年轻人。"脸书预计,印度将超过美国成为其最大的市场。爱德曼国际公关公司依托其和当地能源部门的合作,在印度孟买成立了由28人组成的广告部。印度是一个充满广告营销商机的地方,尽管也存在风险和缺陷。印度总体的广告投入只有美国的5%。特柏科沃拉说:"印度消费群体收入层次不高,人群存在巨大的数字鸿沟[①]。也就是说广告所能达到的人群和起到的作用有限。"

戈特利布与苏铭天已经共同将WPP集团和群邑集团转型为全球企业。戈特利布散步时总思考的一个问题是如何管理数据。cookies(数字信息记录工具)产生的用户大数据可以帮助营销人员更好地锁定目标受众,更好地测量广告营销的效果。脸书就是在用大数据作为工具吸引广告主。大数据的另一个重要意义是,它使得相对容易获得用户数据的媒介代理在营销活动中产生优势。但是,这需要媒介代理具有一定规模,能够聘用数据工程师,并且能够劝

---

① 数字鸿沟:指在全球数字化进程中,不同国家、地区、行业、企业、社区之间,由于对信息、网络技术的拥有程度、应用程度以及创新能力的差别而造成的信息落差及贫富进一步两极分化的趋势。——编者注

服广告主，自己有能力通过数据洞悉消费者的秘密。

在戈特利布位于曼哈顿第七大道和西37街时装区的办公室，他说："我们所做的技术、数据，都需要形成规模。规模是这些能力的放大器。我们的触点越多，我们收集的信息就越多；我们的数据越多，我们就越能洞悉用户。我想举个例子具体说，一个我能够预见的未来，群邑将充满了专于创意的人。伴随着消费者的分化和市场的进一步细分，我们将需要定制化的分众传播。当一个人登录我们客户的电商网站，我们群邑可以为其显示定制化界面。我们是如何做到的？因为我们知道那个人过去买了什么，拥有了什么，我们会以此推断那个人可能需要什么。这种需求是很个人化的。所以人们得到的界面展示也是高度定制化的。"要实现定制化，意味着媒体代理是会在一定程度上取代创意代理的功能。戈特利布承认说："为了定制化信息，我们是会去做一些创意。"

定制化的信息提出了另一个议题：如何定义创意营销？像基斯·威德这样的首席营销官会说："区分好广告和坏广告的分水岭应该是好的想法加上好的创意。"可是，当营销信息开始定制化而非面向全体受众，那么还需要用心做创意吗？如果需要，这将巩固像群邑媒介集团这样的媒介代理的有利地位。比如，群邑旗下的竞立媒体为露华浓设计了《爱的降临》广告宣传片，暗示女性使用者，用了露华浓的香水和口红，浪漫的爱情就会降临。你可以说，这是一个好的创意。但是这个广告创意并非创意媒介所做，而是出自媒介中介，而且是针对特定的群体。2016 年，宏盟集团创立的 Hearts & Science 广告公司赢得了为全美第四大广告主美国电话电报公司代理的机会。这也体现出新兴媒介代理的地位日益提高。业界所谓的比稿，如今从数据分析开始，因为数据决定了广告叙事的方式。戈特利布说："广告不是什么精雕细刻，你不需要神来之笔的大创意。"广告界的名人堂：比尔·伯恩巴克、大卫·奥格威、玛莉·韦尔斯·劳伦斯（Mary Wells Lawrence）、李·克劳（Lee Clow）、凯茨·雷恩哈德、鲍勃·格林伯格等都是创意广告的践行者。显然，戈特利布没有选择他们的道路。

大数据主要有三个来源。通常，一手的数据由和用户直接发生交易或关联其信用卡的企业产生。加上百货商店、信用卡中心、汽车公司、亚马逊、杂志、报纸等。一手数据往往包含用户的真实姓名。二手数据往往是匿名的，但也包含丰富的用户信息，往往来自类似尼尔森、comScore、凯度这样的数据公司。三手数据也是匿名的，往往可以从档案或商店购买到。群邑媒介集团收集着这三种渠道的数据，努力为其产品客户找寻并触及目标受众。

然而，媒介代理在收集数据上存在不少障碍。脸书和谷歌拥有最丰富的一手数据，但拒绝与其他人分享其中大多数的数据。位于伦敦的凯度拥有 3 000 名员工，这使得它足以和尼尔森比肩，成为世界第二大调查公司。凯度首席执行官埃里克·萨拉玛（Eric R. Salama）表达了自己对脸书和谷歌的失望："我们的确是很需要获得那些被脸书和谷歌束之高阁的数据，去洞察消费者的行为和需求。"萨拉玛认为，手机装置也是营销的一个障碍，在手机上进行营销对技术是有要求的，"我们该怎么在各种各样的手机上测试广告？如果手机上没有播放插件，那发了广告也无法显示。"萨拉玛提醒说。他还表示，现在每家公司都想要数据专家和工程师，但这样的人才有限，所以企业间的竞争相当激烈。

在大数据的竞争中，欧文·戈特利布着力打造着自己的先进的"数据武器"，在公司内部被称为"秘密武器"。戈特利布决心建设群邑媒介集团自己所有的数据系统。2015年，他曾公开抱怨，脸书和谷歌往往推广自己的广告数据技术，实际上是强制广告代理商和广告主选择，警告他们"如果你想在我们这做广告，你就得用我们的广告数据技术"。戈特利布看到，一些代理商控股企业利用了谷歌的双击和脸书的技术工具，虽然确实便宜，但他认为去依赖你的"友敌"是危险的。戈特利布很欣赏脸书的卡洛琳，也很荣幸自己成为她多位人生导师之一。但戈特利布没有被卡洛琳明媚的笑容"迷倒"，他很清醒地说："他们希望高价卖给我，我希望低价买进来。为了达到我的目的。我不会和他们分享太多信息。"

在苏铭天的支持下，据戈特利布说，集团花费了25亿美元建成了这个"秘密武器"，并具备一个独立的操作系统和支持复杂运算应用的软件。一天，在群邑媒介集团的办公室，戈特利布和群邑首席数据官哈维·古德尔兹（Harvey Goldhersz）介绍了"秘密武器"的构成。第一部分是24/7传媒。戈特利布说,当年收购24/7传媒带来了两大好处,一是很难得一下子得到了该公司200多位工程师,二是阻止了竞争对手抢先收购这家公司。早些时候,WPP集团收购了KBM(营销智慧库公司)。该公司与3 000多家零售商合作,拥有丰富的个人身份信息(PII),包括姓名、行为等。如今,KBM负责收集WPP旗下公司的销售数据,比如凯度;或是一些控股公司,如Rentrak娱乐产业调查与研究公司和comScore数据调查公司。此外,KBM还收集其他数据,为群邑集团提供4万消费者的"行为属性",包括人们购买、饮食、阅读、观看习惯,以及兴趣爱好、年龄、性别、所属社区等信息。群邑隐去了数据中的真实姓名,而是为每个个体分配数字标识或长期标识。戈特利布举例:"比如我们知道你是001号。总之,群邑已经掌握美国几乎全部成年人去除姓名后的数据,当然也有例外,比如没有银行账户或电子邮箱的人。"

戈特利布说:"关键在于隐去姓名的个人身份信息。我们依靠的是对于人的标识而不是数字使用痕迹。我们会把标识转换为用户的使用痕迹。"他举了一个例子介绍这一套系统如何工作。假设我们有一个客户想要售卖番茄酱,我们会把大量购买番茄酱的数据,和人群的数据进行比对,确定谁是全球范围内大量消费番茄酱的人。然后,我们会针对这些人策划广告营销活动,并且可以确定这些人是否接收到信息。然后,我们还可以通过查看购物数据,得知这些人在看了广告后，是否产生了购买行为。戈特利布说："这也是一个测量广告营销是否有效的方法。"他继续介绍说，我们还将个人的数据进行横向比对。"这使得我们对于一群人的属性有了了解。比如，他们驾驶类似的车，看类似的电视剧，他们的收入是否接近等。戈特利布说："群邑媒介集团拥有海量的数据，我们或许知道你的家人是谁，你的收入水平，你的信用等级，但是我们不知道你的姓名和地址。KBM 或许知道。并不是说是美国的法律不允许我们获得带有姓名的数据，这只是 WPP 集团内部的政策要求。"

戈特利布说："你可以把这一套系统想象为一张电子表格，一张有着 2 亿行和 4 万项行为特征数据的表格。"为了更形象地展示定向营销的作用，他以大米的消费情况为例进行了说明。戈特利布说："70% 的美国人已经有两年多没有购买过大米了。但这不意味着他们不吃大米。剩下 30% 购买大米的人群一般为其他族裔的，如亚裔、拉丁裔，因为在他们的饮食中，大米是很重要的组成部分。而且这类人一次购买大米的数量都很大。只有 10% 的人购买速食米饭，如'一分钟米饭'、'本叔叔便当'。这些速食米饭的市场份额只有 2%~4%，而且美国人平均一年就会买一两盒。如果其中有一家速食米饭公司找到群邑媒介集团，那么我会策划一个广告营销活动，宣传更加丰富的米饭食谱。这样人们可能每年就会平均多买一盒，这样这家公司就会有 50% 的销量增长。对于速食米饭来说，另一种消费群体是那些大量购买米饭的人，这些人中的

20%也许是潜在消费者。而且,群邑媒介集团是可以确定这些人群的。那么广告语可以是'某天你回到家,没有时间做喜爱的米饭了……'也许这类人会买一盒。如果这20%的潜在消费者中能有5%的人真正购买了,那么那个品牌的即食米饭的市场占有就会提升2~3个百分点。"

戈特利布认为,有了数据,我们和我们的广告主就不用依靠猜测做生意了。他说:"今天,我们有数据可以确认,当一个人看到两种商品时,最后他购买的是哪一个。"现在,越来越多的广告主要求代理商通过广告营销产生的实际收益的改变来证明广告效果。而且若是广告效果好,广告主会增加最后的广告费。戈特利布相信,这个自建的数据平台将因此提升群邑的利润率。

他说:"当然,这个平台尚需时日才能完成。而且因为集团培训如何使用这个平台的速度跟不上,所以我们也不准备把这个平台推介给所有的客户。实际上,我们等于是在飞行过程中更换引擎。"此外,还有安全的考量。媒介代理通常会和其他非WPP旗下的创意代理合作,共同为一个广告主服务,比如戈特利布会和宏盟或阳狮的创意团队合作。那么,他会把这宝贵且秘密的数据和这些竞争对手分享吗?看看谷歌和脸书,他有理由把这些数据独享。

戈特利布知道,多家代理合作广告营销的时代已经过去,媒介代理商也在经历着深刻的变革。如果这个数据平台成熟了,那么广告主会越来越依靠媒介代理公司负责自己的广告营销活动。戈特利布认为,"广告创意"的概念将会一直处于变化中。对于媒介代理,创意的功能将出现分化。戈特利布的好朋友卡森坚信,广告的整体策划和执行,甚至创意环节都将改变。

在欧文·戈特利布的未来愿景中,存在一些可能的障碍。比如他已经认识到,互联网和咨询巨头将会对自己形成竞争和威胁。但他认为自己公司在创新方面动作要比竞争者慢,这一点他错了吗?同样的疑问还有,戈特利布能否激励自己的集团抛弃已经遵循了几十年的传统模式?能否热情"拥抱"这个更科学的洞察消费者的技术吗?他的媒介代理公司能否留住客户的信任?然而,除了这些疑问外,围绕他的数据平台的首要问题便是隐私。

对于戈特利布,触犯隐私的红线在哪里?

尽管他有能力收集到消费者的真实姓名。但是戈特利布说:"我们不会越过'姓名'这条红线。"当然,他已经有海量的数据了,而且为每一位消费者做了可以一对一指示的数字标记;对于广告营销,这足够了。

他是否担心群邑媒介集团滥用这些信息量极大的数据?

戈特利布斩钉截铁地回答:"不。我们的数据有可能有这么大的信息量吗?有可能。但是坦率地说,我们这点数据和脸书、谷歌、苹果、亚马逊的没法比。"

戈特利布的这番表态或许不会让这几家数字巨头感到不安,因为他承认了这些公司在数据方面的巨大优势。但这番表态会让消费者感到不安。令消费者感到震惊的是，对于隐私使用的限制，竟然是一家像 WPP 这样的广告公司去规范的，而不是美国政府去规范。美国的隐私保护法律相比于其他国家，特别是西欧国家来说不算严厉。

也许是因为有在西欧生活的经历，凯度的埃里克·萨拉玛深刻地认识到，隐私保护法律的加强对其公司可能产生的影响。他说："我认为隐私保护问题将越来越严峻。在德国，隐私问题已成为人们普遍关注的问题。在美国，这个问题却没那么严重。但是我认为隐私保护将越来越重要，因为大多数人还没有意识到自己的隐私数据是如何被其他人使用的。人们往往免费使用应用或软件，但总有人要为这些买单，那就是广告主。人们与平台的合约往往是隐含的，而不是显性的。因为所产生的使用行为使用户成为广告营销的目标，我们要对用户更诚实，当人们同意我们的使用合约时，要让他们知道自己同意了什么。比如，在使用电脑和手机时，我会乐于使用 cookie 数字痕迹，因为它可以让我不必每次退出后重新加载所有东西，也可以帮助推送给我感兴趣的内容。"

萨拉玛并没有提到，媒介代理在给消费者选择权限方面很谨慎。平台往往不会提供详细复杂的说明条款，消费者则是自愿允许应用获得自己的数据。如果消费者选择限制应用权限，这将不利于媒介代理去定位消费者。

第九章　隐私问题的定时炸弹

> 问题的关键在于，涉事公司决定把隐私这个公共话题，转化为企业的内部问题来私下处理。
>
> ——克里斯蒂安·桑德维奇，美国密歇根大学传播学副教授

在广告主、广告代理和媒介平台心中，大数据是个好东西。但是当数据成为一种可以交易的"商品"后，隐私问题也就必然成为焦点。媒链集团的周一员工大会通常会邀请不同客户前来交流介绍自己正在进行的业务。2016年4月初的会议邀请的是四方手机服务网（Foursquare）。该网站是一家基于用户地理位置信息的手机服务网，于2009年火热上线，但渐渐失去热度。最近，该公司的月用户数达到5 000万人，年收入为1亿美元，吸引的客户有微软、美国第一资本金融公司等。文达·米拉德将会议交给四方服务网销售副总裁迈克尔·罗森（Michael Rosen）。罗森介绍了网站已经发生

的变化。目前，四方还是利用用户手机的全球定位系统获取用户位置信息并允许用户和朋友分享位置。但是四方放弃了之前为用户提供勋章、贴纸的活动，比如赠予一位常去星巴克的用户"星巴克市长"的名号。虽然这个活动很有趣，却无法为平台获得营销收入。

罗森说，四方目前可以提供通过智能化数字为营销者提供帮助。四方可以通过上百个应用，如阅后即焚、推特等获得全球范围内9 300万个地点的客流量数据。这些数据不仅仅依靠其平台5 000万的用户提供。四方服务网把自己定位为一种公共设施。当人们初次使用该网的手机应用时，四方会提示用户"即便不在使用应用的时候四方也可获取您的位置"。四方需要用户的定位以帮助其找到周边喜欢的地方。即便用户没有在使用四方的应用，如果在初次使用时点击了"允许"，则意味着四方可以一直获得你的位置信息。不仅是四方，其他应用都是这样的。虽然用户也可以选择禁止这些应用"跟踪"自己，但操作较为复杂。隐私问题引发了如美国明尼苏达州民主党前参议员艾尔·弗兰肯（Al Franken）所呼吁的反跟踪立法，即要求收集用户位置信息的应用在用户初次使用时，提供选择性的权限设定。这个提议受到数字公司和营销公司的反对。然而，在西欧的一些国家以及日本、韩国等，选择性的权限设定是强制要求的。

尽管四方服务网和其他成百上千的获取位置信息的手机应用一样，并不知道你的真实姓名，但这些应用和WPP集团戈特利布

第九章 隐私问题的定时炸弹

所用的办法一样，使用数字标记代表每一个用户。于是这些应用可以为营销人员提供人们的"消费路径"，比如在家居用品零售商 BBBY，哪些是第一个光顾的柜台，在看了哪些柜台后消费者没有产生任何购买行为直接走人。于是，通过比较这些客流量数据，四方服务网可以预测哪些业务正在成长，哪些正走下坡路，谁是谁的主要竞争对手等。

罗森介绍说："四方服务网主要依靠三种数据来源，一是一手数据，它们来自数以百万计的销售商，比如商店、信用卡公司、品牌商等和消费者直接产生信息关系的机构。与其他平台一样，四方也购买第二方、第三方的数据以丰富自己的用户信息。比如从交通部门等政府机构，从帕兰提尔（Palantir）、安客诚、IBM 的超级电脑沃森、甲骨文的 Datalogix 等各类数据公司购买公共数据。

除此之外，四方服务还拥有"用户在观看广告后是否去商店消费"这类数据。也就是说，它知道你是否去了奶昔小站或哪个酒吧，去了几次；知道你是一个喜欢吃汉堡的人还是喜欢喝啤酒的人。这些数据都是营销人员希望购买的。四方服务还可以计算结账处的等候时间，这些数据对希望提高竞争力的商店来说是很愿意购买的。通过无线的蓝牙灯塔技术，商家可以将优惠券发送到在场消费者的手机中，并引导消费者来到打折柜台。四方服务所获取并预测的客流数据成为包括塔吉特、家得宝、全食超市在内的零售企业蜂拥争抢的"香饽饽"。

当问及对隐私问题的看法时，迈克尔·卡森则是闪烁其词。他说："一定要掌握好平衡。我们都喜欢亚马逊的推荐机制，因为它提高了我们的生活效率。有人能够预测你的喜好，并为你提供喜欢的东西，这是一件好事。但这里存在一个难以把握的度。另一方面，人们的确会担心，隐私暴露使别人能够掌握自己的太多东西。"然而，当有人要求强制公司提供可选择性权限时，在卡森及其营销行业同仁看来，就没有必要追求那个难以掌握的平衡了。他说："我认为，选择性权限并不一定真的有作用，因为没有人愿意仔细阅读那些权限条款。比如我们在线订酒店，弹出来的条款我们一般都是点'同意'。但是我们仔细阅读过那些内容吗？根本不可能。"卡森的这一番话可以这样解读，如果设置了选择性权限，困惑的消费者往往不会选择，同时这会使得企业和广告主丢失很多宝贵的消费者数据。卡森的忠心是在营销者这边的，他的天性是保护营销者。

营销者"航行"在数据大海中。比如 WPP 搭建的数据平台收集着约 2 亿成年美国人的 4 万条不同属性的数据。WPP 集团邑策的一位高管说，他们可以监测全部在线广告的 40%，以帮助更好地了解广告营销效果。而这只是一小部分，因为脸书同时在监测数十亿的在线广告。群邑的布莱恩·莱塞（Brian Lesser）说："通过追踪用户的搜索和观看记录，我们甚至能够先于本人预测到他想要什么。"

据美国明德学院学者、作家休·哈尔彭（Sue Halpern）研究，坐拥20亿全球用户的脸书，通过其5 000多家数据代理，收集着包含有100多种个人属性和购买记录的数据信息，如医药记录、商店会员信息、选民注册、房贷、工资单等[16]。一直"咬着"隐私问题不放的非营利性新闻网站"为了人民"（Propublica）刊文写道："脸书为多达1 300类的广告商提供数据……一位脸书用户的点赞、标记图片、在介绍中更新喜欢的电影、对政治发表观点、看了什么网页等，脸书都记录了下来。"[17]

谷歌每天收集的数据包括多达35亿一条的搜索记录、YouTube及其他旗下平台所产生的数据。谷歌还推出"我的资料"页面，用户填写后则相当于将生日、电话、工作单位、邮箱地址、教育水平、旅行经历、昵称、照片、电子邮箱等信息都给了广告商。[18] 爱彼迎的首席营销官乔纳森·米尔登霍尔说："现在数以百万的人提供租房服务，我们很了解房东；同样，我们也了解房客，尽管房客的信息并不是特别充分。"亚马逊作为全球最大的电商之一，拥有人们购买记录这样别人无法企及的数据。

伴随着日常生活的语音助手Alexa为亚马逊收集着更多的数据，除此之外，它还知道人们什么时候起床，看了、读的、听了什么，希望了解什么，吃了什么等日常信息。亚马逊的Alexa不仅是人们隐私的"敌人"，对于谷歌来说也是敌人。而苹果，作为谷歌和亚马逊在数字助手方面的竞争对手，则通过隐私问题试图打压对方。

苹果承诺，自己不会将用户的个人信息贩卖给广告商。2017年末，苹果宣布将推出一款新的内置Siri的智能音箱，并称因为这个助手不会把用户的数据透露给广告商，所以这个助手相比于亚马逊的和谷歌的要更安全。

还有许多企业也生存在数字海洋中。拥有5 000万用户的美国银行也掌握丰富的用户信息。无独有偶，几乎所有银行、华尔街上的投资公司、信用卡公司也都有数据丰富的用户基础。作为美国最大的有线电视公司，康卡斯特拥有2 200万订阅用户。在康卡斯的机顶盒中保存有用户的观看节目信息和信用卡支付信息。这些信息可以和来自第三方的购买数据一起用来比较广告的观看量和实际产生的购买行为。康卡斯特以及全美其他的有线电视公司收集了数以百万计的观看数据。2016年，威讯和美国电话电报公司的无线用户都将达到1亿人，它们也掌握着难以想象的个人信息数据。电话、有线宽带的运营商收集并掌握了人们观看的电视、银行、浏览的网页、订阅的报纸和杂志、使用的应用、购买记录、喜欢的商店和餐馆等丰富信息。宾夕法尼亚大学安纳伯格传播学院教授约瑟夫·图罗（Joseph Turow）警告说："通过收集分析购买药物的信息，企业可以推断并利用人们的健康情况。"

数据可以被营销者作为一种瞄准消费者的武器，用以实现类似定址广告（addressable advertising）的定向传播。联合利华的基斯·威德身着牛仔裤、搭配着品蓝色的袜子，在他伦敦的办公室踱步。在智能手机的支持下，数据成为有力的营销工具，威德对此感到兴奋。他说："当我刚开始做营销工作的时候，我们用的数据都是二手的，而且都是三个月前的老数据。现在通过手机，我们可以将数据精确到个人。我们不需要知道具体消费者的名字，我们只需知道消费者的电话、地址（通过数据产生电脑终端的 IP 地址）。"通过数据，企业可以洞察人们的生活作息和常走的线路。威德说："通过手机，我们可以了解到这个人是经常去四星酒店还是两星酒店，是经常去机场还是经常去火车站。根据这些信息，再结合这个人的浏览内容，我们可以推测出他是想去加勒比旅游，还是想体验骑马等。"然后，通过计算机程序化购买广告，对不同个人分发不同广告。威德介绍说："联合利华可以把一个广告制作成成百上千种不同的样式。"比如，为吸引巴西年轻人的青睐，联合利华最近为 Axe 化妆用品制作了 30 秒的电视广告。如果观看者喜欢某种车、喜欢科幻电影或支持哪支球队、喜欢某种音乐，那么广告将针对该消费者的喜好进行定制和定向推送。

利用可以识别并计算消费者情绪反应的新技术，营销者可以有效地洞察消费者观看广告后的感受。近几年，许多公司都创建了存有上千面部表情的数据库，利用软件和算法将表情转换成可以描述的意义。通过网络摄像头和监控器，营销者可以监测消费者在购物、看广告、视频聊天时的面部表情。2017 年末，苹果推出 iPhone X 手机，可以不仅可以用来识别使用者的面部，还可以用来识别他人的表情，比如查看手术后的儿童是否感受到痛苦，监测恐怖分子是否在说谎等。

2015年末到2016年，大数据蔚然成风，与之相伴的定向、定址的信息推送的兴起。这股大数据风更是吹遍全球。2015年末至2016年初，中国腾讯集团网络媒体事业群与WPP集团、电通集团、宏盟集团建立合作，允许以上广告巨头接入腾讯高达8亿月用户的数据库。这些广告商也着手搭建模型，用来分析腾讯平台上消费者的行为。腾讯实际是用宝贵的数据换来了广告代理商的生意。我们会看到，一大批新的公司正在兴起，或和广告代理商合作，或推开代理商，为企业和品牌找到目标受众。

社交解码广告公司（Social Code）正是其中的一家新兴企业。该公司的首席执行官是劳拉·奥肖莫西（Laura O'Shaughnessy）。她的父亲唐纳德·格雷厄姆（Donald Graham）曾是《华盛顿邮报》的董事会主席，为社交解码公司提供资金支持。奥肖莫西从商学院毕业后，开始在新兴数字企业工作。她坚信，行业正面临全方位的洗牌和转变，品牌是可以连接消费者的。而在过去，《华盛顿邮报》还由奥肖莫西的奶奶运营着的时候，能够触及读者的渠道也就只有四五条，无非是两份报纸和三家电视台，仅此而已。她认为："现在的平台数量激增，营销工作越来越具有'攻击性'，以能够引起消费者的注意。然而，当营销信息与我没有什么关系时，我自然不感兴趣，阅读这些信息实际上是在浪费我的时间。"

社交解码平台拥有230余名员工,半数是工程师。就像四方服务网,奥肖莫西把自己的经营模式定位为与用户企业合作,不只是去挣他们的广告钱。社交解码通过社交媒体找到目标受众,针对用户特点,利用算法购买并分发创意广告。她说:"这些广告是和我相关的,对我有用的。而且我们可以知道消费者看了广告之后是否产生了实际的消费行为。"具体说来,奥肖莫西介绍道:"我们是以群组为单位进行定向瞄准。比如说喝特定牌子啤酒的人群。"这时,另一家啤酒品牌会找我们做广告,内容肯定是为了劝说这群人改喝自己牌子的啤酒。这些广告都是相关的。社交解码平台帮助发布广告,然后追踪广告是否被观看,随后再通过甲骨文的Datalogix,获得的零售数据,最终得出爱喝啤酒的用户甲在观看了我们策划的啤酒广告后,是否会改喝这个品牌的啤酒。

社交解码等新兴广告企业没有走奥肖莫西眼中"传统广告业走的老路",即一切靠猜测。她把自己的模式称为"用户中心模式"。具体说,就是围绕着用户进行一系列的数据分析,用户喜欢什么的信息?哪类信息是无效的?哪些用户来到商店消费?哪些没有去消费?她认为:"这种模式将改变整个广告业的格局。"利用数据分析,品牌可以进一步提升用户体验,正如推进改善眼镜的瓦尔比派克公司以及提升交通体验的优步和来福车。奥肖莫西认为,除非大型广告代理机构能够快速转型,改变自己的旧的模式,否则将像大多数报纸一样深陷死胡同之中。

对劳拉·奥肖莫西、欧文·戈特利布、苏铭天、卡洛琳·艾弗森、迈克尔·卡森以及整个营销行业及广告主来说，大数据令他们感到无比兴奋。但也有人对大数据表示警惕和担忧。电子前沿基金会是一家位于美国旧金山的非营利机构，共有18位律师。该基金会一直致力于对抵制侵犯隐私行为。基金会资深律师纳特·卡多佐（Nate Cardozo）表示："我希望企业能够在收集用户信息数据和使用数据的问题上少一些套路。但现在它们怎么做我们不得而知。企业也不愿公开这方面信息，而且在极力阻止这类信息的公开。"大多数用户面对内容冗长、密密麻麻的使用条款，往往是直接填"同意"。而用户同意了哪些服务内容？比如允许特斯拉、福特获取到你的行驶路线信息。或允许机动车管理部门、信用卡公司、脸书、谷歌将你的信息数据卖给隐藏的数据公司，如硅谷的帕兰提尔、阿肯色州的安客诚。这些数据公司再将你的信息转售给营销公司。卡多佐表示："谷歌追踪着人们在YouTube上看的每一条视频，每一次搜索，每一次点击的搜索结果。所有信息都是被追踪的，而且谷歌还在利用这些信息。然而，我们不知道它们怎么使用我们的隐私。它们宣称这是为了提升产品和服务的质量。这又意味着什么？即便营销者不知道你的名字，他们仍然可以通过IP地址，找到你的家。"

卡多佐说，有两个噩梦。"一个是身份被盗窃的危险，大面积的信息泄露只是时间问题"。[2017年，信用报告机构艾贵发

（Equifax）发生用户信用信息大面积泄露。]第二个是"既然用户的数据被收集了。自然会有广告商、民事诉讼当事人、政府部门等机构会去想办法得到这些数据，有关部门甚至会传唤要求获得你全部的行为数据。假如你做了更换了膝关节的手术，但是更换的关节存在质量问题，于是你准备起诉关节制造商；可是制造商可以通过数据公司获得你过去所有行为数据，其中可能包括看了划船广告的信息，这是否意味着你曾去划船于是导致了膝盖磨损？至少这意味着你对划船感兴趣。"广告商很想获得人们医疗记录的信息，那样便可以为其推销相应的医药产品。

通过积累数据以预测人们的行为，这一现象使被哈佛商学院工商管理学教授肖姗娜·祖博夫（Shoshana Zuboff）形容为一种监控资本主义。这一主义的先锋是谷歌、脸书这样的互联网企业。通过跟踪用户，分析用户数据，这些互联网企业成为一种"算命先生"，并以数据生意作为企业的赢利的驱动力。

祖博夫在文章《监控资本主义的秘密》（"The Secrets of Surveiuance Capitalism"）中写道："现在，它们拿数据做的文章已不再是通过数据分析，向你发送邮购目录，向你推送在线广告。它们所做的或者说倒卖的，是你每时每刻的日常生活，是你的现实世界；然后引导着你的生活，向着更有利于它们获取利益的方向进行。这开启了全新的赢利方式和机会，餐馆抢着成为你的下一个目的地，服务商主动修理你的刹车片，商店想方设法吸引着你。"未来，拿数据做生意的成功与否，取决于"预测未来，特别是预测人们行为的能力。"[19]

对于营销人员来说，将数字转化为更个人、更实用的广告信息才是成功之道。尽管人们讨厌弹窗广告，但欢迎自己感兴趣的信息，比如和爱好有关的、宠物的、心之向往的旅游目的地等。数字社交（StatSocial）是一家数据公司，通过收集用户在推特、脸书、Instagram、YouTube、博客的数据，建设了一个全球范围的达6亿人的消费者档案。此外，数字设计还从其他数据公司购买了1.7亿用户的电子邮箱。公司首席执行官迈克尔·赫西（Michael Hussey）介绍说："通过和IBM的超级电脑沃森的技术合作，数字社交确定其中5 000万人的身份，并将他们分为52种性格类型，比如喜欢冒险、保守、自由、认真、乐于改变等。"在与群邑合作共同为福特进行的营销中，数字社交负责跟踪有购车意愿的消费者。赫西介绍说："若用户的性格类别为认真、善良，则应该收到针对他的广告信息，比如是推荐环保型汽车。而这条信息肯定不能推送给性格类别为爱冒险的用户。所以说，一切都取决于性格，根据性格精细化地进行信息推送。"

在工程师眼中，数据是美好的。它揭示了人类行为的秘密，于是提高了服务效率和效果。数据产生事实，助力工程师向更科学的方向前进。但是，首先是谷歌和脸书先后都发现，数据可以为其吸引广告收入。因为"平台越能提供充足的数据，广告商所能实现的价值就越大",曾在 2011 年至 2012 年在脸书平台任运营经理的桑迪·帕拉吉拉斯(Sandy Parakilas)在 2017 年 11 月《纽约时报》的一篇专栏评论中写道,"这意味着,除非出现隐私的负面新闻或引起有关监管部门的介入。脸书是不会主动对收集和使用用户数据进行监管的。"[20] 工程师对数据的好奇与乐观,加上商业利益的驱使,让这些数字公司努力将人们的视线从隐私问题转移到别处。

美国密歇根大学传播学副教授克里斯蒂安·桑德维奇(Christian Sandvig)认为,隐私问题没有引起人们的足够重视,因为美国的大公司和广告营销业成功地把这个问题隐藏起来。桑德维奇说:"问题的关键在于,涉事公司决定把隐私这个公共话题,转化为企业的内部问题来私下处理。"企业坚持认为,用户通过选择权限,可以自由选择保护隐私。桑德维奇不同意这个看法:"我们看到,关于隐私的争论越来越推向具体的用户设定。这实际是平台在逃脱本应受到的批评。"

对于隐私问题,各方各执一词。广告商坚称,为了提供消费者需要的有针对性的信息,收集个人信息是不可避免的。美国互动广告局警告说:"严厉的隐私管控将打击依靠数据驱动的互联网经济,进而减缓整个实体经济增长。"没有广告,内容生产的机构和公司将消亡。此外,人们对于隐私没有一个普遍的定义,争论仍将持续。美国最高法院前大法官路易斯·布兰代斯(Louis Brandeis)把隐私权定义为"不受打扰的权力"。但"打扰"的界限又在哪里?

如果把广告视为一种打扰,但它为人们换来免费的电视节目。如果我肢体上撞到某人,我肯定是打扰了他,但我不一定侵犯了那个人的隐私。

里奇·范·韦恩(Ricky Van Veen)是用户贡献内容网站学院幽默(College Humor)的创始人,于 2016 年末加入脸书,担任全球创意战略总监。韦恩认为:"隐私问题的严重性被高估了。"他介绍说:"早期,在学院幽默网站上,大学生会发一些自己在派对上戴着胡子的搞怪照片。过几年,当他们找工作的时候,往往会要求网站删除自己的搞怪照片。而在今天,每个人都有这样傻傻的照片。这是一种新常态。在 Instagram 上,约 40% 的照片在人们发布后 10 秒内被删除。这不是因为担心暴露隐私,而是因为照片没有多少人点赞。所以说,人们关心自己在他人心中的形象,要胜于隐私问题。如今,每个人都在不断地宣传自己。"

有大量证据显示,隐私问题正在逐渐淡出人们的视线。利平科特公司首席内容战略官约翰·马歇尔坚信,脸书、阅后即焚等社交网络催生的共享经济,将极大地改变年轻人心中对隐私的态度。他说:"当世界被越来越紧密地联系在一起时,你中有我成为人们心中的自然状态,而保持私密反而成了例外。"马歇尔以中国为例,介绍道:"当你问生活在微信世界的 16 岁中国青年,怎么看隐私问题时,你会发现他们心中的'隐私'和你的不一样。他们知道有些东西是私密的,但私密的是例外,分享才是经常的。"

美国的 16 岁青年呢？

马歇尔说："是一样的。"

马歇尔认为："'90 后'和千禧一代都已认识到，自己产生的数据信息很丰富的。而且，数据是有价值的，是可以交换来一些东西或服务的。"以前，人们自愿用花在广告上的注意力，交换免费的媒体内容。马歇尔相信，年轻一代也许自愿用个人隐私数据，交易换取折扣或信息。宾夕法尼亚大学安纳伯格传播学院教授约瑟夫·图罗在与他人合作的一篇文章《荒谬的交易》("The Tradeoff Fallacy")中指出，许多不同年龄段的美国人都认为，控制大公司对个人信息的获取是徒劳的。调查文章还指出，营销企业说大多美国人是愿意做这个"交易"的，而实际这些营销者无法代表广大美国人的观点。尽管很多人不得不把自己的数据拱手送给企业，但如果真的是去交易，人们希望得到更优越的条款。

在用数据换来服务的交易进行之前，有一个很重要的问题需要回答。那就是数据的所有权在谁手上？是属于企业，还是属于个人？此外，当人们在使用条款上点击"接受"或"同意"时，是不是就是将自己的隐私拱手相让？马歇尔说："整个营销经济的运转都需要这个问题的解答。此外，另一个关键问题是，政府在这其中的作用是什么？"

历史上，美国政府不时地介入管制广告业。1906 年，美国社会学作家辛克莱尔（Sinclair）出版小说《屠场》(The Jungle)，促使美国国会通过《纯净食品和药品法》,要求食品和药品广告中必须准确标明所有成分。20世纪30年代,一系列罗斯福新政法案颁布,规约了对人体可能产生危害的药品和化妆品的广告行为。顶着来自烟草公司和依靠烟草公司广告收入的媒体机构的政治压力,1971年,国会同意承认烟草有害健康,并对烟草广告进行管制。为了保护消费者,美国联邦贸易委员会获得权力,整治包括虚假广告在内的不公平、不诚实的商业行为。美国的隐私保护法规相对零散,而且比西欧国家更为宽松。联邦贸易委员会偶尔也会介入隐私保护。但大多数情况是,与处理虚假广告的方式一样,对涉事企业进行经济上的罚款,达成和解。

2016年初,政府在对于隐私保护执行问题上受到的压力越来越大。由美国联邦通信委员会主席汤姆·惠勒(Tom Wheeler)提议,委员会年底开始执行,规范有线和宽带服务商对用户隐私的商业行为,禁止在未经用户允许的情况下收集并售卖用户信息给广告商。规定还对电话公司的行为进行了限制,禁止其销售有关用户通信记录的信息。用委员会主席惠勒的话说:"经由网络传递的信息,其所有权始终属于消费者,而不是负责传递的网络运营商。"针对互联网服务商的新规则受到广告界的强烈反对。广告界一直声称,如果消费者想取消平台获得自己信息的权限,他们是可以自由取消的。全美广告主联盟、美国广告代理商协会、美国互动广告局、美国直销协会、网络广告促进协会联合发布公告声明:"没有记录显示，消费者因为选择权限造成利益损害。"

特朗普担任美国总统后的 70 天，当人们的注意力还在特朗普的推特、"通俄门"上时，由共和党领导的参议院和众议院通过、特朗普签署的一项法案通过。法案允许有线、通信和互联网服务提供商将消费者的在线行为数据销售给广告商。该法案同时禁止联邦通信委员会实施先前那样的隐私保护管制。事实上，美国政府也是把隐私这个公共问题，在内部私下处理了。

第十章　亦敌亦友的消费者

> 其实，不同品牌的威士忌、香烟、啤酒之间并没有什么明显的区别，它们几乎是一样的。蛋糕粉、清洁剂、人造黄油和汽车亦如此。我还要补充一样，盐也是这样的。不同品牌的区别在于，广告营销以及产生的不同的情感体验。
>
> ——大卫·奥格威

2015年3月曼德尔的那番指责激发了广告主对代理商的反抗。2016年有迹象表明，一场更广泛且令人不安的反抗——消费者反抗一切广告的浪潮正在兴起。伴随着移动互联网技术的发展，广告越来越深地介入人们日常私密的生活，同时新式的广告屏蔽技术也应运而生。

30年前，苹果曾做了一个电视广告，挑战当时的电脑巨头IBM。现在的苹果，似乎要挑战并碾轧整个广告业。2015年夏末，苹果首席执行官蒂姆·库克（Tim Cook）在旧金山开发者大会上宣布，苹果将为手机和平板电脑推出新的系统，其中内置了帮助用户屏蔽广告的应用。广告收入只占总收入不到1%的苹果，实际是在帮助用户远离广告侵扰。

对消费者来说，这是一个好消息，因为消费者被困于各种预先加载的旗舰广告骚扰，以及一些广告页面缓慢的加载速度，还常被广告信息消耗电量，同时担心自己的隐私泄露。苹果宣称，用户体验一直是第一位的。网站、媒体、营销者以及依赖广告收入的企业如脸书和谷歌对此大呼："不！不！"因为消息提醒和赞助内容因此无法正常推送。那些依靠广告生存的企业指责苹果及广告屏蔽器为杀手，而苹果和广告屏蔽软件开发者则指责广告商正是因为烦人且愚蠢的广告在自取灭亡。但苹果和谷歌都没有公开称，这场广告屏蔽大战的目的，实际是抢夺智能手机市场的领先地位。苹果通过售卖硬件和应用赢利，而谷歌则是依靠广告。苹果实际是在试图通过给予消费者一些谷歌无法提供的服务来赢得市场。

2015年6月，在电子隐私信息中心的一次讲话中，库克严厉批评了他在硅谷的同行们。库克说："有些企业哄骗自己的消费者获得个人信息，并依靠这个做生意挣钱。你可能喜欢那些免费的服务，但我觉得搭上自己的私人信息，比如邮箱、搜索记录等，不是很值得。而且你不知道自己的隐私被拿来做什么文章。"显然，消费者越来越认同库克的这番话。吴修铭在《注意力商人》一书表示,互联网用户已经认识到,"如果服务是免费的,那用户就不是消费者了,用户是被消费的"。

不到几周,苹果的竞争对手三星也推出了自己的广告屏蔽工具——在安卓手机上的一个广告屏蔽插件。对于依靠广告收入的企业,广告屏蔽软件的迅速普及,让它们陷入滑铁卢的梦魇之中。一份由 PageFair 和 Adobe 发布的研究显示,美国约有 4 000 万人使用广告屏蔽软件,全球则是约 2 亿人在使用;2015 年使用人数激增 41%,由此消失的广告额估计达 200 亿美元。这一数字将在 2016 年翻一番。[21] 研究总结道,这似乎将成为历史上最大范围的消费者抵制运动。首先,屏蔽广告不是什么新鲜事物。超过半数的消费者在用录像机录节目时会跳过广告。当然,至少人们要花精力和工夫去屏蔽这些广告。

总部位于德国科隆的广告过滤公司(AdBlock Plus),是世界上最大的免费广告屏蔽应用的提供商。但这款插件并不是为消费者屏蔽所有广告。广告过滤存在一个可接受广告的"白名单",通常"白名单"中的广告是那些被认为不侵犯使用者的广告。但是,如果有网站希望进入白名单,广告过滤公司会收取费用,金额甚至能占一些大型网站广告收入的 30% 之多。广告过滤声称,自己不会向小公司收费,但如果判定它们的广告是一种对消费者的打扰后,会屏蔽掉这些小公司的广告。广告界对广告屏蔽插件的愤怒是意料之中的。互动广告局主席兰德尔·罗滕伯格曾在公开场合指责广告过滤公司的行为为一种"老式的敲诈勒索伎俩,只不过被现代消费主义的花言巧语伪装了起来"。

2016年,在科技创投新闻网站TechCrunch举行的一次论坛上,广告屏蔽公司创始人兼首席执行官蒂尔·菲达(Till Faida)和互动广告局主席兰德尔·罗滕伯格坐在一起。论坛在纽约布鲁克林区水岸举行,以"广告时代的结束"为主题,2 500人参加论坛,期待能产生激烈的带火花的讨论。菲达几次重申自己的观点:"广告屏蔽是用户友好型的,无论谁做生意都不可能去激怒自己的用户。"针对罗滕伯格的言论和他的互动广告局,菲达并没有表达愤怒,而是指出,他们几年前就应该"建立一个广告标准"。论坛主持人安东尼·哈(Anthony Ha)在菲达发言后向他表示了感谢。身材魁梧的菲达从发言台走下来,正好身材瘦小的罗滕伯格准备上台。主持人问罗滕伯格要不要停下脚步和菲达握个手,罗滕伯格没有理会,径直走上台。他要表示反对意见。罗滕伯格抨击了广告屏蔽软件,称它们掠夺了出版媒体,特别是一些小型媒体。有一些网站因为广告屏蔽插件的存在,损失了40%的收入。他质疑道:"如果广告屏蔽软件自认为是一种为了大众的公共服务,那为什么不能是免费的?"

菲达坐在后台,在电视上看着罗滕伯格的发言情况,表示说:"看来,罗滕伯格是不打算和我们对话了。"发言结束后,菲达评论道:"他这样做,是把头埋在沙子里,自欺欺人地认为危险消失了。"罗滕伯格的确没有和菲达展开对话，随后他表示，自己没有和"贼"对话的兴趣。

对于营销业和传媒业，广告屏蔽应用是它们公开的敌人，它们自然会选择反击。忧心忡忡的广告主企业找到媒链公司和卡森寻求建议和安慰；这与曼德尔那番指责后，广告主向卡森寻求咨询如出一辙。媒链的文达·米拉德说："的确，广告屏蔽震动了整个行业，但没有人能够预测未来会发生什么。我和卡森都认为，广告屏蔽软件的确是一种威胁，一种'盗窃'。"但反过来，媒链建议客户可以改变广告制作，拒绝低质量的广告。她说："不要再做那种看起来像夜晚的东京那样凌乱的广告了。要提升广告质量，要让广告更具美感。"

此外，营销界还掷出多种抗衡措施。比如德国出版集团阿克塞尔 – 施普林格起诉多个广告屏蔽软件，指控其违法。1 200 家美国报纸加入了反对并要求停止广告屏蔽的联名活动，指责其是"公然的违法行为"。沃顿商学院的杰里·温德（Jerry Wind）认为这种反抗是愚蠢的。他说："现在业界一些人抵制广告屏蔽软件的活动是最愚蠢的选择。消费者其实向你们传递了一个信号，就是我不喜欢你的广告。你们不仅没有表示，那我们改善广告，反而像白痴一样去选择抵制广告屏蔽软件。这就像当年音乐分享程序纳普斯特（Napster）出现时，唱片公司竟然选择去起诉消费者。"目前，通过法院并不是"击垮"广告屏蔽软件的"阵地"，截至 2017 年秋，无论是地方法院还是上诉法院，都判定消费者有权利屏蔽广告。

《华盛顿邮报》、福布斯集团等一些媒体则是要求用户在接入其网站时，必须关闭广告屏蔽器。英国《卫报》则另辟蹊径，在网站上通过弹出信息告诉读者，广告屏蔽软件会减少媒体收入，而那些收入正是支持媒体专注并提升新闻报道的重要资源。世界广告主联合会也没有选择通过诉讼解决问题，而是表示认同："对于消费来说，互联网广告的体验的确有待提高。"联合会呼吁，应减少那些令人生厌的广告。脸书主要通过浏览器使用，所以并没有像谷歌等应用一样受到威胁。但脸书依靠广告收入，所以它们想方设法地阻止用户在电脑端登录脸书时使用广告屏蔽软件。

广告界针对广告屏蔽软件选择的"解药"是原生广告。其非广告的"伪装"可以逃脱广告屏蔽软件的阻拦。2015年至2016年初，出版业、广告主、广告代理都对原生广告抱有巨大期望。卡森便是其中一员。他视广告屏蔽软件不仅是一种挑战，还是一种机遇。他曾向传媒出版界客户如康泰纳仕、赫斯特、《华尔街日报》、《华盛顿邮报》、时代集团、沃克斯以及品牌商如美国电话电报公司、迪士尼建议通过开发制作原生广告解决广告屏蔽问题。相比于广告软文，原生广告在叙事上效果更佳。听起来，卡森对此很乐观。在他看来，消费者仿佛分不清新闻信息和广告的区别。原生广告的制作者往往是媒体或企业自己，并不是广告代理。卡森说："赫斯特和康泰纳仕于是成为广告内容生产者，成为新的广告代理。今天，如果每一个品牌都可以自己生产内容,那还需要那些可能打扰消费者的广告代理干什么?好的原生广告内容比什么都重要。最佳境界是,消费者标识不出内容中的广告意味,却可以得到关于品牌的信息。你可以称之为原生广告或品牌化内容。"有的人则称之为"伪装的广告"。

然而,原生广告并没有拯救广告业。2015年,全美原生广告收入仅为75亿美元。一份脸书做的研究显示,至2020年,全球原生广告额将达534亿美元。《大西洋月刊》称,原生广告收入占2015年全年在线广告的2/3。美国 *Slate* 网络杂志称,原生广告贡献了一半的广告总收入。这已经是很不错的成绩,因为如果印刷广告可以产生1美元收入,那网络广告只能产生10~20美分。与电视广告和印刷广告不断重复播出和刊登不同,原生广告并不能重复。

原生广告可以呈现为多种形式。网飞公司为了宣传其迷你剧《毒枭》,资助《华尔街日报》做了一期关于麦德林贩毒集团的真实报道。报道使用了动态图表和来自电视剧的视频片段,并提供西班牙语选项,可谓是一个深度原生广告的案例。电视剧《毒枭》正是根据麦德林贩毒集团真实事件改编。在报纸端,对该贩毒集团又进行了一次相关长篇报道。当被问及,是否会继续支持该报道时,曾为记者的网飞通信总监乔纳森·弗里德兰(Jonathan Friedland)在一封邮件中这样回复:"我们与媒体的合作往往是这样的模式:我们来到媒体甲,表示想宣传产品乙,并请媒体甲想想有什么点子。

然后媒体会提供些创意和方案供我们选择。这种方式赋予了媒体充分的自由，至少网飞的营销团队一直是这样做的。"网飞电视剧《毒枭》作为其中一个例子，为我们展示了新闻和商业彼此间的界限正在模糊。

另一个优秀的原生广告案例，是2015年由《纽约时报》制作内容，通过谷歌100万副虚拟现实眼镜，为通用电气策划的原生广告《自然界如何启迪人类工业未来》。观看者被带入一个动画世界，其中的植物、动物纷纷化为通用电气制造的涡轮机和构建的城市。和其他许多原生广告一样，整个流程完全绕过广告代理商。通用电气副主席贝斯·康斯托克表示："我们希望能够更多地和媒体直接合作，就像这次和《纽约时报》的合作一样。"

原生广告不可避免地加剧了新闻专业性与广告商利益之间的张力。《纽约时报》前公共编辑、现供职于《华盛顿邮报》的玛格丽特·沙利文（Margaret Sullivan）认为："如果原生广告看起来太像新闻，那会有损新闻的信誉；如果看起来不像新闻，广告商又不会喜欢。需要把握一个度。"在广告界，有小部分人认为，原生广告越界了，它降低了广告的可信度。恒美广告名誉主席凯茨·雷恩哈德认为："原生广告并不是新事物。它就是以前我们所说的软文。我觉得它长久不了。因为原生广告既不利于媒体，也不利于品牌的形象传播。"

广告与新闻的界限在哪？2015年11月，美国联邦贸易委员会提供了一份指导意见。意见旨在禁止"有意掩盖广告信息或意味,误导消费者对该广告的接受和认识"的行为。尽管委员会也承认,何为"误导"很难清晰界定,但他们坚持,必须有一个明显的区分。然而,许多媒体和出版公司对这个指导意见视而不见。传媒雷达(MediaRadar)是一家基于云技术的广告销售平台,拥有1 600家媒体出版公司客户。传媒雷达2016年的一份调查显示,近40%的媒体和出版公司不愿遵守贸易委员会的指导意见。另据非营利组织网络信任联盟(Online Trust Alliance)于2016年的调查,71%的消费者成功被原生广告"欺骗",原生广告之所以能够"骗过"消费者,是因为普通人很难注意到广告与新闻报道之间的区别。

广告屏蔽软件的应用以及原生广告的兴起是两种革命性力量崛起的征候:一股力量是手机终端平台的增长,另一股力量是新式的用户——成长于数字环境,习惯在网飞、HBO以及录节目时选择拒绝或跳过广告的两代人。

2015年似乎成为营销界开始全面关注手机的一年。2016年初,在巴塞罗那举行的世界移动通信大会上,苏铭天批评大型代理商和广告商在手机移动端上反应迟钝。他说:"手机不仅仅是一个电子终端的延伸,一个简单的触及消费者的渠道。对于消费者,手机恐怕是人类历史上最重要的媒介。它全天候、全面地改变着人们的生活。这是前所未有的。"在备受期待的《互联网报告》发布环节,玛丽·米克尔介绍说:"全球手机用户从1995年的8 000万飙升到

2014年52亿，占全球人口的3/4。我们接受使用手机的速度是前所未有的。"2016年1月，脸书的卡洛琳·艾弗森在消费电子展上表示，同样是5 000万使用者，广播用了38年达到这个用户量，电视则用了13年。而手机在30的时间里，达到72亿用户。[22]

也许，面对手机革命，反应最剧烈的要算脸书集团。2012年5月，脸书集团上市时在首次公开募股说明书写道，尚未从手机端"获得可观收入"。但脸书创始人扎克伯格深知，他的用户正从电脑端转移到手机端。而当时脸书的手机端产品，用卡洛琳的话说，"并不理想"。纵然船大难掉头，扎克伯格仍必须要让脸书像快艇一样进行急转弯。每年扎克伯克会举行两次全体员工大会。在2011年的大会上，当产品部团队汇报展示电脑端的新产品时，扎克伯格硬生生地终止了大会。他一再表示，自己需要手机端的成绩。扎克伯格说："如果你再向我展示电脑端的产品，我就炒了你。"卡洛琳说，接下来的两周，每个人都不敢向铁了心要发展手机端的扎克伯格汇报展示自己的产品。8周内，所有脸书的工程人员都完成了针对手机端的再培训。2012年末，手机端收入占脸书总收入的1/4，2013年，达到1/2。到2016年，脸书收入的80%来自手机端。调查机构eMarketer预测，至2019年，手机端的广告总额将达654亿美元，占全部数字平台的70%。显然，扎克伯格认识到，如果不去通过手机留住自己的年轻用户，脸书注定垮掉。

上文提到的两代年轻人是一种带来变革的力量。因为他们正在引领新的消费习惯，于是这个消费群体成为广告营销瞄准的首要目标。这两代年轻人主要包括"80后""90后""00后"的网络新生代（今年不到21岁）和千禧一代（今年在21岁至34岁）。[23]其中，社会对网络新生代的了解较少。

2016年初，媒链公司的周一员工大会邀请了精彩电视（AwesomenessTV）公司，介绍网络新生代的特点。精彩电视公司位于美国加州圣塔莫尼卡，专注于数字电视内容制作。其在YouTube的频道受到年轻人的追捧。为了更好地了解网络新生代的特点，精彩电视成立了一个名为"轻狂"（Wildness）的针对年轻人的营销调研机构。其首席战略官为玛格丽特·蔡斯勒（Margaret Czeisler），曾为数字广告代理公司睿域营销的副总裁，后经米拉德推荐进入轻狂营销公司。

在媒链的会议上，蔡斯勒说，自己的公司进行了有史以来针对网络新生代最大的一次调研，共采集3 000个样本，加上深度访谈。蔡斯勒是这样描述网络新生代的：他们占世界总人口的34%，他们认为自己是"文化创造者"而不是被动的信息接收者。每60秒，他们在YouTube上传总时长达50万小时的视频，在阅后即焚上传52.8万张照片。网络新生代最看重"真实"。蔡斯勒进一步解释说："94%，也就是绝大多数网络新生代表示，对自己真实是他们眼中最重要的社会价值。另有调查显示，在千禧一代眼中，排在第二的价值追求是成为富有的人。对于品牌营销来说，要有足够的真实感，要坚持如一。"通过图表，她展示了 70% 的年轻人倾向于从互联网而非有线电视观看视频。为什么？蔡斯勒表示："因为他们不希望被打扰，他们讨厌广告。反过来，他们喜欢 YouTube，因为那上面的人是实在的，是真实的。"他们还会在自己经济上可以接受的前提下，选择花钱获得那些跳过广告的服务。此外，蔡斯勒警告说："他们还是注意力集中的时间最短的一代人。"

蔡斯勒认为，尽管网络新生代和千禧一代存在一些明显的差异，但对营销者来说，两类人的共性更具价值。两类人都厌恶被广告打断，都很少在电视机前看电视，都主要从脸书而非报纸上获得新闻，都习惯于在多个终端同时干多种事情，注意力都不是那么集中，都将大量时间花在智能手机上。如果广告营销者希望在手机端引起这些年轻人的注意，那他们只有一两秒的时间去实现。

蔡斯勒认为，即便存在困难，广告营销者仍可以"打动"年轻的消费者。比如，可以让广告内容更短，可以使用图片、表情或短视频。她说："对于一个品牌，真正的挑战是通过广告营销建立一种体验，去满足他们对真实的需求。"蔡斯勒没有直说，但这的确是当下一些品牌广告商转变的原因，比如它们越来越重视在其广告信息中凸显出自己承诺的服务，鼓吹自己为社会所做的贡献，展示其品牌的价值观；于是，那些做软饮料的和汉堡包的企业产生了一种"人民公仆"的既视感。蔡斯勒说："这些年轻人喜欢直接从品牌那里获得广告信息，他们喜欢品牌内容，因为它们看起来更真实。"这一点与年轻人喜欢看 YouTube 视频的原因一样,因为这些内容没有经过不真实的、过分的加工。

听到网络新生代是可以通过非传统的营销手段触动的以后,媒链公司的员工表现得很兴奋。文达·米拉德想再确认蔡斯勒的观点,于是问道:"那些年轻人真的不喜欢广告吗?"

蔡斯勒回答:"84%的受访年轻人表示,不喜欢广告。"

"这的确是个问题。"米拉德沙哑地说道。

蔡斯勒继续说:"他们喜欢直接的品牌内容,不喜欢转述的、加工过的内容。"

最后米拉德总结道:"会议的收获是,我知道,年轻人厌恶的是我们眼中的广告。"消费者成了"敌友"。

厌恶广告并不是近来才有的事。至少在美国,比如在1890—1920年美国进步时代,"扒粪者"(muckrakers)勇于揭露虚假营销信息;在大萧条时期,一些企业和广告商臭味相投,联邦政府联合起来打击虚假广告。

对于广告及其迷惑力的批评,最值得一提的是万斯·帕卡德的《隐形的劝说者》(*The Hidden Persuaders*)。他曾是类似《一个月怎么瘦13斤》这样没有干货的文章作者。也许是处于纯粹的愤怒,他于1957年出版了《隐形的劝说者》,痛批广告商把消费者当小孩耍。该书一度成为当时畅销书排行榜的第一名。书籍的核心观点如下:

该书所揭示的，是美国生活中奇怪独特的一面。在那里，人们利用精神病学和社会科学知识，下了大功夫，去让我们变得盲目，去引导我们的消费。通常，这些"功夫"是隐蔽的，我们无从察觉。所以在一定意义上，那些牵着我们走的力量，是隐形的。这些力量遍布生活的方方面面，我们作为消费者，被它牵着鼻子走的程度超乎我们的想象。

1955年，在对美国广告代理商协会的一次演讲中，大卫·奥格威承认："其实，不同品牌的威士忌、香烟、啤酒之间并没有什么明显的区别，它们几乎是一样的。蛋糕粉、清洁剂、人造黄油和汽车亦如此。我还要补充一样，盐也是这样的。不同品牌的区别在于，广告营销以及产生的不同的情感体验。"用媒链的米拉德的话讲就是，"广告的灵魂在于催生欲望"。

催生欲望这一取向显然引起了詹姆斯·斯泰尔（James Steyer）的警惕。他是常识媒体（Common Sense Media）的创始人兼首席执行官，该机构关注媒体对儿童所产生的负面影响，比如他担心，含糖饮料和快餐食品的广告会加重儿童对不健康饮食的摄入。斯泰尔表示担心的问题其实更为广泛："无处不在的广告把儿童变为一个过度商业化、物质化的人。他们太小，分不清电视节目和广告的区别。比如我那才12岁的儿子，整天喊着要买新的运动鞋。"

一直以来，挥霍式的消费被归咎为是因为广告驱使。专注于研究的学者迈克尔·舒德森（Michael Schudson）曾在美国芝加哥大学教授一门名为"大众传媒与社会"的课程。他表示，广告通常是无效的。在课堂上，有学生问：如果广告没有作用，那为什么企业还花钱做？我发现自己无法充分地回答这个问题，于是决定对广告效果这一话题进行研究。在舒德森撰写的《广告，艰难的劝服》（*Advertising, The Uneasy Persuasion*）一书中，他描绘了广告的"罪行"。舒德森将广告比作社会主义现实主义（Socialist-realism），因为"其不是反映现实本来的样子，而是反映现实应有的样子，或者说是典型"。他提出一个"资本主义现实主义"的概念，认为"广告同时也要服从于混乱的现实，为了提升实际的销售成绩。"[24]

社会对广告"神秘"力量的批评，往往集中在指责广告对人们情绪的操控上。然而，广告界不仅不否认这种操控，还津津乐道其中。2017年刚从高露洁首席营销官位子上退休的杰克·哈伯说："我相信，情绪主导着消费者的决定。"他引用丹尼尔·卡尼曼（Daniel Kahneman）经典著作《思考，快与慢》[①]中的观点证明自己："如果你观察消费者做选择的过程，你会发现情绪主导着决策的过程。所有我们需要建立一个品牌和消费者之间的感情纽带。"高露洁公司斥资500万美元，在2016年"超级碗"比赛中播放了30秒广告。但广告只字未提牙膏，而是动员人们保护水资源，不要浪费水。哈

---

① 《思考，快与慢》一书中文版已由中信出版社于2012年引进出版。——译者注

伯说:"广告让消费者感受到,高露洁是值得信赖的品牌。我相信,"超级碗"比赛上的广告拉紧了消费者和高露洁之间的感情纽带。"

另一个经典案例是《广告狂人》最后一幕展示的可口可乐电视广告。广告中,来自世界各地不同肤色的年轻人,站在山顶上齐声高唱:

> 我想教所有人一首歌曲,
> 大家可以和谐地齐声高唱;
> 我想给所有人一杯可乐,
> 因为它能带来真的快乐。

同样,这部广告也是只字未提产品、产品信息,以及为什么可口可乐能产生快乐。凯茨·雷恩哈德认为:"这则广告激发了人们的感情,其实广告就是品牌体验的有机部分。无论是何种体验,我们都知道,人们在选择消费某种品牌时,用的是直觉。就像是在做出政治选择时,往往意气用事,不经大脑。"宝洁全球首席品牌运营官毕瑞哲在接受《广告周刊》采访时简洁地回应了宝洁旗下的老香料洗护品牌通过广告得以重振雄风的原因:"老香料的广告中展示的男子汉气质令人捧腹,但效果很好。"

"超级碗"比赛是全美年度最受关注的盛事,这也是为何比赛转播权所有者哥伦比亚广播公司可以为每个广告段开价500万美

第十章 亦敌亦友的消费者

元。在 2016 年"超级碗"百威 bud light 淡啤的广告中,喜剧演员艾米·舒默(Amy Schumer)和塞斯·罗根(Seth Rogen)不同意总统选举和党派令美国人民出现分裂,随之推出人人都欢迎的"百威啤酒党"。奥迪的广告则因感人的叙事赢得了称赞。在广告中,一位垂暮的老宇航员呆坐着,闷闷不乐、沉默不语、不思饮食。他的儿子走进来,拉着老宇航员走到房外。在门口,停着一辆奥迪 R8 跑车,最高时速可达 330 公里/小时。儿子把车钥匙交给父亲,请他驾驶。这时背景音乐响起大卫·鲍威(David Bowie)的《星星人》("Starman")。画面中,老宇航员奇迹般地笑了。《媒体邮报》的专栏作家鲍勃·加菲尔德(Bob Garfield)评价说:"对于家里有老年痴呆症患者的人来说,这则广告肯定会强烈地触动他们。"

广告何以始终抓住人们的心思?一个解释是,广告属于娱乐业。深耕广告业许久的美国互动广告局首席执行长兰德尔·罗滕伯格认为:"现代广告的基础是从容、好玩、炫目的表演,是你要会高声引起人们注意,你要会讲故事,进而左右消费者。"毫无疑问,历史上有许多广告词很巧妙。还有一些广告推动了社会的进步。比如,宝洁在印度推出的洗衣粉广告,倡导男性分担家务;关注叙利亚难民问题的联合利华凡士林广告;耐克的《如果你让我上场》广告推动了美国《教育法修正案第九条》,以及女孩参与集体运动;R/GA 制作的公益广告《爱无标签》推动社会反歧视。诚然,有人认为广告都是夸大其词的。唐纳德·特朗普在其《交易的艺术》(*The Art of the Deal*)书中提出一个"真诚的夸大其词"(truthful hyperbole)说法,他认为这是一种促进商业的有效方法。当然,"真诚的夸大其词"距离特朗普政府所谓的"另类事实"(alternative facts)也不远了。

事情总有两面性:更为沉浸、私密的媒介技术给了广告以接近并触动消费者的途径,但移动数据革命让消费者对广告更加警惕。我们还没有谈及虚拟现实技术在广告营销业的影响。丹尼尔·布尔斯廷(Daniel J. Boorstin)在他著名的 1961 年出版的《图像:美国假事件回顾》(*The Image*:*A Guide to Pseudo-Evens in America*)一书中写道:"我们在铤而走险,因为我们将成为人类历史上最会制造幻象的一代人。那幻象惟妙惟肖、引人入胜,真实得我们甚至可以生活其中。"即便过了 50 年,布尔斯廷的这番话仍令人感到不安。

第十一章　传统媒体可以成为新媒体吗？

> 这一笔笔可观的新收入，解释了为什么电视，不像报纸、杂志、广播等传统媒体那样奄奄一息……到2016年，在穆恩维斯领导下的哥伦比亚广播收益超过20年前他刚刚进入公司的时候。

现年61岁的莱斯·穆恩维斯是哥伦比亚广播公司主席兼首席执行官。他用广告的数量而不是质量来衡量2016年"超级碗"比赛广告取得的成功。该届"超级碗"比赛的收视率在历史上能排到第三，于是哥伦比亚广播公司可以对每一个广告开出500万美元的价格。采访穆恩维斯时，他正在自己的办公室，那里华丽宽敞，曾经也是公司创始人威廉·帕列的办公场所。穆恩维斯身着蓝色条纹衬衫，显得很放松，他双手交叉在胸前说："这次的广告收入涨疯了。这是有史以来，在媒体上取得的第二高的广告收入。第一也是我们的，那是梅威瑟（Mayweather）对帕奎奥（Pacquiao）的号称世纪之战的拳击赛。这次"超级碗"，我们当天的广告收入是 4 亿美元。"

除了"超级碗"的广告收益，2016 年 2 月还有件事让穆恩维斯洋洋得意。在他的领导下，曾经在 20 世纪 90 年代黄金时段收视率排名倒数第一的哥伦比亚广播公司一跃成为第一，并在过去 13 年中，有 12 年保持第一。至 2014—2015 年结束时，则是保持了 13 年。同时，他也因此获得了丰厚的薪金。2015 年的全部薪酬为 5 680 万美元。另外，穆恩维斯还感到洋洋得意的是，哥伦比亚广播公司不再只靠广告吃饭。20 世纪 90 年代，美国联邦政府出台了两项对广播电视公司收入影响深远的政策。第一个是国会通过的有线电视法案，要求有线网络公司须付费给为其提供节目的广播电视公司。第二个是美国联邦通信委员会取消辛迪加财务法（Syndication Rules），允许广播电视公司拥有并出售自己的节目。现在，广播电视公司不再需要因播出自己节目而付费给下面的电视台，反而是新的数字平台需要向广播电视公司购买播放它们的节目。

至 2015 年，哥伦比亚广播公司总收入的一半是非广告收入。这些新的收入来源包括：有线电视公司支付的转播许可费以及地方电视台对其的反向补贴，共计 10 亿美元；向全球售卖节目所得，共计 15 亿美元；向网飞、亚马逊、苹果等平台售卖老节目所得，约10亿美元。这一笔笔可观的新收入,解释了为什么电视,不像报纸、杂志、广播等传统媒体那样奄奄一息。对比之下,从2001年到2016年9月,报业的岗位缩减了一半。

莱斯·穆恩维斯被称为电视界的乔布斯。卡森说:"穆恩维斯就是众星参的北斗,他是个出色的执行者。而且人们无法忽视,他是从演员做起的。穆恩维斯很会展示。"

穆恩维斯成长在纽约谷溪(Valley Stream)皇后区边上的一个中产阶级社区,母亲约瑟芬是一名护士,父亲赫尔曼从穆恩维斯爷爷那里继承并经营着三家加油站,二人共育有三个孩子。穆恩维斯回忆说:"我从父亲那里继承了好胜的性格,从母亲那里继承了艺术的感觉。我当时在学校是个好学生,会打乒乓球和棒球。在巴克内尔大学,我还参演了学校的话剧。此外,我还是一个争强的运动员,我对自己做的所有事都很好胜。我喜欢赢。"

1971年从大学毕业,穆恩维斯来到纽约,期望成为一名演员。在演员学院学习后,他在电视剧《无敌金刚》《侦探加农》饰演过一些硬汉角色。不过,穆恩维斯说:"我发觉自己只是个平庸的演员。"对他来说,演员这条路走不通。他于是开始出品话剧,随后加入哥伦比亚电影公司事业发展部,从事喜剧片的选择和培育工作。两年后,他来到20世纪福克斯,从事迷你剧和电影榜单的开发工作。1985年,穆恩维斯被洛里玛电视制作公司挖来负责管理其电影和迷你剧。他本该成为该公司的创意总监甚至是总裁。不过洛里玛电视与华纳兄弟合并，他成为合并后电视业务的负责人。在他的领导下，华纳兄弟电视发展迅猛，一年成功卖出了包括《老友记》《急诊室的故事》在内的 32 部节目。穆恩维斯即便在演艺上并不出色，但他相信在镜头前的经验，可以帮助他更好地制作出品电视节目。他说："我深谙剧本和选角之道。"

在黄金时段的收视率的排行上，哥伦比亚广播公司位列四大广播电视公司末尾。1995 年，该公司招募穆恩维斯担任娱乐部的负责人。随即，收视率上去了；他在哥伦比亚广播公司的职位也上去了。穆恩维斯先是升任公司电视部门首席执行官，并于 2003 年成为哥伦比亚广播公司首席执行官。广播公司母集团是维亚康姆，其主席萨默·雷石东（Sumner Redstone）将集团分成了维亚康姆有线、派拉蒙电影公司和哥伦比亚广播公司。尽管穆恩维斯负责管理的业务已经很多，如电视台、广播、节目工作室、分发渠道、Showtime 电视台、哥伦比亚及华纳兄弟联合电视网、互动媒体，他还事无巨细地管理着公司娱乐部门的工作。他说自己每周会审读 20 多部剧本，穆恩维斯说："所有的事都有经过我的同意。一个剧里的主要角色饰演者都需要我点头才行。"穆恩维斯领导策划了一系列如《傲骨贤妻》这样制作精良的电视剧，足以冠以该公司巅峰时期"蒂芬妮台"的美誉。尽管取得这么多成绩，穆恩维斯没有故作高冷。在他领导下，许多程式化的节目如《海军罪案调查处》《极速前进》《天堂执法者》帮助哥伦比亚广播公司取得收视率的辉煌。当然还有他希望能够执掌的节目，被他形容为"佳作"的十集电视剧《美国犯罪故事》，不过该剧最后由 FX Networks 公司制作。

穆恩维斯认为，他的成果一部分要归功于自己的核心团队。团队中的人至少跟了他十几年。《教父》是穆恩维斯最喜欢的电影。在他的团队眼中，穆恩维斯是相对和蔼些的教父唐·柯里昂（Don Corleone）。曾在公司负责销售工作两年，并广受好评的乔·安·罗斯（Jo Ann Ross）说："我从不想让穆恩维斯失望。"穆恩维斯的第二任妻子陈茱莉（Julie Chen）在接受一位好莱坞记者的采访时评价说："如果你反对他，他是不会忘记你的，你死定了。"

2005 年末，穆恩维斯担心自己的职业生涯"死定"了。因为当时萨默·雷石东宣布母公司将分成维亚康姆和哥伦比亚两部分。而另穆恩维斯失望的是，分家后交给他的是广播、出版、户外广告牌、电视网这些增长缓慢的业务。这些业务被归为传统媒体，而不受华尔街金融机构的重视。穆恩维斯希望能够执掌维亚康姆的一些快速成长的业务，比如有线业务、派拉蒙电影公司的电影制作业务。然而，不出几年，维亚康姆的股价暴跌而哥伦比亚广播的却猛涨。至 2017 年 2 月，维亚康姆的市值缩水至之前的一半，为 124 亿美元。而哥伦比亚广播的市值则几乎是维亚康姆的两倍。担任哥伦比亚广播营销总裁长达 20 年的乔治·施魏茨尔（George Schweitzer）评价说："历史上，领导我们的公司有会做生意的，有会表演的。但二者兼得的，除了哥伦比亚广播之父比尔·佩利，就只有穆恩维斯了。"

即便是会作秀,穆恩维斯还是不得不公开承认哥伦比亚广播发展过程中面临的危险。当前,报纸越来越依靠脸书作为内容分发的渠道。穆恩维斯心里清楚,他们越来越依赖数字平台上产生的收入,而那些平台同时在与自己争抢着人们的注意力。他并没有表示出担忧,"因为我们是内容生产者。"穆恩维斯说。哥伦比亚广播公司现在可以拥有并生产自己的节目,所以就不只是为其他内容生产者提供播放平台,哥伦比亚广播公司自己就是一个电视制作的内容生产者。穆恩维斯说:"网飞是我们的小伙伴,支付我们很多钱。比如网飞会支付给我们一集550万美元,用来在美国以外的地方播出我们的《星际迷航》,最后加起来差不多上亿美元。"

网飞虽然付钱给哥伦比亚广播公司,但也成为它的竞争对手,是一个典型的"友敌"。欧文·戈特利布认为,哥伦比亚广播等电视网将生产的内容售卖给网飞、亚马逊等在线平台或视频点播平台,是在自掘坟墓。网飞已然是一个巨大的平台。据估算,该平台用户每周观看视频总时长达10亿小时;2017年订户量将达1.16亿人,其中一半在美国境内。而哥伦比亚广播等广播电视网的节目预算要比网飞、亚马逊等数字平台少。同时,脸书和谷歌分着哥伦比亚广播的广告"蛋糕"。

穆恩维斯的乐观是笃定的。因为他相信,有线电视公司会不断提供的节目转播费。这一费用到2020年将达到20亿美元。此外,令穆恩维斯乐观的原因还有三个：一、即便消费者对打破有线电视套餐的呼声越来越高，但这不会影响到有线电视公司对节目的投入。二、即便哥伦比亚广播将节目卖给网飞这样的有线电视公司的竞争对手，也不会削减有线电视对其节目的购买。第三个原因用穆恩维斯直白的话讲，就是"有线电视永远需要电视节目"。

深谙商业之道的穆恩维斯从未公开抱怨自己的广播电视公司可能面临的危险。然而，迈克尔·卡森已经建议自己的客户将广告的钱多花在脸书、谷歌等互联网平台。2017年，互联网平台的广告收入已经超过电视等传统平台。同样，欧文·戈特利布也会向哥伦比亚广播猛涨的广告价格说不，因为其观众数量不仅没有增长，广告收视数字还在下降。鉴于不看广告的一代人的崛起，品牌商逐渐拒绝做昂贵的半分钟到一分钟的电视广告。穆恩维斯并非对这些现象充耳不闻。他知道，营销圈的人，比如卡森经常公开表示，广告商的广告投入如今从传统媒体平台转移到他处。穆恩维斯有理由担忧，哥伦比亚广播公司将投入巨资用于电视剧生产，其中一些明星的薪酬可高达1 000万美元每小时。哥伦比亚广播公司可以很好地丰富收入渠道，其中，广告收入只占所有收入的一半，另外一半的收入来源目前是相对稳定的。

传统平台面临的险情在2015年的夏天成为公开的事实。当时，迪士尼的首席执行官鲍勃·伊格尔（Bob Iger）承认，娱乐体育节目电视网（ESPN）首次丢失320万订阅用户。据尼尔森市场调研，娱乐体育节目电视网将不得不从传统的有线电视套餐中离开。伊格尔说:"最终,娱乐体育节目电视网将直接通过网络接触到观众,就像网飞一样。"鉴于娱乐体育节目电视网在财政上巨大的体量,其一举一动能产生很多连锁反应。华尔街金融界不禁大声发问,如果娱乐体育节目电视网越过有线电视,意味着有线电视套餐中最受欢迎的文体节目消失,这对于有线电视业务意味着什么?这是否意味着观众会从此不再购买昂贵的有线套餐服务?如果有线电视服务公司由此受到影响,是否会进一步波及其转播费的支出,进而影响到广播电视媒体?如果娱乐体育节目电视网的发展停滞,是否意味着大众体育节目已经到了它的极限。抑或媒体一直在转播费上收费过高?如果迪士尼选择将娱乐体育节目电视网从有线转为在线,这是否意味着网络电视将取代传统有线电视?是否意味着观众正抛弃传统的电视频道?

问题越积越多,媒体的股价则越跌越惨。2015年末,传媒行业一年蒸发1 000亿美元的市值。哥伦比亚广播公司的股价缩水1/3。穆恩维斯在接受《体育商业日报》采访时表示:"华尔街有些反应过激了,仿佛整个传媒行业垮了。实际上不是这样的。"穆恩维斯认为金融界制造了一种新的叙事,用他的话说就是"互联网正在统治一切,传统的正在消亡。"

穆恩维斯嘴上"很硬",但哥伦比亚广播的效益却很"诚实"。卡森认为,娱乐体育节目电视网这样的广播电视传统媒体,正在走一个长期的下坡路。对于娱乐体育节目电视网，卡森说："体育节目是其最后的阵地，所以当鲍勃·伊格尔那样表态时，整个市场反应强烈。所有人都说，如果是美国广播公司还有可能，娱乐体育节目电视网这是何必呢？这就像一个笑话说的，一个人回家看到自己最好的朋友和自己的悍妇偷情，那个人对着朋友说，我是被迫和她在一起，你又何必呢？"

2015年9月新播放季开始至12月，电视收视率下滑严重。据《广告时代》统计报道，只有三个回归的老节目的收视率有所提高，而另外42个节目的收视率的平均下降幅度为25%。有线电视节目的收视率也直线下滑。根据尼尔森市场调研，在观看的过程中，平均电视家庭有206个频道可供选择。选择多元化稀释了平均到具体频道的收视率。这还未考虑到来自互联网和手机应用的冲击。电视广告收入同样下滑。每年5月开始到夏季结束，Upfront广播电视网节目展映暨广告投资洽谈会举行，所达成的交易额通常会为一年全部广告交易的75%。而2015—2016年的洽谈会上，广播电视媒体的广告收入减少10%，有线电视网的则减少5%。约20亿美元的广告投入从传统平台转移到互联网媒体。人们普遍认识到，对于广告感到反感的年轻人，越来越被可以跳过或屏蔽广告的平台"惯坏"了，于是可以肆无忌惮地选择继续抛弃撤离传统的电视媒体。

大卫·波特克（David Poltrack）是哥伦比亚广播公司首席调研官，在公司工作近50年，倍受尊敬。他反对电视广告走向末日的说法。波特克认为,那些反感广告的年轻人只是"一时糊涂"。他们也许现在不愿看广告,但等他们长大到和自己父母一样的年纪时,就不一样了。同为千禧一代,25~34 岁的年轻人要比 18~24 岁的看电视的时长多 43%。尽管烦人的广告往往占据电视节目的 1/3,但波特克还是乐观地认为:"人们不是讨厌所有广告。人们讨厌的是那些低质量、低相关的广告。消费者还是喜欢广告的,喜欢那些能为他们带来信息和快乐的广告。"当你问千禧一代,是否愿意多付一美元去跳过广告时,90% 的人还是选择看广告。

大卫·波特克提出另一个有些"反直觉"的论点:在 18~34 岁的年轻人中,80% 的人看电视时还用手机或其他移动终端上网。既然如此,于是我们可以说,他们会更能容忍电视上播出的广告,因为广告播出时,他们可以继续手上的事情,比如用手机发信息、刷推特。

可是,他们还是没有看电视上的广告。

大卫·波特克不这么认为。他坚称:"有一个调查显示,那些看广告时用手机的人,反而更容易获得广告信息并记住广告内容。"

为什么?

大卫·波特克解释道:"如果没有手机,人们干坐在那里只能寻找其他事情,或许就在广告播放时离开房间了。可如果人们还坐在电视机前,即便在玩手机,习惯于一心多用的人还是会从房间里唯一的声音源——电视机播放的广告声音中获取信息。"

2015年，在洛杉矶的一场媒体见面会上，波特克提出了一个更令人震惊的观点。他说，如果你把一个月内，所有渠道和平台上播放的哥伦比亚广播的节目，包括有线上的，在自营网站上播出的，被通过录像机复制的以及视频点播网站等都跟踪统计一遍，你会发现我们的节目收视人数要比10年前还要多。至于千禧一代，波特克推测说，他们不是不看电视，他们观看节目的终端只不过没有被收视率调查公司纳入统计之中。他也认识到，自己所比对的"10年"间，美国人口增长了2 500万，这也一定程度上支持了他的论点。波特克与穆恩维斯一样，把这种乐观和骄傲挂在嘴边。2017年5月，哥伦比亚广播公司在报纸上发布了一个整版广告，写道"今天观看哥伦比亚广播公司节目的人要比16年前还要多"。

这个广告所说的是真的吗？2016年，尼尔森市场调研新增一项测量工具，可以统计并估算一档节目播出结束后最多35天内的收视数量。尼尔森得以测量哥伦比亚广播黄金时段节目的收视情况，既可统计通过有线观看的，又可统计通过录制和点播平台随后观看的。即便无法统计到哥伦比亚广播节目在其他各类网络平台的播放量，但尼尔森的数据支持了上文提及的论断。一些热播剧的电视收视率可能仅有16年前的1/3，但各类平台加起来的总收视率要比16年前多。但存在一个问题，跳过广告的设置和操作，意味着即便收视率比以前提高，广告商能够触及的消费者数量还是减少了。此外，如果哥伦比亚广播制作的新一季电视剧将在一些无广告的网络平台播出的话，那么广告商不会再在这个电视剧的播放端投放广告。

与此同时，网飞平台飞速地发展。至 2016 年，网飞的用户数几乎和整个美国有线电视行业用户数之和一样多。据莫菲特－内桑森研究公司资深传媒业分析师迈克尔·内桑森（Michael Nathanson）做的一项调查研究，2015 年，全美所有频道的电视收视率下跌了 3%。其中一半下跌是网飞引发的。广告的颓势是造成下跌的重要原因。特纳广播公司（TBS）、特纳电视网（TNT）总裁凯文·赖利（Kevin Reilly）在 2016 年电视评论家协会的一次发言中后悔道："我们简直是养虎为患。"于是，赖利的广播电视网以及福克斯都宣布减少广告量，以减轻广告冗杂。美国全国广播公司的《周六夜现场》节目表示，其广告时间削减了 1/3。其他许多公司也在小心翼翼地削减着广告量。穆恩维斯因为公司效益尚可，没有选择加入。当问及哥伦比亚广播的乔·安·罗斯，是否担心广告冗杂的时候？她没有表示出担忧之情，"至少现在，没有人说因为一个品牌的广告做多了，而拒绝购买该品牌的商品"。

穆恩维斯感受到了其他竞争对手的威胁，比如谷歌的 YouTube 和脸书。在他看来，这些平台往往自吹自擂，声称观众量已经超过电视。2014 年 6 月，加拿大皇家银行资本市场调研（RBC Capital Markets）电视视频领域的分析师大卫·班克（David Bank）发布一项调查报告。报告指出，对于广告主，YouTube 一整周的有效收视率刚刚和哥伦比亚广播的电视剧《生活大爆炸》持平[25]。YouTube的高管则发明出新的统计方法,证明自己的观众量更多。他们声称,2015年5月,在YouTube上播放的23部《吉米鸡毛秀》节目视频总观看量为900万,要比这个脱口秀节目的制作和播出方——美国广播公司的平均220万观看多得多。尼尔森市场调研国际总裁兼首席运营官史蒂夫·哈斯克(Steve Hasker)注意到,电视收视情况的测量是通过计算平均一分钟有多少观众收看节目得出的。而互联网平台测量收视情况是通过统计观看次数得出的,无论观看了一分钟还是一秒钟。尼尔森市场调研几乎可以测量任何一分钟的平均观看数量,所以尼尔森的对于2015年5月《吉米鸡毛秀》节目的收视数据为,每晚产生530万播放,每月共4 310万播放。

哈斯克指出,广播电视允许调查统计机构测量其收视情况,而谷歌和脸书不允许第三方机构测量其播放量。

对于穆恩维斯来说,还有一个老大难的问题。这也是20世纪90年代年末互联网革命兴起后,报纸和杂志面临的问题。那就是广播电视等传统媒体的确可以为广告商提供丰富的用户,但无法实现精准传播。也就是说,传统媒体无法告诉广告商谁看了他们的广告,谁买了他们的产品。与报纸、杂志不同,广播电视仍是一个具有活力的传统媒体。尽管如此,若与互联网和数字播放平台相比,广播电视缺少定向广告、精准传播的能力和方法。这也是互联网平台的广告投入得以超越电视平台的原因。

穆恩维斯以及他的广播电视圈盟友还反对通过算法瞄准消费者的程序算法广告。群邑媒介集团北美区总裁布莱恩·莱塞曾预测"所有的媒体终将走上互联网",也就是说电视将像网飞一样,通过互联网平台播出,同时"所有的电视节目购买和出售将由计算机程序决定"。持这个观点的人不在少数。但穆恩维斯表示反对。他认为,如果把广告销售交由机器去做,则荒废了营销人员的智慧和技能,同时减少了在谈广告中哥伦比亚广播的筹码。穆恩维斯说:"程序算法广告购买是充满风险的。有的人可能故意拉低价格与你竞争。"网络充满了谜团,而普通人能够了解的,只能是通过看电视剧《丑闻》得到的感觉。

既往,四大广播电视网全年 90 亿美元的广告生意中,有 80% 是在前文提到的广告洽谈会上谈成的。令穆恩维斯感到气愤的还有一个名为"新洽谈会"的新兴广告交易会。这个会刚办了六七年,专门与前文提到的老牌广告洽谈会竞争。2016 年 5 月,为期几周的新洽谈会吸引了 39 家数字互联网企业的赞助,其间它们将向上万家广告商和代理商展示并洽谈广告。新洽谈会由兰德尔·罗滕伯格的互动广告局组织。5 月 2 日,新洽谈会的早餐会在位于曼哈顿西 41 街的《纽约时报》中心举行。早餐会的组织和主办者是媒链公司,由卡森主持并邀请参会人员。不过,会议的经费是由媒链的两个客户沃克斯传媒和移动营销公司 Kargo 买单。早餐会上人头攒动,广告代理商代表和数字公司济济一堂。据卡森统计,其中 80%

的数字公司是自己的客户，他们都渴望在新洽谈会上售卖广告位。观察着参会的人群，移动营销公司Kargo的创始人哈里·卡格曼认为，早餐会是一个绝好的商机。他说："媒链搭台，我们得以接触到平时无法接触到的人和企业。我想实现的是，对方企业首席营销官能够了解到，Kargo能提供什么样的服务？早餐会后，卡森便可打电话给他们，提供咨询建议——我给你介绍个人，他是Kargo的哈里·卡格曼。"

早餐会的闲谈伴随着两场较正式的分组讨论结束。首场分组讨论由卡森主持。会上，沃克斯传媒首席执行官吉姆·班克夫（Jim Bankoff）试图厘清优质数字视频广告与一些令人反感的电视广告之间的区别。他没有对哥伦比亚广播等广播电视网点名道姓，只是介绍自己制作的优质原生广告。班克夫说优质的广告有三个特点：一是有创意；二是加载快；三是能够吸引人的注意力，而非打断人的注意力。

在第二场分组讨论快要结束时，卡森总结说，我们这个新广告洽谈会，将打破广播电视网垄断的洽谈会。卡森说："我坚信，新洽谈会将成为互联网视频广告的桥头堡。"班克夫和卡格曼点头表示认同。卡森继续说："其实到头来，我们对所有平台一视同仁、各有所爱，平台间的壁垒在打破"。

各方在广告新洽谈会上说着大话，争抢着商机。洽谈会期间，YouTube在贾维茨会展中心的展示引来许多人。YouTube首席执行官苏珊·沃西基（Susan Wojcicki）公开吹嘘，"在YouTube平台，黄金时段的节目的点击量（来自18~49岁的观众），要比最火的10部电视剧的收视量还多。"不过，点击不等同于观看。尼尔森市场调研的数据显示，同样是使用终端一分钟时间，电视终端上人们95%的时间是看视频节目，在手机上仅为1%，在台式或笔记本电脑上则是4%。西摩梅地亚是一家市场营销技术公司，设计制作定向传播的电视广告，其首席执行官戴夫·摩根说："电视吸引眼球的能力远远强于YouTube等互联网平台。就广告的观看量，30分钟的电视法庭秀《法官茱迪》（*Judge Judy*）就能顶YouTube在全美的播放，只需要一集！"据加拿大皇家银行资本市场调研2014年的一份研究，事实上，甚至能顶YouTube一个月的广告播放量。《茱迪法官》一年有260集，每集有8分钟的广告，电视剧每天的收视量为900万人，这意味着广告播出总时长可达16亿分钟。而YouTube每月的广告播出时长为8.3亿分钟。

有的变革没有想象中的来势汹汹。即便广播电视媒体存在致命弱点，但在短时间内，哥伦比亚广播等广播电视网仍然具有传统优势，而互联网媒体只有羡慕的份。也许有一天，程序化广告购买成为主流，广播电视网是会丧失优势。但不是现在。2015年，苏铭天称WPP集团全部的广告只有3%是通过程序化自动售卖的。广播电视媒体仍然能够唤起广大观众的注意力。2016年2月电视剧热播前10榜中，首次出现了一家独占前10的现象：排在前10位的电视剧全部由哥伦比亚广播公司制作。至2016年末，在频道黄金时段播放的节目中，哥伦比亚广播自己制作拥有的节目达80%。大量节目得以销售给其他频道并输出到世界各地。到2016年，在穆恩维斯领导下的哥伦比亚广播收益超过20年前他刚刚进入公司的时候。他回忆说："我刚来哥伦比亚广播时，公司在赔钱。而一些公司下面的地方台则在挣钱。今天，公司广播电视网成为制造利润的引擎。5年间，哥伦比亚广播的股价相比于其他媒体表现得要好。"

所有广播电视网都对2015年的广告洽谈会表示失望，广告的成交量连同千次观看成本（CPM）双双下降。2016年的广告洽谈会期间的一个月中，买家（广告代理商）和卖家（广播电视网）你来我往地商谈广告买卖。穆恩维斯说："生意永远是一个猫捉老鼠的游戏。总有人会占上风。"2015年不很成功的广告洽谈会后，散单市场的广告价格在年内上涨了15%~20%。穆恩维斯认为曾经"盛极一时"的互联网视频平台已经风光不再。2016年4月底，他预测说："广播电视网企业将在即将举行的2016广告洽谈会上重整旗鼓。"而哥伦比亚的销售方面负责人乔·安·罗斯则将在会上提高千次观看成本。

洽谈会开始的几天前，最大的买家——群邑媒介集团的戈特利布放松地坐在办公室的沙发上。他谈论其洽谈会，并把它比作一个期货市场。他解释道："波尔多红酒只有在2000年和2003年才有期货市场，为什么不是2001年、2002年或2004年？因为好酒是稀缺的。好的质量以及有限的供应造就了繁荣的期货交易。电视节目一直以来就是一个有限供应的市场。2016年广播电视网的节目供应将更少,因为大家普遍在减少商业负荷。"所以,戈特利布和穆恩维斯都预测说,属于广播电视网的广告洽谈会将会重获生机。戈特利布认为,买家如果尽早在类似这样洽谈会上和哥伦比亚广播这样的广播电视网达成广告合同,就会得到更优越的价格。为了更形象地解释,他请助手在咖啡桌上放了10瓶水:"假设整个市场的供应就是这10瓶水,一瓶水的价格是100美元。那么整个市场就是1000美元。如果我早下手买,每个瓶子打九八折,那么整个花费减少到784美元。而同样,如果我晚下手买,剩下的是可能是一些较差的广告位资源,那媒体很有可能打更大的折扣,去推销自己的广告位。"戈特利布说:"对于买家来说,问题在于如何洞察这个期货市场。"

在洽谈会上,卖家往往通过在展示时打感情牌,使买家远离经济层面的理性分析。这使得洽谈会成了表演的盛会,这是属于互联网广告的新洽谈会所无法比拟的。2016年5月18日,哥伦比亚广播的展示在卡内基音乐厅举行,吸引了上千家企业以及媒体参加。展示会上,乔·安·罗斯身着超长华丽皮草外衣,头戴白色礼帽,上台欢迎大家。大屏幕上播放着正火的《汉密尔顿》音乐剧制作人林-曼努尔·米兰达(Lin-Manuel Miranda)的问候,紧接着是旗下深夜秀节目主持人詹姆斯·柯登(James Corden)身着18世纪的传统服饰，模仿着汉密尔顿。柯登身边围着合唱团，说唱着"我们需要你，汉密尔顿"。《华盛顿邮报》的丽萨·德·莫拉埃斯（Lisa de Moraes）在推特上感慨："又是一个《汉密尔顿》音乐剧的梗，这已经是这届洽谈会上的第三或是第四个了。不过，柯登模仿的汉密尔顿让娱乐体育节目电视网、美国广播公司以及吉米·法伦（Jimmy Fallon）模仿的难以望其项背。当然这可能要得罪下吉米了。"

柯登介绍穆恩维斯上台发言。穆恩维斯介绍了哥伦比亚广播秋季黄金时段的节目安排，包括20部新电视剧。随后，乔·安·罗斯扮演成音乐剧合唱团主唱以及哥伦比亚广播旗下的知名演员、新闻主播、公司高管悉数登场。

当年的洽谈会在夏季结束。穆恩维斯高呼，2016年的洽谈会是这些年来最成功的一届。他说："哥伦比亚广播获得了两位数的广告价格提升。"戈特利布表示认同，他说："哥伦比亚广播今年的确做得很好。对市场机器敏锐的乔·安·罗斯对目前的市场有一个很好的判断。"

电视仍然是触及观众极其有效的大众传播手段。所以即便观看直播的观众少了，广播电视网仍可以抬高广告价格。然而，哥伦比亚广播等电视网的这种优势能持续多久？伴随传播技术的发展，广告商是否可以利用新的传播技术，有效整合并通达庞大的目标受众群体？如此，广播电视网的优势是否会消失。这些问题将在未来萦绕在穆恩维斯的头脑中。

迈克尔·卡森和许多人都认为，莱斯·穆恩维斯不愿直面这些问题的答案。卡森说："2016年的洽谈会的确是近几年里最成功的。许多广告商选择回归电视平台。为什么？因为他们在2015年的洽谈会上勒紧了钱袋子，把寻求低价的赌注压在了广告散货市场，结果最后吃了亏。2016年，他们肯定不会重蹈覆辙。"尽管如此，卡森和戈特利布都认为，对穆恩维斯和广播电视网公司来说，2016年的这场"胜利"不会长久。

第十二章　更多的友敌

> 我把我们的工作重新定位为营销传播。我们之所以这样改变业务，其实就是希望获得企业的营销预算，我们希望企业能意识到，广告营销的问题，不一定非得找广告代理商。
>
> ——理查德·爱德曼

广告业正经受来自四面八方的威胁。媒链公司的许多客户，比如《纽约时报》《华尔街日报》、美国全国广播公司、康泰纳仕、赫斯特集团、沃克斯传媒、Refinery29 网站都在悄然自建广告部门。2015 年，卡森曾表示，广告代理商面临的最直接的冲击来自媒体代理。这些媒体代理往往可以处理数据、策划广告、直接购买广告时间。他认为，谷歌和脸书有一天会反问广告主：你还需要广告代理商作为中介吗？2016 年初，卡森的观点有所变化。他说："我认为现在最容易受到冲击的是传统的广告创意代理机构。因为媒体和出版机构都在建设自己的创意部门。比如，康泰纳仕的 23 Stories 工作室，赫斯特集团花重金在数字内容的创作上，美国全国广播公司自建内容工作室。这些媒体在自己内部建设的创意工作室，就是为了能够在和客户谈广告购买时，不仅能够为广告内容提出创意，还能够制作广告。尽管这些媒体没有直说，但实际暗示着广告客户，你不用再找什么广告代理了。"

今天，在全球 2 万亿美元的广告营销投入中，仅有 25% 是通过传统的广告创意代理实现的。一些非传统意义的营销支出正在兴起，比如对公共关系、民意调查、设计、品牌推广、游说和店内促销等的投入。这也是为何，WPP 集团的苏铭天及其竞争对手正积极收购营销公司，以减轻冲击的影响。然而，行业的革命者层出不穷、穷追不舍。他们之中，最令人感到震惊的，便是那些开始具有广告代理功能的媒体。

2016 年 1 月，《纽约时报》的"广告野心"已经初露头角。该集团成立了一个由 325 人组成的广告销售部门。如果你看看这个部门办公桌上的文件，你会发现全是一些编码、设计方案、广告词。也就是说，这个部门是为广告主创造设计广告，而不是仅仅售卖广告位。部门接受《纽约时报》执行副总裁兼首席营收官梅雷迪思·来维恩领导，隶属于《纽约时报》T 品牌工作室。来维恩表示："《纽约时报》已经涉身广告制作行业，我们的广告位销售员现在和工作室里的广告制作人一起去见客户，去谈广告。"而这个工作室生产的是原生广告或称为品牌内容，即围绕着一个品牌而叙述的故事。这些故事和新闻报道的区别并不是特别大。其明显的区别是原生广告画面顶上有一行大小适中的文字，写着"该内容由×××赞助或发布"。伴随着手机成为主流数字平台，原生广告显得更加必要。她认为："小小的手机屏幕上没有足够的空间，于是呼唤一种新的广告方式。"

"T品牌工作室和新闻编辑室是分开的。"《纽约时报》首席执行官马克·汤普生（Mark Thompson）坚持认为，采编和营销需要两分开。不过，许多营销人员以前是记者，而且他们把记者作为自己骄傲的头衔。汤普生说："客户往往找到我们，希望请那些会讲故事的人为自己制作广告。广告代理商往往没有这样的人才。他们往往按照传统的模式来做广告。而我们则是创造新的更加灵活的模式。"可以看出《纽约时报》有志于成为可以提供几乎全套广告服务的机构。为此，《纽约时报》收购了 Hello Society 数字营销公司，帮助其分析用户数据，并组织旗下 1 500 名在社交平台具有影响力的"网红"。该公司还培训前记者，聘请摄像制作适合手机播放的原生广告视频，雇用在社交平台上具有内容分发能力和渠道的个人。此外，该公司还提供咨询服务。汤普生说："Hello Society 数字营销可以帮助客户制定社交媒体营销战略，而且我们还在提供内容更丰富、范围更宽广的营销服务。"

对于传统广告业，《纽约时报》还不能算一个真正意义上的颠覆者，毕竟《纽约时报》T品牌工作室2015年的收入仅为3 500万。但其发展速度惊人，2015年比2014年增长了150%。如果算上2016年媒体制作原生广告而产生的收入，那危机感便会更加明显。2016年，Vice传媒的原生广告收入为6亿美元，嗡嗡喂的原生广告收入为2.5亿美元，《华尔街日报》的为6 000万美元。其中，Vice传媒成立了一家全球广告代理公司善德全球广告公司（Virtue Worldwide），帮助客户制定更能吸引年轻人的广告营销策略；其客户包括美国瑜伽服装品牌露露柠檬、联合利华的多芬洗护、布鲁尔斯冰激凌等。另一个例子，Refinery29网站主要面向的是女性消费者。据该网站联合创始人菲利普·冯·博里斯介绍，网站通过每个月发布2 000多个故事信息，"帮助人们扩展并提升自己的生活"。对于品牌，"Refinery29网站则是一个创意引擎，帮助品牌更好地接触到消费者"。截至2016年冬天，该网站每个月的女性访问量为1.4亿。在Refinery29网站的全部350名员工中，110位致力于创意原生广告的制作。博里斯介绍说："企业和品牌需要我们。因为我们既能吸引来消费者，又掌握了他们的数据。"不过他并未透露具体的广告收入，只是称2015年的广告收入增长了70%。

英国方面，《卫报》前营销主管、现任卫报传媒集团首席执行官的大卫·帕姆赛尔（David Pemsel）并没有自家报纸反资本主义的左派倾向。他介绍了《卫报》传媒实验室里讲故事、做展示的创意人才，他们一共200人，直接和品牌打交道。帕姆赛尔说："卫报传媒实验室正在帮助品牌更好地讲述自己的故事。展示形式可以是视频影片，可以是印刷广告，也可以是播客文章。我们可以代表客户创作各种形式的内容，但同时我们的广告内容要对观众和消费者负责。"外形上，大卫·帕姆赛尔有广告界高管的派头：时髦胡须，戴着方形红框眼镜，白色衬衫上套着黑色V领毛衫。帕姆赛尔毫不掩盖自己的目标，就是与苏铭天的 WPP 等积重难返的广告代理商竞争。他认为，这些广告代理将受到"《卫报》、Vice 传媒这些开始自己创制广告媒体的威胁"。不只是《卫报》、Vice 传媒、《纽约时报》在自建广告生产部门，大部分传统媒体如康泰纳仕、赫斯特集团、美国全国广播公司、时代集团等都在打造自己的内容工作室，与品牌商直接合作开发广告。

对于广告代理商公司，更直接的威胁来自它们的一些老客户，比如那些也开始做起广告营销生意的咨询公司。苏铭天表示："几年前，我们以为谷歌会抢我们的生意。不久，我们以为脸书会抢我们的生意。"但现在看，更危险的敌人是，那些和大企业高管有着很好联系和关系的咨询公司。这些公司深谙如何从企业获得更多的资金。苏铭天说："人们总说，麦肯锡咨询公司将涉足广告营销，的确他们正在这样做。还有贝恩资本公司和波士顿咨询公司。许多会计师事务所正在将审计和咨询的业务分开发展。比如，我们聘请的审计公司是由安达信会计师事务所的管理咨询部门分化而成的埃森哲公司。一周时间，IBM 一口气买了三个广告公司。接着是些软件公司，如 Salesforce 科技服务公司、甲骨文公司。"WPP 集团之所以在 2014 年成立营销咨询公司维梅尔（Vermeer）就是去和那些熟悉各大公司高管的咨询公司竞争。类似的，阳狮集团于 2015 年初，收购了全球公司沙宾特咨询。曼德尔的那番指责无疑为来自咨询公司的威胁煽风点火。

与硅谷的创业者不同，广告营销界的新兴力量并不是在自家车库里充满创业热情，酝酿着新的点子。所谓新兴力量主要是一些具有充足资本的成功企业，它们试图在既有业务外，找到新的商机。卡森说："现在美国最大的数字广告代理商是 IBM。埃森哲咨询公司、德勤会计师事务所、安永会计师事务所都设有或收购了数字广告代理公司。"阳狮集团首席执行官莫里斯·利维斥资 37 亿美元收购了沙宾特咨询公司（Sapient），以和 IBM 抗衡。卡森认为利维这么做是明智的也是必要的。据《广告时代》报道，2015 年底，全球收入最多的三家数字广告代理竟然是"圈外"的 IBM、埃森哲咨询公司、德勤会计师事务所。目前，IBM 的市值达 1 650 亿美元，比六大广告代理巨头（WPP、阳狮集团、宏盟集团、埃培智集团、哈瓦斯集团和电通集团）的市值之和还要高一倍。

IBM 的确值得关注，因为其正以飞快的速度进军广告营销业。2015 年 5 月，《广告时代》杂志将 IBM 旗下的数字机构互动体验 iX 认定为最大的全球数字广告代理。2015 年末，IBM 收购了些视频直播和营销软件平台公司。2016 年 2 月，IBM 用了两周时间收购了两家广告,一家来自德国,一家来自美国,并宣布计划在布拉格、华沙、迪拜开设广告设计工作室。IBM 在全球 30 个国家或地区设有营销办公室,聘有上万员工负责广告营销的设计和策划。互动体验 iX 部门全球负责人保罗·帕帕斯(Paul Papas)表示:"我们在提升以体验为核心的数字营销和贸易的能力。"2015 年 10 月,IBM 收购了一家天气预报公司 weather.com,这昭示着它们正在挺进数据行业。

乔安娜·珮尼娅-比克利(Joanna Peña-Bickley)在帕帕斯的领导下,担任互动体验 iX 部门的首席创意官。乔安娜的职业生涯从美国广播公司新闻频道开始,随后她离开那里,从事其新闻直播播放器的开发研制以及企业网站的设计工作。20 世纪末互联网泡沫破灭后,她在 WPP 和宏盟集团旗下的广告代理公司工作了 10 余年。乔安娜认为,传统广告代理商过于专注于如何在大众传媒上做广告,比如电视广告、在报纸上的整版广告;而不是专注于"解决企业面临的营销问题"。随后,她自己成立了一家营销公司,员工已达 150 人。

IBM 互动体验 iX 收购了她创办的公司。于是,用乔安娜的话说,"我们开始重新思考广告代理行业。"她认为,行业存在的一个关键问题是,丰富的数据既没有用来瞄准消费者的需求,又没有解决企业的营销问题。"广告代理公司人才流失,纷纷走向谷底。根本的原因在于他们把创意商品化了拥有这些公司的大集团,一切向

'钱'看,比如他们还是尽量去做半分钟到一分钟的电视广告。而我认为,能笑到最后的,是那些懂得通过数据分析,从根本上改善自己产品的广告代理商。"例如,通过数据我们分析出千禧一代的许多人都不愿买车,而是倾向于租用或分享。这对汽车企业来说是个难题。于是针对这一数据现实,IBM 互动体验 iX 集合工程师、写手、设计人员组成的团队,为汽车公司策划面向千禧一代的营销方案。

2015 年,乔安娜的创意部门招募了 1 500 名设计师及写手;2016 年还将再招募 1 500 人。乔安娜认为,尽管如此大规模地招兵买马,IBM 无意取代广告创意代理商。她说:"市场是每个人的,其他代理商也可以做出创意。我们关注的从来不是怎么做创意广告,我们关注的一直是创新。"显然,乔安娜这是花言巧语。IBM 互动体验 iX 充分利用数据,产生营销策略;就凭这一点留给群邑这样的广告代理集团的生意空间已经不多。

在数据收集方面,IBM 认为天气数据是重要的阵地。利用天气数据,IBM 将数据和营销很好地结合在一起。具体说来,天气往往能改变人们的情绪,产生不同的反应。这些对广告营销来说,是很重要的线索。比如,下雨时的人们的情绪容易低落,这却有利于肥皂剧和电影票的销售。高花粉浓度的季节是播放沃尔格林连锁药店广告的好时机。恶劣天气时可以做全天候轮胎的广告。空气闷热的时候可以做佳得乐功能饮料的广告。IBM 营销云项目主任杰伊·亨德森（Jay Henderson）介绍说："每天，我们会处理几十亿的天气数据。"在 2016 年 1 月举行的国际消费电子展上，IBM 的首席执行官罗睿兰（Ginni Rometty）宣称："天气对人们的生活的影响无处不在，所以我们收购了天气数据公司 weather.com。"

IBM 收购 weather.com 的另一个目的，是将其与旗下的超级电脑沃森结合在一起。和苹果的 Siri、亚马逊的 Alexa、谷歌的 Home 类似，沃森利用人工智能和软件应用可以回答使用者语音问出的问题。但 IBM 对沃森的定位不只是一个数字助手。而是像人类一样具有认知和推理的能力。同时还可以做人类做不到的，如即时处理大量数据或得出答案或做出行为判断。超级电脑沃森和 weather.com 的合作成果立竿见影，它们通过数据分析，帮助金宝汤公司寻找到广告推销最合适的地区。沃森可以对数以百万人在社交媒体和博客上的内容进行分析。与传统分析点击、人口、地理信息不同的是，沃森关注的是消费者的性格和兴趣，并利用此实现广告的定向传播。比如，沃森可以通过分析迅速得出某位消费者是体育迷，于是有的放矢地提供广告信息。对于消费者来说，这种有针对性的广告是一种信息上的满足而非注意力的干扰。

沃森与 IBM 的气象数据公司共同开发了一个新的平台——沃森广告。联合利华在该平台上尝试了一种新的广告方式并取得成功。消费者可以在手机或电脑上选取自己喜欢的原料，向沃森求教用这些原料做出蛋黄酱的具体配方。IBM 气象数据公司的全球销售主管杰里米·斯坦伯格（Jeremy Steinberg）认为："最大的改变就是，超级电脑沃森让广告体验更人性化和更精准化。消费者可以与品牌商品产生一对一的联系，这是前所未有的。"

当然，斯坦伯格和IBM都有些理想主义。计算机一诞生，人工智能便成为人们梦寐以求的目标。然而半个世纪过去了，进展并没有我们原本想象的大。技术的进步的速度往往要比人们的畅想慢。

在广告营销领域，与IBM齐头并进的还有一些大型咨询公司。安达信（Arthur Andersen）原本是一家会计师事务所，如今变成埃森哲公司，是世界最大的咨询公司，而数字营销是该公司的一项新服务。2015年，埃森哲在120个国家和地区拥有35.8万名员工，其中8万名在印度。全球500强公司中，3/4都是埃森哲服务的客户。埃森哲自己也是一个庞大的企业。2015年，全美全部营销投入的41%用于数字营销。据《广告时代》数据中心对上千家广告代理的调查分析，埃森哲的数字互动营销收入排行第一，紧跟其后的是IBM。埃森哲的互动营销部门提供的服务十分丰富，包括数字营销、创意文书、战略咨询、数据分析、手机端等服务。埃森哲已招募了4万名员工，负责营销中的设计和创意工作。埃森哲这样的咨询公司天然具有招兵买马的优势。此外，据一直关注营销和科技领域的特里·卡瓦加观察，埃森哲员工平均薪金是WPP集团员工的三倍。

在全球有 22.5 万名员工的德勤会计师事务所（Deloitte）也开始积极拓展营销业务。约翰·邓纳姆（John Dunham）曾经在一家管理咨询公司工作，现在他在旧金山经营一家品牌咨询公司。邓纳姆将德勤会计师事务所视为广告代理公司的劲敌。他认为："德勒、埃森哲这些咨询公司已经领先一步，因为他们常年和企业的高管们打交道，获得了高管们的信任。而且，这些咨询公司懂消费者、懂数据。所以可以轻而易举地开辟出新的营销业务。为此，德勤不仅收购了媒体公司，还购买了一家位于旧金山的名为热火（Heat）的精品创意工作室。一下子，德勒具有了和传统广告代理商竞争的全部能力。"当然，在广告营销领域，德勤、埃森哲、IBM 正面临着来自其他咨询界巨头的激烈竞争。比如，麦肯锡咨询公司、贝恩资本公司、波士顿咨询公司、普华永道、印孚瑟斯集团等。

科技公司也加入了这场竞争，Adobe、甲骨文、Salesforce 科技服务公司等通过为企业提供云服务，大量收集用户数据，在多个平台瞄准并触及潜在消费者，生产有效的营销内容。雅虎前首席运营官、现美国教材租赁网站齐格网（Chegg）的首席执行官、Adobe 董事丹·罗森维格（Dan Rosensweig）认为："当下互联网公司和科技公司正上演一场混战。它们竞相宣传，自己不仅通晓消费者在做什么，还懂得以下诸多问题：如何将消费者吸引到客户的网站上？消费者在网站上买了什么？花了几个步骤实现的购买？怎么做能够提高售卖效率？什么样的宣传文字和价格更具吸引力？这是今天的广告代理商所需要能够回答的。"

每个月 600 万用户消费 10 美元订阅 Adobe 云服务,利用平台 Photoshop 等软件处理并分享图片。Adobe 首席营销官安妮·鲁恩斯(Anne Lewnes)认为,云服务为集团提供了宝贵的用户数据。WPP 集团、阳狮集团与 Adobe 签约,希望获得这部分关于消费者的珍贵数据,Adobe 则向这些广告代理巨头收取高昂的费用。但 WPP 集团旗下的群邑和凯度也从事数据的收集工作,那么 Adobe 不会与它们冲突吗?鲁恩斯圆滑地说:"Adobe 利用数据,而不是卖数据。这之间有着细微差别。现在我们与它们合作而不是竞争,不过 10 年后,可能就只有竞争了。"

数据逻辑(Datalogix)是一家广告数据分析公司,通过收集数据、分析消费者购买模式,检测广告营销活动效果。甲骨文公司和 WPP 集团都希望收购数据逻辑公司,两边硬碰硬地竞争起来。当甲骨文把收购价抬到 10 亿美元时,WPP 集团退出了竞争。戈特利布承认:"我们确实很想要数据逻辑公司。但是在面对那些资本雄厚的大企业时,WPP 集团没有什么优势。"

两个巨头竞相收购的数据逻辑公司经过一段时间的发展走向成熟。公司首席执行官艾瑞克·罗扎(Eric Roza)从手机邮购目录公司数据起步。他说:"人们过去的购买行为是未来购买行为的重要线索。"随后,罗扎找到连锁杂货店,获得其打折信息和消费者购买数据。脸书曾找到数据逻辑公司,请其测查脸书上的广告是否真正促进了真正的店面消费。数据逻辑进一步"引诱"脸书提供其用户的姓名、邮箱地址、身份信息，用于和自己的数据库比对，而这些信息是脸书不愿给广告代理商的。罗扎介绍说："通过数据比对我们可以得出，比如 1 000 万人看了广告之前在这家店花了多少，看之后花了多少。应当说，我们第一次可以明显地看到，百万量级的消费者在媒体的影响下，产生了何种消费变化。"与脸书的合作标志着数据逻辑公司的重大突破。脸书也可由此告诉广告客户们，自己促进了其品牌的销量。罗扎认为："相较于点击、浏览、搜索、阅读内容或观看广告的时间等指标，用户的历史购买记录更具预测价值。"他介绍，数据逻辑公司不仅可以证明广告的实际效果，还可以依托其数据库，为品牌潜在消费者创制定址广告。

如今，罗扎是由数据逻辑等 4 家公司组成的甲骨文数据云的高级副总裁。2016 年，其数据库存有全世界 20 亿用户信息，其中包括 1.1 亿个美国家庭。数据逻辑是否对广告代理造成威胁？罗扎并不认同这一点。他说："我们是科技公司，我们与广告代理商合作。与德勒不同，我们不制作广告，也不提供这样的服务。"不过，硅谷里的高科技企业往往乐于"跨界"，去拓展自己的业务。

比如，Salesforce 科技服务公司就很明确地涉水广告代理业。进入 2016 年，该公司已收购了四家相关企业（分别为 ExactTarget 营销工具公司、Buddy Media 社交媒体营销服务公司、Radian6 社交媒体监测公司、Brighter Option 社交媒体营销服务公司），组成了一个营销云平台。Salesforce 公司将自己定位成客户的智囊，为其收集消费者数据、策划营销内容、定向分发广告内容并建立起消费者和品牌的直接联系。2016 年 4 月，匹维托研究集团分析师布莱恩·维塞尔的一份研究报告总结道："目前，科技调研公司正进入这一营销云平台。Salesforce 公司作为广告主的智囊，正成为广告营销公司的对手。未来，我们要增加对这家飞速成长的公司的注意和研究。"

公关公司也在威胁着广告代理的"饭碗"。2016 年在欧洲最重要的公关和传播领域组织英国公共关系和传播协会的年度论坛上，苏铭天称赞公关行业是一个有前景的行业。他说："第一个原因是，数据越来越重要。第二个是互联网的发展，使得公关关系的维护变成全天候的工作。现在，鼠标一点可能就会引发公关危机。"所以公司的高官们越来越依赖于公关公司去帮着"灭火"。

爱德曼国际公关公司也许是"触角"最广泛的公关公司之一。这家私有企业在 64 个国家和地区拥有 6 000 名员工。其大客户包括联合利华、强生、星巴克、Adobe、三星、玛氏公司、家乐氏等。爱德曼国际现由公司创始人之子理查德·爱德曼掌舵。他认为："报纸、电视、广播等旧的分发渠道不只是萎缩，它们正在消失。社交媒体成为新闻的主要分发渠道，消费者对广告越发敏感，广告屏蔽软件被更多人使用。我们要想在这样的大环境中成功，就必须转向。"

理查德介绍，爱德曼国际现在20%的业务都与互联网有关。苏铭天曾表示公关公司无法为客户提供创意内容。理查德表示反对，他说："博得媒体的关注和报道正成为公关公司新的生意。因为这些消息不会被广告屏蔽器阻拦。"

比如，爱德曼国际为联合利华的凡士林策划的一个营销宣传，确实没有被广告屏蔽软件拦下。联合利华一直以承担社会责任的己任感到自豪，所以在广告营销中，联合利华并不只卖产品，还在宣传自己的社会使命。联合利华认为，这是应对充满质疑思维的年轻人的好办法。2014年，联合利华找到爱德曼国际，为其凡士林产品想一个"社会使命"的点子。凡士林主要用于皮肤保湿。爱德曼国际团队经过研究发现，皮肤干燥会导致感染和多种疾病。他们发现了《华盛顿邮报》上一则关于皮肤病的报道：两位皮肤病医生来到欧洲和中东的叙利亚难民营，发现70%的难民患有皮肤裂伤和脚疮。2015年，爱德曼国际与联合利华合作发起"凡士林治愈计划"，向难民捐献100万罐凡士林，招募皮肤病医生为其治病。这个治愈项目的消息，尽管由爱德曼国际一手操作，但还是在电视、报纸上以新闻的形式广泛传播。这和杰布·布什（Jeb Bush）花了上千万美元在电视上打竞选广告形成了很强的对比，后者还是在2016年冬天的美国总统竞选党内初选中败北。理查德·爱德曼说："广告的投入和产生的信任感成了反比。其实你越不刻意，越能赢得别人的信任。"或者是一种真实感。联合利华显然是得到了观众的认可，同样靠这份"真实"获得人们认可的，还有共和党候选人唐纳德·特朗普。

在20世纪初，也就是行业传奇爱德华·伯尼斯那个时代，公共关系工作的首要任务就是建立起客户在公众中的形象。公关通常在广告代理为企业设计好广告后才出马。但在今天，它们必须在一开始就参与到广告设计中。理查德·爱德曼介绍说："传统公关业务已经很难赢得增长，所以公关公司需要改革并拓展传统业务，将自己打造成营销传播公司。"为了实现这一目标，理查德招募了400名创意企划人员，负责服务三星、联合利华、喜力啤酒等客户。可以说，当爱德曼国际开始做电视广告时，这个公共公司已经正式进入了广告圈。理查德·爱德曼回忆道，当年在冬奥会期间，爱德曼国际为家乐氏在YouTube上创制了一个视频，讲述的是一位4岁女孩后来成为奥运选手的故事。家乐氏的首席执行官对理查德说："我想把这个视频变成广告。"理查德以及手下400余名创意策划人员于是开始从事原本只属于广告代理的工作——制作广告。理查德说："我把我们的工作重新定位为营销传播。我们之所以这样改变业务，其实就是希望获得企业的营销预算，我们希望企业能意识到，广告营销的问题，不一定非得找广告代理商。"

爱德曼国际等公关公司在广告业务上穷追不舍，WPP等广告代理集团企业也没有坐以待毙。WPP集团收购了一些著名的公关公司，如博雅公关公司、伟达公关公司、富思博睿、凯维公关公司。这既是守城，也算一种攻城。WPP集团希望让自己提供的服务更加全面。唐纳德·贝尔作为博雅公关首席执行官，领导着公司在110个国家和地区的2 300多名员工。博雅公关的客户包括美国银行、微软、英特尔、福特等。贝尔认为，公共关系业务未来主要有两种发展取向：一是战略咨询，即为企业塑造良好形象，为企业公关危机提供解决咨询服务。二是一种"一体化传播"，互联网、社交媒体、移动化、内容革命对该种业务带来改变，原本它属于广告营销业的范围。但在贝尔看来，"这正是博雅公关未来的发展方向和主要赢利手段"。他介绍，现在博雅公关从事一体化传播的员工占25%~30%，未来将是60%。唐纳德·贝尔明白，不过多久他将不得不与同在WPP集团"屋檐"下的兄弟企业——那些广告代理公司变成竞争关系。

如今，广告营销业的未来扑朔迷离。于是，广告主企业不仅选择了公关、咨询或科技公司负责其营销工作；它们还越来越多地选择一些有创造力的初创代理商，或者直接收购化为自己内部的营销部门。2016年2月，全美广告主联盟宣称，越来越多的品牌商因为沟通效率等问题，而放弃与传统广告代理公司的合作。这些品牌企业开始选择一些年轻的企业，帮助其更好地适应新的社交平台，更好地应用新的技术手段。联盟认为，许多大型品牌企业把既往通过代理而进行的媒体广告购买，转为企业内部的、通过算法程序化的购买。

在一些像通用电气、百事可乐这样的大企业看来，未来它们将通过成为内容生产者，直接在自己的平台和消费者沟通，于是减少广告花费。通用电气创新实验室创意总监山姆·欧斯坦（Sam Olstein）表示："通用电气希望成为内容生产者，一种媒体。通用电气将进一步发展起影视制作和赞助内容的制作，比如'通用电气为您带来'或由通用电气科学家参演的节目。然后将该内容放到其他媒介平台，或直接在自己的网站上播出。我们希望，通用电气能够和媒体出版公司一样，搭建起一个传播平台，或是构建起一个传播圈。"

无独有偶，百事可乐自设内容中心，招募创意人才为其制作可以出售的优质内容。百事可乐为何走这步棋？百事全球饮料集团总裁布兰德·杰克曼（Brad Jakeman）在2016年戛纳广告节上是这样解释的："多年来，我曾要求广告业能够面对新形势创新他们的服务，但他们没有，传统的广告代理商太过守旧。我们尊重广告代理公司，但企业需要速度。"但事实往往是欲速则不达。红牛是为数不多的在内容平台搭建上获得成功的企业，其策划内容成功地吸引了许多媒体的注意。针对企业自建广告内容生产传播平台，阳狮集团的沙德·特柏科沃拉警告说："首先一个问题是，这会花很多钱。其次就是它会让内容产生一种不真实感。因为企业对产品往往是自卖自夸。大多数情况下，企业生产的内容是不会在平台上吸引消费者的。"

广告营销产业的变革一方面源于人们对于传统广告代理企业的失望，一方面源于新技术带来的新商机。同时，也源于这样一个新的现实：人们越来越反感那些烦人的、重复的广告。所以，广告商们开始试着制作原生广告，用一种不像广告的叙事方式和包装形式去吸引消费者的注意。面对新的手机移动互联网平台，广告商们还试着在制作 6 秒的短视频广告，代替传统 30 秒长的广告。比如初创移动营销公司 Kargo 制作的手机平台短视频广告，在视频中嵌入折扣和购买交互按键。另一个例子，是传立媒体为烈酒生产企业金巴利美国（Campari America）制作的一款减少酒驾的手机应用，受到大众的欢迎且对社会有益。手机应用在周五晚上会向一些酒吧发送信息，提供来福车打车应用的优惠券。此举让金巴利美国这一烈酒企业，赢得了消费者对其品牌的认同，可能还救了不少条人命。

在各种试图打动年轻消费群体的营销手段中，效果较好的是一种影响者营销（Influencer Marketing）。所谓影响者，是一些有影响力的年轻人。他们在 YouTube、Instagram、脸书、阅后即焚等平台有自己的频道或专区，还有的有自己的网页。萨曼莎·菲什贝因（Samantha Fishbein）、阿琳·库伯曼（Aleen Kuperman）和乔达纳·亚伯拉罕（Jordana Abraham）则是另辟蹊径。这三位年轻的姑娘没有"网红范儿"，她们化着淡妆、头发简单一束。三人是发小，上着相同的公立中小学，后来又一起上康奈尔大学，十分默契。在大学里，读到高年级的三人做了一个名为"Betches"的网站，在上面匿名写文章、发内容。创始人之一的萨曼莎介绍说:"我们在上面写文章,讽刺身边一些荒唐的文化现象,但不是简单地喷。2011年毕业后,我们都找到工作,也都回到各自父母的身边。不过,我们决定尝试着把 Betches 平台变得更大众化。随后,以平台的名义,我们于 2013 年出版了一本书,名叫《尼斯只是法国的一个地方》(Nice Is Just a Place in France)。一下子成了畅销书。"成功势必带来关注,三人在《纽约时报》等媒体的采访中大放异彩。三人的网站 Betches 主要以讽刺她们习以为常的生活,比如无休止的派对。她们在 Instagram 上发照片,标题常常很吸引眼球,比如"什么样的表情包最调情"。网站的受众是一些上中产阶级的 18~30 岁的女性。"她们追求的是自如美好的时光,"萨曼莎介绍道,"没有人会去公然地抵制自己所钟爱的事物。自己是最重要的。这是自我为中心的一代。"Betches 平台吸引了很多年轻女性,广告商们自然开始在 Betches 上投放广告。广告带来的收入,支持着这个年轻的网站在曼哈顿东 28 街租了办公室。

当客户寻找像 Betches 这样的影响者时,中间很少有广告代理参与。截至 2015 年末,Betches 每个月会为司木露伏特加、Bumble 约会软件、摩根船长朗姆酒等品牌策划 20 余部影响者广告。Betches 平台旗下有 15 位合约写手和 35 位员工。萨曼莎介绍说:"我们会问客户想传达什么样的信息,然后用我们自己的方式表达出来。我们不希望消费者认为这些信息是广告商让我们做的,推销色彩越淡的信息反而效果越好。"

另一位创始人乔达纳认为:"关键在于让信息更加有机和自然。人们不希望看到你发的信息是别人花钱雇你的,即便是这样,也不能表现出来。"

当问及广告代理公司是否会像报纸、杂志和音乐公司那样在受到致命威胁时,英国卫报传媒集团首席执行官大卫·帕姆赛尔这样做答:"我认为是的。这些广告代理公司里的人很聪明。但是,他们自己可能也没有料想到,互联网带来的变化是如此突然和激烈。在这样的变革之下,威胁存在于每时每刻,我们没有人能逃离。"

第十三章　无休止的争论与弥漫的恐惧

> 大决战即将打响。
>
> ——迈克尔·卡森

每年年初，整个广告营销行业，无论是买家还是卖家，包括代理商、广告主、媒体、好莱坞的影视工作室、数字和软件公司都会前往拉斯韦加斯，参加那里举行的国际消费电子展（CES）。观展者往往希望通过展会，一睹未来的模样，并与新友和故交见面。媒链的卡森往往带着他的朋友欧文·戈特利布在不同酒店的展示中穿梭。当消费电子展扩展后，卡森获得了一个极为重要的角色。2010年，为了增强科技企业对展会的支持力度，展会邀请卡森帮忙与时任微软首席执行官的史蒂夫·鲍尔默（Steve Ballmer）牵线搭桥。作为媒链的客户，微软的鲍尔默受邀参加媒链在展会期间举行的鸡尾酒会。于是，微软成了国际消费电子展的常客。

卡森还开始说服更多的广告商参加消费电子展。展会主办方美国消费技术协会总裁兼首席执行官盖瑞·夏培罗（Gary Shapiro）自然欢迎卡森为展会吸引的人气。卡森会游说广告主和广告代理参加消费电子展，作为交换，夏培罗为卡森提供展会 VIP 权限；为卡森在酒店预定地方，供受邀的这些企业进行闭门会议，供卡森组织会议论坛。此外，消费电子展还和媒链共同赞助开幕鸡尾酒会，支持媒链举办只能邀请参加的小范围高端 350 人晚宴。在 2014 年的消费电子展上，在线出版商 Recode 的皮特·卡夫卡（Peter Kafka）在卡森的带领下参加了展会。

不难理解，展会后卡夫卡心服口服地称卡森为展会界的"教父"。卡森开始接触消费电子展的时候，恰好是娱乐和营销行业盛兴的时候。20 世纪 90 年代至 21 世纪初，电影和电视公司开始参加消费电子展。那时，高清电视还是革命性的新技术，人们还在为客厅属于电视还是电脑而争论得火热。广告商选择参加不仅因为卡森的邀请，更因为他们对于那些有可能改变自己业态的新技术和新公司感到好奇。消费电子展企业经营战略高级副总裁凯伦·查布卡（Karen Chupka）认为："卡森把自己置于舞台的中央。与他合作不会感觉是展会给了他什么好处，而是感到我们一起把展会办得更好。"

2016 年 1 月举行的是第 49 届国际消费电子展。17.6 万参会人员挤满了拉斯韦加斯 15 万间酒店房间。展示区域面积和 50 个足球场相当。从拉斯韦加斯任何一个酒店出来，都会看到闪烁的霓虹灯广告宣传着过往辉煌的表演，比如唐尼＆玛丽秀、韦恩·牛顿、奥莉维亚·纽顿-约翰等的表演。而展会期间，人们在酒店内看到是多达2万种新电子产品，看到的是未来。卡森说，联合利华的基斯·威德是第一个要求他安排参观消费电子展的客户。那以后，威德每年都会参观展览。威德这样解释自己为何年年观展："如果你想向着未来发展，你首先要知道未来的模样……如果我能提前看到未来，那便是我的优势。另外，大家都来了，我能不来吗？"与其他客户一样，威德会提前告知卡森自己对展会的哪些内容感兴趣。2016年的这一届，威德请卡森安排重点参观考察三个主题的展览，人工智能、虚拟现实以及物联网。

除了联合利华，2016年观展参会的媒链的客户共有100多家。媒链将组织他们参加582场实地参观，与广告商、代理商和数字公司见面交谈。媒链公司共派出40名员工负责这一切，包括陪同摩根大通公司、通用电气、麦当劳、美国全国广播公司、赫斯特集团、高客传媒、《纽约时报》等客户企业参观，为像阳狮集团狄杰斯（Digitas）这样的广告代理商组织面向企业的论坛会议。用媒链总裁文达·米拉德的话说，"我们其实就是客户的代表"。展会期间的一个周二下午，卡森与团队讨论本周剩下几天的工作。刚从土耳其和凯科斯群岛度假回来的他皮肤有些晒红，穿着灰色卡其裤、小麦色的圆领衫套在白色衬衫上。会议中，卡森审核了最后版本的

4 000人宴会名单，那场宴会虽然是媒链组织的，但实际上真正的买单者，是那些海报上用小字标注的企业：群邑集团、哈瓦斯、阳狮集团、埃培智、狄杰斯等。随后，卡森审核了周三350人小范围高管晚宴的邀请帖。

前文提及的曼德尔的指责在许多行业会议都备受热议，但在消费电子展上似乎无人关心。会议期间，除了握手谈笑，卡森大多数时间是在媒链公司位于阿丽雅酒店的展会场所，比如论坛会场，或是在阿丽雅酒店空中套房会见客户和房客。在另一家酒店，卡森在会场上采访了美国全国广播环球公司首席执行官史蒂夫·伯克（Steve Burke）。去年他采访的是哥伦比亚广播的莱斯·穆恩维斯，前年则是推特时任首席执行官迪克·科斯特罗（Dick Costolo）。卡森经常给手下提出难题。当他听说百事可乐的首席执行官卢英德（Indra Nooyi）要来参加媒链的晚宴时，他问员工："这家酒店提供的饮料是百事可乐还是可口可乐？"这问题的答案无所谓。无论如何，卡森最终肯定要求上百事可乐。卡森要面对并回复成百上千的询问邮件。比如WPP集团的苏铭天问卡森，自己能否带来两个人参加周三的高管晚宴；再比如有一个首席营销官问卡森，能否明天见面。据卡森估计，可能是想听听他关于跳槽的建议。为了确保这场高管晚宴万无一失，卡森叫来自己的女儿布莱特·卡森·史密斯负责宴会的协调工作。

他们一起考察了拉斯韦加斯SLS酒店的Foxtail厅，一个集室内室外一体可容纳最多350人的场所。布莱特·卡森·史密斯知道父亲曾经答应苏铭天等好多人多带人的请求，直呼卡森的大名严肃地警告说："迈克尔，你要知道，那个厅最多能装350人。"她知道，如果太多的人被挤在户外，肯定无法观看Lady Gaga在宴会上的表演。而且天气预报有雨，人们肯定都挤在室内。

环球音乐集团派出Lady Gaga作为赞助，康泰纳仕则赞助了20万美元，占宴会40万美元花费的一半，但并没有得到晚会一半的品牌宣传。晚会还邀请棒球球星阿莱克斯·罗德里格兹（Alex Rodriquez）。卡森的这场晚宴成为整个消费电子展最火热的活动。他和女儿都清楚，这场宴会的嘉宾名单早就已经在400人开外。

其他夜晚，卡森辗转于广告商、代理公司和媒体举办的各种招待会或派对。周二晚，他先后参加了阳狮集团、哈瓦斯、全球传媒韦斯特的晚宴，随后步行来到拉斯韦加斯永利安可酒店的XC夜总会，那里正举行媒链自己的鸡尾酒宴会。宴会现场，手拉着手迎面走来的是穿着彼此搭配的黑色休闲鞋的两个人，一位年长，另一位是金发碧眼的年轻姑娘。这正是卡森眼中最大的客户鲁伯特·默多克和即将成为他妻子的瑞莉·霍尔（Jerry Hall）。卡森和他们寒暄之后，在引导之下加快步伐穿过等待的长队人群，步入XC夜总会的媒链赞助晚宴。

和卡森一样，脸书的卡洛琳·艾弗森在展会期间的日程也是排得满满。一辆黑丝SUV载着卡洛琳穿梭于各种会面，在车上她表达了对消费电子展的看法。卡洛琳说:"放假回来的人们做的第一件事就是抱怨假期的结束,人人如此。但是年初举行的消费电子展还是吸引了所有广告营销、传媒、科技领域的企业。"会展一周时间内,脸书团队共安排122场会谈,卡洛琳会参加其中的30场。他们会回顾上一年和品牌企业的合作,并探讨2016年将要面临的新挑战。

卡洛琳认为,自己的使命,就是去刺激广告营销界应对冲击。她在会议上经常说这番话:"这个行业今天面临的真正挑战,是消费行为的根本改变。相比于电视,人们在手机上花费的时间越来越多。然而,很多广告代理还把手机平台当作广告营销中不重要的'添头'。而企业方面正在努力重塑整个团队、技术、工作流程、董事会结构,为的是能够赢得移动互联网上的广大消费者。而问题的焦点在于,这些企业的转型能有多快?船大难掉头,有的企业已经是百年老牌企业,很难去改变根深蒂固的行为方式和文化底蕴。而那些新兴企业,它们直接拥抱移动互联网。比如说优步,除了手机端的用户体验,他们没有任何需要顾及的包袱。"

卡洛琳知道,推销移动互联网,就是推销脸书。她一直是一个既为自己着想,又帮助别人的"传教士"。她也知道,企业只有首先在观念和文化上向着移动互联网转型,才会在业务上真正转型。那么如何通过脸书的例子,帮助转变他们的思维?是通过介绍专注于影响的人?还是介绍那些转型迅速的?还是通过反例介绍那些失败者？为了更好地触动这些企业家，卡洛琳介绍说："我会首先展示脸书总部的一个巨大的印着点赞标识的牌子。"脸书总部位于加州门罗帕克，所在位置曾是一家名为太阳微系统公司（Sun Microsystems）的科技公司的总部。该公司曾经攻无不克，但最后还是于2009年被甲骨文公司收购。卡洛琳介绍了总部点赞标识牌子"背后"的故事，她说："如果看牌子的背后，你会发现曾经在这儿的太阳微系统公司的标识。为什么？因为我们希望，脸书的员工每次下班离开总部园区的时候，都能够记住，公司随时都可能被取代。你看，曾经伟大的太阳微系统公司，如今已不存在。"

消费电子展上有一个怪现象，大多数的营销人员并不真正地去实地观展。在媒链组织的一场主题为品牌重塑的研讨会上，通用电气全球数字战略总监安德鲁·马科维茨（Andrew Markowitz）表示："没有人来这是去场地观展的，大家其实是想通过会展期间的面对面会议，交流并建立联系。"当人们去看展览，会发现些奇怪的事情。报道会议的记者共有6 000余名，每位记者被要求提供邮箱。然后，他们会收到大量到展台参观的邀请，那些展览的名字往往听起来很夸张。比如一封来自名为"PetChatz宠物聊天系统"的邀请，声称展台展示着"有史以来第一个人宠沟通的技术，既能让小猫小狗与主人视频聊天、索要食物，又能让主人不在家时呼叫宠物"。这封邀请邮件写着该项展览在消费电子展G区82646展位。但当你去这个展位时，会发现是空的。

消费电子展的一个目标是引起轰动。2016年,虚拟现实技术是这一年备受瞩目的新新技术。2017年取代虚拟现实成为焦点的是人工智能技术以及围绕该技术兴起的无人驾驶汽车、亚马逊的Alexa助手等。前几年流行的,是无人机、谷歌眼镜、4K电视。《纽约时报》专栏作家法哈德·曼约(Farhad Manjoo)常年跟踪消费电子展,他认为:"如果有一届展会的新闻变得平淡且零散,那不是展会的问题,而是技术发展周期使然。我们正处在一个奇怪的拐点,最新最好的技术不一定炫酷,那些炫酷的技术,比如虚拟现实、物联网、无人机,还不是很成熟。"

如果说,1月举行的国际消费电子展是各方提升关系的温床,那3月美国广告代理商协会在迈阿密举办的年度峰会则是广告主和代理商之间冲突的角力场。2015年曼德尔的指控,引发了全美广告主联盟对代理商收取回扣的调查。这份备受关注的调查在各大广告代理公司高管心头作乱。卡森说:"广告联盟委托K2和艾博平公司进行的这次调查引发了大面积的恐慌。可以说,一场大决战即将打响。"根据现有信息,卡森认为,尽管调查报告没有透露具体代理商公司的名称,但其杀伤力依旧是致命的。因为报告会引发广告主对其代理商更加严厉的审计,甚至会质疑:"我真的需要代理商吗?"一位了解报告结论的消息人士在接受商业内幕网站采访时透露,有的代理商高管甚至面临牢狱之灾。欧文·戈特利布对报告表示关注,但并没有杞人忧天。他说:"我听说了好多版本的报告,而且预计到报告会很尖锐。因为这报告是由艾博平操办的。广告主和代理商之间越不信任,他们就能获得更多的业务,因为广告主会请艾博平监控自己的广告代理商。"

3月美国广告代理商协会年度峰会的前夜,广告主联盟和广告代理商协会的大决战终于爆发。曼德尔对代理商收回扣的那番指控后,两个代表组织试图合作,就业务"透明"规范达成共识。不过合作最后以争吵结束。广告主联盟理事杰克·哈伯表示:"代理商协会声称,如果我们不按照他们的要求做,他们不会和我们合作。"代理商协会同意业务透明的规范,但拒绝将这一规范应用在那些全球代理控股集团的身上。哈伯说:"我们说不行。然后他们就推开我们自己制定规则。"哈伯表示,希望双方"能从感情用事的对立中冷静下来"。对他以及广告主联盟来说,问题到头来就是一句:"你们还是不是为我们服务的广告代理?"美国广告代理商协会主席兼首席执行官南希·希尔(Nancy Hill)并不这么认为。在结束与广告主联盟长达9个月的协商后,希尔表示,就在去年圣诞节前夕,协商谈崩了,因为广告主联盟突然"要求对内容进行修改",并且试图"控制整个规范文本的措辞"。而广告代理商协会认为,具体规范应该由单独广告主和广告代理商自己协商确定。广告代理商代表认为,广告主在起草这份规则时措辞严厉,就像个只会嘴硬的政客,生怕在自己最重要的"选民"——那些企业的首席执行官和负责采购的高管面前,显得懦弱无力。

表面上，这届广告代理商协会年度峰会与以往一样聚焦广告业务，按照会议议程安排，这届峰会主要讨论2016年行业的变革。媒链公司联合主办了峰会的开幕晚宴。宴会上，一些熟悉的面孔比如阳狮集团的莫里斯·利维和沙德·特柏科沃拉、WPP集团的苏铭天、恒美广告的温迪·克拉克、地平线传媒的比尔·柯尼斯堡、古德拜·希尔福斯坦广告公司的杰夫·古德拜、脸书的卡洛琳·艾弗森、群邑集团的罗伯·诺尔曼相继亮相。峰会将举行多个研讨会，讨论议题包括，如何通过发展数字内容推动增长，代理商如何吸引顶尖人才，产业的未来，新闻的未来，算法广告的现状等。当然，还有颁奖环节。和在大多数行业会议一样，人们会发现卡森坐在主席台的椅子上，或低头查看邮件，或起身和老朋友拥抱寒暄，或在会场外打电话，或被听他滔滔不绝的观众围在中央。

与以往不同的是，这届峰会存在一种紧张感。造成这种紧张的不只是那悬而未决的调查报告。令许多来参会嘉宾感到不安的，还有刚刚行业内发生且被公开大肆报道的性骚扰丑闻。智威汤逊通信主管艾琳·约翰逊（Erin Johnson）指控其上司全球首席执行官古斯塔沃·马丁内斯（Gustavo Martinez）性骚扰。艾琳·约翰逊在向法院的控诉中指出，马丁内斯对其和其他几位员工不断发表充满种族歧视和性别歧视言论，以及一些无理且非法的肢体接触。艾琳还指控马丁内斯公然称非洲裔美国人为"黑猴子和猩猩"，他还说，"我和妻子不喜欢在住在纽约威彻斯特县，因为那里全是臭犹太人"。

艾琳表示自己曾多次向智威汤逊以及其母公司 WPP 集团反应此事，公司表示会和马丁内斯谈话，实际并没有谈；要么威胁艾琳，别因此葬送自己的职业生涯。

事件爆发后，马丁内斯发表了一份公开声明，一口咬定："这些指控简直是子虚乌有、无稽之谈。我相信法庭会明察真相。"WPP 集团则发表了一份声明，称经过内部调查，并未发现能够支持艾琳指控的证据。智威汤逊开给艾琳带薪休假，马丁内斯则继续坐在首席执行官的位子上。没过多少日子，WPP 集团称聘请了法律事务所专门调查此事。就在 3 月峰会的前夜，马丁内斯取消出席会议，并和公司"双方协商一致"，离开首席执行官的位子。接替他的是 WPP 集团的一位资深高管塔玛拉·英格拉姆（Tamara Ingram）。在接下的几个月中，WPP 集团被艾琳·约翰逊的律师起诉，指控其暗中包庇马丁内斯。当被问及 WPP 集团是否和马丁内斯串通时，苏铭天说："集团给艾琳了一份新工作，而且继续给她发薪水。至于马丁内斯，舆论法庭似的审判不一定是公正的。"（WPP 集团试图驳回诉讼，但 2016 年 12 月法庭驳回请求；2017 年 12 月，该案件还未裁决。尽管深陷性骚扰丑闻，WPP 集团依然将马丁内斯派往其祖籍国家西班牙担任集团在那的负责人。）

艾琳·约翰逊没有参加 3 月的峰会，但她的故事却影响到了会议。并且令人不禁回忆起《广告狂人》那个充满性别歧视的时代，当时智威汤逊的男性员工对洗手间贴上男女不同标识感到愤怒，于是女性员工只能使用没有标识的洗手间。1966年，时任埃培智首席执行官的马里恩·哈珀想提拔玛莉·韦尔斯·劳伦斯任杰克&提克联合公司（Jack Tinker & Partners）的总裁，并赋予其应有的权力和薪水。但是哈珀最后没有给她总裁的职位。哈伯说："玛莉，这不是我的错，而是这世界还没有做好准备去接纳一个女性总裁。"很快，玛莉也放弃了。[26] 最近出现了一个名为"3%联盟"的博客，旨在推进女性在创意代理企业中的领导地位。据该博客报道，尽管女性占据广告代理公司员工的半壁江山，但在创意总监中，女性仅占11%；在营销主管中，黑人女性仅占1%。在广告行业，社交活动往往由男性主导和组织，比如户外高尔夫、看足球比赛、吃牛排餐，这让女性感觉自己是局外人。在去迈阿密参加3月峰会前，恒美广告的温迪·克拉克回忆起几年前在一家公司的经历（她不愿透露公司的名称）。克拉克说："我也不是抱怨，因为抱怨性别歧视是徒劳的。但女性的确很可怜。当时我加入那家公司时，我的高管档案记录我为普通员工，而我的丈夫则成了所谓的'随迁配偶'。可他有MBA（工商管理硕士）学位。于是他问我，这是开玩笑吧，我怎么成了跟着你蹭道工作的随迁配偶？"克拉克哭笑不得，因为办理这些手续的是男性，他们自然地认为，男人迁到这里工作，需要解决工作的随迁配偶是女性。

女性高管的失望情绪在这届广告代理商协会峰会上爆发。一直在广告界工作的协会主席南希·希尔在欢迎致辞中提到艾琳·约翰逊。她说："不幸的是，这些被指控的行为的确发生了，而且次数的要比我们想象的多。"希尔呼吁，广告界应该对性骚扰问题进行"开诚布公的沟通"。她认为："要改变，就要从顶层开始。"在接下来的发言中，温迪·克拉克将话题再一次引到性骚扰问题。她说："我们必须从根本上开始直面性骚扰问题。广告营销行业应该多利用像这样的峰会，去集思广益以解决这个问题。"在会议第二天的炉边对话环节，脸书的卡洛琳·艾弗森被问及，自己的行业如何解决性别平等问题。她表示："性别平等问题一直就没有得到解决。"通过引用统计数据，卡洛琳称："全世界没有一个国家的女性高管占比能超过6%。而且这一比例一直没有上升。"在另一场研讨会上，R/GA广告代理公司超级副总裁兼创意总监克罗伊·戈特利布（Chloe Gotlieb）含着泪水愤怒地抨击广告业："你看到有色人种了吗？广告业就是白人的天下。"

确切地说，是白人男性的天下。2015年，《商业内幕》发布了一项相关报告显示，前十六位收入（薪水、股票期权、奖金总和）最高的广告界高管全部为白人男性。排在前三的是，WPP集团的苏铭天（87 500 000美元），宏盟集团的庄任（23 576 047美元），埃培智的迈克尔·罗斯（14 458 102美元）；而阳狮集团的莫里斯·利维（2 900 000美元），几乎到了16人排行的末尾。

在峰会第一天的主旨演讲上，作为演讲嘉宾的莫里斯·利维和苏铭天互相对骂。对于关注并熟悉他们之间冲突的人来说，他们的斗争就像一只短小精悍的英国斗牛犬和一只身材高大的灰色毛发的法国犬打斗。唐纳德·特朗普曾发推特评价二人的斗争："苏铭天和利维两人，一方受到批评和伤害，另一方就感到快感。他们肯定会利用性骚扰的指控互相攻击。"

在主旨发言中，莫里斯·利维谈到了马丁内斯性骚扰事件，但他没有攻击 WPP 集团。而是告诉台下观众，马丁内斯的极端行为只是个例，是"一次性的错误，是一个大错，但不代表整个行业。峰会期间，多位女性谈到的行业缺乏人的多样性，女性没有得到公正、充足的发展机会，正如脸书卡洛琳所说，行业对女性存在"无意识的偏见"。针对这些发言，莫里斯·利维并没有反对，也没有发表观点，而是重申马丁内斯的性骚扰行为是极个别的，并不代表整个行业。

峰会第二天，苏铭天通过视频接受采访。其间他巧妙地把话题从智威汤逊性骚扰转移到利维身上。苏铭天强烈反对利维，说道："利维有个坏毛病，就是说话不根据事实。"在诸多苏铭天对骂利维的言辞中，这算是较温和的。

在广告代理峰会结束后，利维在接受采访时被问及如何看苏铭天。他表示自己不愿去说什么，但补充道，过去我一旦批评一下苏铭天，他总会反击。

记者继续问道："那么造成彼此矛盾的症结是什么？"

利维说："那你得问苏铭天。"随后他沉默了，仿佛不想多言，但最后还是没有控制住自己。"我觉得引起我们矛盾的原因,除了我的身高是苏铭天的两倍,那就是源于竞争……人人都知道广告业有两个招牌企业,一个是苏铭天的WPP,一个是利维的阳狮集团。"此外,利维又补充道,"苏铭天这个人不喜欢法国,他认为法国人是二等公民。"利维把两个人矛盾的源头追溯到1999年收购扬·罗必凯广告公司以及2003年收购英国科戴安特传播集团的竞争中。

2016年3月举行的广告代理商协会峰会充斥着愤怒与失望。美国广告代理商协会主席比尔·柯尼斯堡在开场致辞中一语惊人,直言"我很生气"。令柯尼斯堡生气的,同时也是困扰广告代理界多年的问题是,广告主会要求代理商首先免费提供广告方案供其讨论。而这部分的总共4亿美元的支出,需要广告代理公司自己买单。柯尼斯堡表示:"我们产品的价值被低估了。我们必须停止免费为别人提供服务。"在一场Vice传媒联合创始人兼首席执行官肖恩·史密斯和《纽约时报》首席执行官马克·汤普生共同参加的分论坛上,汤普森引用了电视剧《权力的游戏》的一句台词预测广告行业的未来,那就是"凛冬将至"。史密斯附和着插话说,我们将目睹一场"血流成河"的行业大整合。在"让广告再一次重要"的交流会上,古德拜·希尔福斯坦广告公司的联合创始人兼联合主席杰夫·古德拜介绍了几个自己操刀策划的广告案例。不过并没有提到他无偿制作的抵制唐纳德·特朗普竞选美国总统的"公益广告"。(该广告首先列举了一些令美国人自豪的历史事件,比如登月、发明摇滚乐、发明互联网,然后说我们创造了这么多辉煌的历史,不是去让世界在 2016 年 11 月大选时嘲笑我们。广告最后是一个特朗普的特写镜头,下面用大字写着"历史在盯着你"。[27])交流会上,古德拜身着黑色的高领毛衣搭配黑色夹克,银色马尾辫落在肩上。他重复着创意人士十几年的陈词:只有创意,或者说一种恶搞式的创意,才能拯救这个士气低落的行业(据有关调查,70% 的广告人希望换工作),并为行业注入发展活力。古德拜解释道:"就像好广告,戏谑的恶搞幽默、诱人而且影响力持久。"

在主题为"广告人才的真相"分论坛上,领英公司负责与大型控股企业联络的高级主管詹恩·施瓦兹(Jann Schwarz)发布了一份调查广告人为何离职的研究报告结果,该报告由领英和广告代理商协会联合研究,统计样本数量巨大。在统计的世界范围内的 30 万广告人中,其中 1 万离职换了工作。离职的最大动因是"缺少发展机会,期望更具挑战的工作"。调查还显示,广告代理公司新员工头一年的薪水要比科技行业少 4.5 万美元。在广告代理公司,文案人员的年薪中位数是 51 030 美元,财务主管的是 45 338 美元,艺术总监的是 56 263 美元,这些相比于其他行业来说都属于较低水平。广告代理公司的平均底薪是 2.5 万美元,几乎是商业管理职位底薪(7 万美元)的 1/3。刚毕业的大学生怎么想?罗伯·费士曼(Rob Fishman)是 Niche 营销平台的联合创始人,该平台招募网红等影响者,提升品牌在互联网上的口碑。31 岁的费士曼在交流会上表示:"我身边的年轻朋友没有愿意进入广告代理公司的,这已经不是唐·德雷珀的那个广告黄金时代了。"

的确如此,一项由纽约大学斯特恩商学院营销学教授斯科特·加洛韦(Scott Galloway)主持的研究显示,WPP集团已有2 227人跳槽到谷歌、脸书,而从科技公司来到WPP集团的仅有124人。加洛韦在其2017年出版的《四巨头:亚马逊、苹果、脸书、谷歌的成功基因》(*The Four: The Hidden DNA of Amazon, Apple, Facebook, and Google*)一书中写道:"今天的广告业留下干活的,就是些'残兵剩将'。"WPP集团显然不同意加洛韦的说法。该集团称,过去一年半时间里,只有200人离开去了脸书和谷歌,70人从科技公司来到了WPP集团。

在"广告行业的未来"分论坛上,阳狮集团的沙德·特柏科沃拉、群邑媒介集团的罗伯·诺尔曼和广告监测分析和优化方案提供商Annalect的时任首席执行官斯科特·哈格多恩(Scott Hagedorn)试图为行业加入些乐观情绪。诺尔曼说:"我们处在变革的风口浪尖,那里充满了机会。"

特柏科沃拉在论坛上表示:"未来要比过去美好得多。伴随着互联网平台的兴起和激增,以及传统广告的衰落,将出现更多的新的营销机会。我们不必杞人忧天。"

群邑媒介集团的罗伯·诺尔曼提到,集团在全球的发展势头,特别是得益于中国在视频领域的发展,以及在印度成功进行的营销活动（前文提及的宝洁洗洁剂广告），还有借鉴亚马逊在电子商务上的经验（通过为亚马逊 Prime 会员提供免费配送服务以及电视节目服务，大大促进平台销售）。

杰布·布什在共和党初选中斥巨资做广告，但仍然输掉竞选。所以论坛有人问诺尔曼，广告为何没有产生效果？诺尔曼回答道："广告营销人员很擅长把负面的变成正面的。如果你质疑原生广告的力量，想想特朗普的真人秀《学徒》（The Apprentice）吧！"

第十四章　裁决的到来

　　一位负责调查报告的人士认为，回扣应被归为"民事欺诈行为甚至犯罪性欺诈"。因为，"这些上市的企业本应公开他们的财务情况，但并没有"。

　　备受瞩目的广告主联盟报告将于2016年6月7日公布。就在公布前几天，卡森坚持认为报告的结论对那些代理控股巨头来说将是毁灭性的，而他们自然也会严正地否定那些指控。卡森本可以也参与到广告主联盟的调查工作中，而这势必会查到自己的许多客户。事后看来，卡森认为自己幸亏没有参与到那份调查工作中。因为一旦他受雇于广告主联盟，就错过了一些企业客户咨询并请求媒链审查其广告代理合同的生意；同时还因为这个调查工作肯定会影响到他和许多代理界朋友的关系，特别是群邑媒介集团的欧文·戈特利布。

　　卡森的预测应验了。广告主联盟的那份调查最终结果，对代理商来说极其严厉。由 K2 等公司负责调查，经过 8 个月时间，143 场问询以及对邮件和文件的审查，报告得出的核心结论是："广告代理公司和客户关系属性存在根本性脱节。广告主认为，代理商有义务优先考虑广告主客户的利益，而且这种义务不仅体现在合同上的规约，还是一种基于信用的道德体现。"这样看，广告代理应该广告主这边的人。而包括戈特利布在内的许多代理商高管，不赞同这种将广告主和代理关系延伸的观点。报告称，他们认为："广告主和代理商之间的关系只是合同框定的甲方乙方的关系。"

报告坐实了曼德尔对大批代理商吃回扣的指控，总结道："回扣现象在美国已十分普遍。据 K2 进行的问询，41 个信源表示媒体给代理商广告回扣在美国市场时有发生。这 41 个信源中的 34 个表示，代理商不会对广告主说有回扣，也不会和广告主分享回扣。媒体私下给代理商的回扣返点，根据具体情况，从最低 1.67% 到最高 20% 不等。"回扣形式也多种多样，比如现金、免费的广告存位、债务减免、媒体企业的股权等。报告揭露，最常见的回扣运作方式是，大型广告代理控股集团因其巨大的购买力，从媒体获得打折后低价的广告位置，然后以高价转售给广告主客户。代理商控股集团肯定不会告诉广告主自己的买价。报告还揭露，许多广告代理商会诱导广告主，在代理商控股集团参股的媒体上花钱买广告位，有利于为控股集团获得的利益。而广告主往往不了解这些媒体广告位背后的利益关系。

这已不是广告代理控股集团第一次被指控收取回扣了。2008年,埃培智旗下麦肯世界集团违反合同收取回扣,被美国证券交易委员会罚款1 200万美元。这也不是最后一次,广告联盟公布报告后的两个月,英国《卫报》公开承认,自己以"免费广告位和现金"的方式向广告代理提供回扣。2016年9月,日本方面的广告代理也出现丑闻。广告大户的丰田汽车起诉其代理商——著名的电通集团,指控其对未播出的广告收取广告费。经过核查,确有此事。难堪的电通集团不得不宣布,向111家广告主退回共2.3亿日元(约合200万美元/约合1 351万元人民币)。

报告承认,广告代理商对广告主也存在合理的抱怨。报告指出,许多广告代理商的商业计划显示,广告主关心的往往既不是营销战略也不是广告创意,而是代理费。报告承认,企业中采购部门掌握更多权力,势必对代理商带来价格压力,很多采购人员认为广告营销是一种纯花钱的事,而不是一种投资。伴随着佣金制度的退出,广告代理商需要另想办法挣钱。广告主同样也有过错,他们往往不仔细审核与代理商的合作合同。广告主联盟首席执行长鲍勃·利奥迪斯承认,每到要严审代理商和合作合同的时候,许多广告主就犯迷糊。

但这份报告的主旨还是谴责广告代理商收取回扣,不顾广告主客户的利益,以自己的利益行事且缺乏公开透明。(报告称,尽管调查问询了六大广告代理控股集团的高管,但只有埃培智集团正式表示配合调查。)广告主联盟特别强调了信任问题。联盟首席执行长利奥迪斯在一份正式声明中表示:"广告主和广告代理之间不够开诚布公,代理商没有把公开作为其媒介管理实践的基础原则。对于未来想建立长久合作的双方来说,这种开诚布公是绝对必要的。"利奥迪斯在一次记者发布会上表示,这份报告是"代理商和广告主重建信任的好机会"。

利奥迪斯承诺,7月前负责本次调查的另一家公司艾博平将为广告主联盟700余成员企业发布公开透明规范。联盟呼吁其成员企业重新审视所有和广告代理商的合同。

一位不愿意透露姓名的K2高管严厉地说:"我认为回扣应被归为民事欺诈行为甚至犯罪性欺诈。此外,这些上市的企业本应公开他们的财务情况,但并没有。总之,他们有太多问题值得监管机构或监察机构注意。"

广告主联盟的这份报告存在人们诟病的漏洞。因为报告并未指出收回扣代理企业具体的名字,而且许多指控也是匿名的。比如报告中写道:"K2发现确凿证据可以证明,广告代理控股集团以及某些独立代理商存在经营不透明的问题。"除了一些很小的广告代理企业,指责的鞭子打在了所有代理商的身上。报告"不点名"是应广告主联盟的要求。正如报告所写:"从一开始,全美广告主联盟就明确要求K2,此次调查的目的不是去揭露、指责具体的哪家收回扣的代理商。"然而正是因为没有具体指出存在不正当交易行为的企业，报告给人们的感觉是，全部至少是大多数代理商是存在问题的。从代理商角度看，既然没有指出具体的"倒霉者"，于是所有的代理商都在担心自己。

对于这个报告，广告代理商企业表示气愤。在一份公开声明中，美国广告代理商协会谴责了这份报告，认为"这种匿名的、片面的指责，是用一支没有区分的'笔'，抹黑了整个行业。"广告代理商协会对广告主去调查自己的合作伙伴这一行为感到愤怒。尽管这份报告反复强调是一份"研究报告"，而不是调查报告。当被问及，这份不够具体的报告是否会误伤清白的代理商时，报告主笔、前联邦检察官理查德·普兰斯基（Richard Plansky）认为，自己做的就是一项调查，并表示："我认为广告代理商协会对匿名的批评是无效的。因为调查中如果信源会受到影响和危险，那么按照惯例，需要对一些信息保密。"

WPP集团和宏盟集团分别请律师出面，通过正式信函要求广告主联盟展示两家集团收回扣的证据。这两家集团也否认在美国的业务中存在收回扣的情况。苏铭天和戈特利布还公开质疑组织调查的K2和艾博平两家公司的动机，指出这两家公司有自己的小九九，因为它们是广告主企业审查代理商的首选。戈特利布甚至更进一步，质疑报告的预设，即广告代理商是广告主的代理这一观点。在办公室，戈特利布被问道："群邑媒介集团是否在北美的业务中收过回扣？"他仔细揣摩着自己的语言，回答得很慢，仿佛是慢动作一样。

戈特利布沉默了几秒，然后斩钉截铁地回答："在北美绝对没有。"然后又沉默一会儿，继续说道："我们一直清楚，群邑不是广告主的代理。"

如果不是广告主的代理，那算是广告主的合作伙伴吗？

戈特利布说："我倒希望是合作伙伴关系。广告代理商刚刚出现的时候，实际更像是卖家而非广告买家的代理人。你看是谁支付给代理商佣金？是卖广告位的媒体。不知怎么，后来广告代理需要对广告主负有信托责任。然而，合同里的条款和由此产生的行业惯例，在最近几十年越来越无法正常维系广告主和广告代理的关系。举三个例子：第一个，代理无法也不应担保你广告的效益率。而广告主往往要求代理商为广告效益作保证，这实际是让代理商承担风险。而且这竟变成了行业惯例。第二个，代理商无法也不应接受延期支付。也就是说，代理商先干活好几个月后才能拿到钱。而广告主现在经常要求这样。广告代理商不是银行。第三个，广告代理商也不是保险公司，不应该也不会为广告主因广告产生的知识产权侵权行为进行赔偿。"代理商面对着双重压力，一方面广告主支出的"钱袋子"紧了，一方面头上的控股集团要求 20% 的利润率。代理商和广告主之间的关系越来越不稳定，曾经情比金坚犹如夫妻的紧密关系早已不在。

广告主联盟的这份报告揭示了一个行业重要的问题：广告代

理商和广告主对于各自定位没有达成共识，于是产生了不信任。代理商通过新的手段赢利，比如承担着风险先花自己的钱买下广告时间，然后再抬价转售给广告主。而在代理商看来，这种行为是他们在履行自己对控股集团股东的信托责任；而在广告主看来，这是对客户不忠诚。在广告主看来，代理商收取的回扣实际是从广告主自己腰包里出的；而代理商控股集团则认为，这回扣是代理承担风险应得的报酬。控股集团促使广告代理找寻新的赢利手段，在广告主看来是，就像自己的代理商"伴侣"找了个"情妇"。在西摩梅地亚公司的戴夫·摩根看来，广告代理商协会坚持要求一个新的行业生态，"可以各做各的生意，代理商在媒体广告位的购买上秘而不宣"。摩根总结道："很明显，在代理商收回扣问题的指控和辩驳上，咬文嚼字的文字游戏成了重点。这有点像当年比尔·克林顿为自己辩解说，年轻时的确尝试过大麻，但并没有吸进去。所以不能说他'吸'大麻了。"

阳狮集团的沙德·特柏科沃拉看完报告后，得出两个相矛盾的结论。他说："代理商是有过失的。报告里有很多真相。我们的确一直在试图推销。我们对广告主的倾听还不够。我们应该帮助广告主取得成功。但是这份报告对于企业自己的首席营销官来说是自寻死路。广告主联盟招来'打手'收拾我们这些代理商，说我们不清楚自己的位置，说我们乱收钱。报告实际助长了企业首席财务官和采购人员的权力。而这一切加剧了代理商和广告主之间的不信任。"

到 2017 年年中，没有证据证明，广告主企业因为这份报告而减少在广告代理商上的投入，或是用小型、独立的代理商公司取代大型代理商集团。相反，代理商的高管们洋洋得意地说，看！最后也没有人指控我们。但是，广告主联盟的这份报告对于希望获得信任合作伙伴的，无论是广告主还是代理商来说，是有害的。因为广告主企业变得警惕起来，始终和代理商保持一定距离。很多广告代理公司高管则感到气愤。一位不愿透露姓名的广告代理公司高管愤怒地说："一直以来，在许多关于商业的书籍中，我们被描述为骗子。而且我们的家人也能看到这些书。"

报告的另一个结果，毫无疑问，就是为卡森的媒链公司招徕了更多生意。

第十五章　戛纳的舞台中央

> 媒链像一个热情的人,从来不会拒绝别人。可以说,卡森为原本不知如何交流的不同圈子,建立了一个交流的机制……他是构建起各方的桥梁。卡森有一种别人没有的本事,就是他组织的活动大家都很想参加。
>
> ——托尼·韦斯曼,数字广告公司狄杰斯首席执行官

卡森的车在法国戛纳拥挤的车道中缓慢前行。在车上,卡森的四部手机不停地震动,电话、邮件不断涌来,申请参加世界最重要的广告盛会——戛纳国际广告节(现为戛纳国际创意节)上媒链举办的晚宴。卡森已经邀请了400名媒体、广告营销界的高管,参加其广告节期间在杜章酒店举办的晚宴,而还有500多人希望能够参加。卡森从自己庞大的客户群——美国全国广播环球公司、微软、纽约时报、迪士尼、二十一世纪福克斯、脸书、谷歌、推特、康泰纳仕、赫斯特、道琼斯、纽约邮报、华盛顿邮报、甘尼

特、iHeartMedia电台、维亚康姆、特纳广播公司、彭博社、红板报、沃克斯传媒等企业中，精心挑选着每一位参加这场耗资 40 万美元晚宴的嘉宾。当然还有一些对卡森又爱又恨的大型广告代理控股集团的高管。他们既希望获得卡森的青睐，又担心卡森怂恿其客户更换代理公司。此外，受邀的还有一些品牌企业客户，如联合利华、美国电话电报公司、欧莱雅、美国银行、高露洁、美国运通等。

为期一周的广告节期间，没有哪场活动要比卡森举办的宴会更令人向往。无论是谷歌、脸书在海滩上举行的酒会还是 WPP 集团的午后自助餐，无论是 Stream 游戏平台在圣何那瑞岛上论坛还是默多克的午餐会。

通常，媒链在戛纳广告节的角色既是策划者又是管理者。公司共派出 45 名员工负责 91 位客户嘉宾的服务工作，并在一周的时间负责组织 700 余场洽谈会，这还不包括媒链为客户组织的上台演讲。平均下来，每一位媒链的员工要为每位客户组织 6 场会谈活动。媒链负责人员调度的副总裁斯科特·古德曼（Scott Goodman）介绍说："开起会了就轻松了。如果你是位优秀的婚礼策划人，你会发现婚礼进行起来很轻松，难的部分是长达数月的准备工作。"

广告节期间，迈克尔·卡森脸上自信的微笑背后是内心的压力。在去晚宴的路上，他说："想象一下，5 天时间，就在这不到 4 个街区大小的地方，我全年的收入都寄托于此。几乎我的每一位客户都来了。谁也不能得罪，比如一边是《华尔街日报》的朋友，一边是道琼斯的客户。"

在车上,一封来自露华浓公司所有人罗纳德·佩雷尔曼(Ron Perelman)的邮件弹出,询问卡森可否把嘉宾请到他的游艇上。卡森用命令的口吻对坐在车前座位的办公室主任马丁·罗斯曼说了一声"不"。

卡森的手机一响,收到一封 iHeartMedia 广播电台旗下一公司的高管发来的邮件。iHeartMedia 电台的首席执行官鲍勃·皮特曼是卡森的好友,该广播电台还负责晚宴的娱乐环节节目。今年,皮特曼邀请了酷玩乐队(Coldplay)的克里斯·马汀(Chris Martin)在晚宴献唱,2015 年他邀请的是歌手斯汀(Sting),2014 年是玛丽亚·凯莉(Mariah Carey),2013 年是艾尔顿·约翰(Elton John)。这位高管希望卡森能多给 5 个晚宴的名额。卡森有一个"狡猾"的解决办法。他说:"这就像你的儿子娶了你好朋友的女儿。这样有的嘉宾是双方都可以邀请的。所以我会把他安排在鲍勃邀请的那边。而且,我不会去拒绝这位高管,我会让这位高管的上司鲍勃拒绝他。"卡森边说,他的办公室主任边做着记录。

在戛纳,卡森也是名人。他可以在广告节会场卡尔顿洲际酒店选择以明星名字命名的豪华套房,比如肖恩·康纳利套房、索菲亚·罗兰套房、加里·格兰特(现为刘烨套房)。面对想和卡森打招呼或希望单独聊两句的人,卡森总能叫出他们的名字并热情相拥。广告节期间,卡森穿梭于大小会议和论坛,他从不在一个地方待太久，但总会表现出自己参加了那个活动的样子。周二晚，在举办完鸡尾酒晚会后，卡森要求其办公室主任马丁·罗斯曼在 Le Maschou 饭店预定位子。那晚，尽管饭店前面的鹅卵石路排起长队，卡森被迎接着直接进入饭店。吃饭的人只有三位，但他们在一个能容纳10人的房间里。

时任狄杰斯数字营销公司首席执行官托尼·韦斯曼经常请媒链为其组织会议、演讲和论坛，他对卡森取得的成就赞叹不已。维亚康姆是媒链的客户，其首席执行官菲利普·多曼（Philippe Dauman）的日子并不好过。有线电视端收视率下滑，公司的股价猛跌，但他的薪水却涨到540万美元。周四，多曼将举行一场晚宴。他邀请卡森帮忙邀请重量级嘉宾。韦斯曼说："我很好奇菲利普·多曼给了卡森多少好处，能让他把四大广告代理控股集团的首席执行官都请来。"对韦斯曼来说，吸引他去参加晚宴的一个原因是，去看一出多曼如何挽救企业的好戏。

韦斯曼十分欣赏卡森和媒链公司。他表示："媒链没有竞争对手。它像一个热情的人，从来不会拒绝别人。可以说，卡森为原本不知如何交流的不同圈子，建立了一个交流的机制。"以前，像联合利华、电报电话公司这样的品牌不会去想着和脸书这样的新的互联网广告平台合作。而康泰纳仕和赫斯特则从来不担心找不到品牌，因为企业往往都是自己找上门，但现在不是了。韦斯曼说："他是构建起各方的桥梁。卡森有一种别人没有的本事，就是他组织的活动大家都很想参加。"

国际广告节创立于1954年,第一座举办城市是威尼斯,随后在包括戛纳在内的几个不同的城市举办,最后于1984年确定一直在戛纳举行。一开始,广告节是创意代理公司的天下。2017年,一直担任戛纳国际广告节首席执行官的菲利普·托马斯(Philip Thomas)升任其母公司Ascential传媒公司展会部的首席执行官。他回忆道,2003年时任宝洁集团首席营销官的吉姆·斯登戈尔(Jim Stengel)是第一位坚持要参加广告节的广告主代表。托马斯认为,这标志着广告节"一个很大的转折,吸引了越来越多的代理商参加"。今天,据托马斯介绍,广告主占所有参加者的1/4。随后,越来越多的数字公司、媒体和出版平台,再到最近,越来越多的咨询公司和广告公司前来参加广告节。2014年,金·卡戴珊(Kim Kardashian)来到广告节。这是广告节在邀请名人参加的重大突破,同时还有多达600位记者前来报道盛会。托马斯说:"邮报在线网站真的是很聪明。他们在广告节期间租了艘游艇,然后邀请金·卡戴珊参加。同时,广告节还请到金·卡戴珊的丈夫——说唱歌手坎耶·维斯特参加。"当时,广告节获得铺天盖地的报道,又进一步促使更多的名人参加盛会。为了获得轰动和关注,越来越多的参会企业开始请名人参加,或租游艇或举办阔气的沙滩派对。

R/GA广告代理公司的鲍勃·格林伯格是戛纳国际广告节的资深"常客",高度重视广告节。R/GA派出30位高管参会。他表示:"从广告节走一圈,无论是了解来自中国的微信所引发的革命性变化,还是了解竞争对手做的创意广告,我就能看出这个行业的门道。"并不是所有创意代理同仁都同意他对广告节的高度评价。2002年,杰夫·古德拜被任命为广告节主席,2006年他被任命为著名的钛金奖(Titanium)的评委。令他感到困惑的,是广告节上创意的减少。古德拜说:"所有事都围绕着钱,这改变了一切。"在一篇发表在《华尔街日报》上的专栏文章中,古德拜写道:"广告节变了,变得越来越像'水管工大会'或'房顶工艺论坛',参会回家后我会和朋友说,我从那个会上了解到最新最炫的新型玻璃纤维保温技术。"[28]

戛纳国际广告节由 Ascential 控股集团所有。该集团位于英国,主营组织节日展会和为客户提供经济资讯和分析服务。广告节的赢利能力很可观。1.5万参会者每人须花费3 750欧元(约2.83万元),为了能够参加全部八天活动并享受无须排队入场的特权。对于学生和不到30岁的年轻从业者费用为895欧元(约6 800元)。来自110个国家和地区的代理商企业可以提交创意作品,参评24项广告节的奖项。其中,普通奖项须支付500欧元(约合3 700元),若要参评最高的钛金奖则需支付1 399欧元(约合10 500人民币)。2016年,共收到43 101件参评作品,1 360件作品获奖。如果整个广告节的24类奖项每个评出4个获奖者(头等奖、金奖、银奖和铜奖),那么总共获奖作品数应该为96件。广告节通过让每类奖项多评出获奖者，极大地扩大了广告节的获奖人数。

除了会费、评奖费用，广告节的第三大收入来自400个赞助商的赞助费。托马斯介绍，赞助费从2万美元到70万美元不等，包括三星赞助的虚拟现实展示、媒链公司30万美元的赞助，还有位于卡尔顿洲际酒店门口的两个大型LED电子屏幕，《纽约时报》《华盛顿邮报》等媒体会通过赞助在屏幕上展示自己的新闻和广告。其他收入包括整个广告节及其地区分会的所有演讲、广告创意展示的资料的出售。（一家公司支付18 000欧元，可获得整个广告节期间450小时的讲话录像和27万条广告创意展示，但仅供该企业最多20人查看。）此外，游艇停泊费用以及5种广告节通行票共22 715美元。2016年广告节总共为Ascential集团揽金6 250万美元。

参会是昂贵的。不仅仅是因为吃，比如在戛纳马丁内斯君悦酒店，一份安格斯夏多布里昂牛排的价格是161美元。还因为交通，比如广告节期间，达美航空将纽约到尼斯直飞头等舱的价格从以前的5 332美元涨到12 069美元。除了参会费，媒链还为其45名员工报销交通费、住宿费以及伙食费。当然，媒链还出资举行各类活动，如在杜章酒店举办晚宴，卡森主持的男性参加的小派对，米拉德主持的女性参加的小派对。不过今年男性派对主要出资的是Hulu网，女性派对主要赞助方是脸书和iHeartMedia电台。对于一些大型代理控股集团，如WPP集团和阳狮集团，每位员工参加广告节的成本约20 000美元。2016年，WPP集团共派了1 000名员工参加广告节。

菲利普·托马斯说："广告节的评奖对行业来说很重要。因为广告的好坏往往没有一个客观的标准，所以想证明一个广告人的创意能力，只能通过奖项的认可。"R/GA广告公司鲍勃·格林伯格阁楼式的办公室位于曼哈顿第十大道和西33街路口。办公室里，各种奖杯和奖状布满了四面墙，比如2016年在广告节斩获的33个奖项，以及颁发给格林伯格的戛纳广告节圣马可终身成就奖。格林伯格很重视这些奖项，认为"这些奖可以在客户那里证明你的实力，这和电影行业类似。对我来说，这些奖也可以帮我吸引并留住更多的人才"。

恒美广告首席创意总监阿米尔·凯赛（Amir Kassaei）并不同意格林伯格的观点。尽管，他所在的恒美广告在所有广告代理公司之中，是获得戛纳广告节头等奖次数最多的广告代理。2016年，凯赛在一篇文章中写道，评奖花费太多精力和金钱，而且并没有很好地证明广告的效果。他承诺，恒美广告公司将减少对广告奖的争夺。为什么？"因为我们认为，获奖只能证明你很擅长获奖。而我们真正关注的，不是如何展示自己，而是展示我们的客户。也就是说，我们希望通过广告帮助客户把货架上的商品都卖光，而不是在我们的书架上摆满奖杯。"[29]（但是凯赛对广告的表态和他公司的并不一致。恒美广告的网页极力宣传着公司曾获得的各种奖项，其中包括近100项戛纳国际广告节的大奖。）

第十五章 戛纳的舞台中央

在戛纳影节宫里，白天上演的是密集的论坛、研讨会和广告展示，晚上则是颁发各类奖项。连接影节宫和卡尔顿洲际酒店的是一条小街，被杰夫·古德拜称为"广告零售商街"。这条能够俯瞰沙滩的小街被广告节定名为"小木屋小镇"。道路两旁有 IBM、甲骨文、Adobe、埃森哲、普华永道、麦肯锡咨询、德勒等企业的展示小木屋。下面的沙滩区域则被不同的企业区划所有，比如脸书沙滩、谷歌沙滩、YouTube 沙滩。沙滩往往撒着玫瑰花瓣，各企业在那里做展示、谈生意。

在戛纳广告节上，从这些咨询公司和科技公司展示区域经过，你会直观地感受到，营销业的竞争越来越激烈。这些公司已经吞并了不少广告和营销企业。在本届戛纳广告节之前的两年时间里，IBM 收购了 31 家营销公司，埃森哲收购了 40 家，德勒律师事务所收购了 26 家。[30] 据《广告时代》报道，前十大广告代理公司中，有 8 家不是传统的代理公司，而是咨询、科技公司。

这届戛纳广告节还体现出行业的另一个变化。当然不变的是，联合利华的基斯·威德参加广告节的着装。每一次参加戛纳广告节，基斯都会选择身着时尚的黄绿色夹克。今年他依旧穿着夹克衫，浓密的金发垂在前额，看起来像英国的摇滚歌手。广告节期间，一场名为"品牌的未来"的论坛在卢米埃尔大剧院（Grand Théâtre Lumière）举行。基斯在论坛主旨演讲上表示，企业品牌未来若想成功吸引消费者的注意，就必须使自己的品牌或企业具有

"社会使命感"。基斯·威德等许多产品经理人相信，这是年轻一代对企业的期待。所以，企业可以通过展示其社会责任，赢得他们的信任。威德展示了几个案例，包括联合利华制作的警惕气候变暖和森林退化的广告片，旗下班杰利冰激凌如何推动同性恋婚姻合法化。威德还展示了一个短片，内容是各国领导呼吁关注气候变暖，短片最后联合利华首席执行官保罗·波尔曼（Paul Polman）强调说："加入我们，一起应对气候变暖。"

基斯·威德要比其他企业的首席营销官说话更有分量。不仅因为联合利华是世界上第二大的广告主，还因为威德不仅负责联合利华的营销工作，还指导联合利华的可持续发展和传播工作。在论坛发言中，威德引用了一份联合利华对 1 000 部广告进行的研究报告，表示："其中一半存在对女性的刻板印象。"相反，联合利华旗下的多芬品牌，长期通过广告提升女性的自尊。威德介绍了联合利华旗下 400 多品牌联合推动的"反刻板印象"运动，旨在消除对女性的刻板印象。最后，威德总结道："消费者会因为一个产品具有社会价值和环保意义而购买吗？会的，因为这种正能量的广告在消费者心中容易产生共鸣。"他引用联合利华的一项全球调查结果，同一品牌在 2014 年做的是普通广告，在 2015 年做的是社会化广告。统计结果是使用社会化广告促进 30% 的销售增长。他说："可以说，过去几年传播技术的发展使得消费者在观念上已经超越了广告营销人员。现在，营销人员要努力赶超并满足消费者。我们可以用一种全新的方式宣传品牌。这定是品牌营销的未来。"

闭上眼只听威德发言的声音，你会感觉是专注社会责任的美国前副总统阿尔·戈尔在用英式英语讲话。在他位于伦敦的办公室，威德介绍说："我们卖了旗下的腊肠品牌，因为腊肠实在做不出什么正能量的文章。"他还提到，要让"营销再一次变得崇高"。威德认为自己现在的使命在于人类的可持续发展。他说："我的同事质疑说，什么是可持续发展？我是这么回答的，人类要想养活全部人口，就要在未来40年生产等同于过去8 000年生产的食物。我们可以通过杜绝浪费实现这一目标。如果我们按照欧洲人的生活方式，则需要目前3倍的食物；按照美国人的生活方式则是5倍。到2050年，海里的塑料垃圾比鱼还多。"他还表示，自己对全球25亿人缺少干净的厕所这件事感到震惊。

威德说："这些大大刺激了我。我对手下的营销人员说，我们的工作是为了实现人类的福祉。"但不要只看到威德伟大的一面。他是个商人，不是慈善家。威德说："我时常对自己的员工说，'我们要在全世界推广洗手的健康好习惯，如果大家都开始洗手了，我们的肥皂也就好卖了。我们要在全世界推广每天刷两次牙的好习惯，因为这的确对口腔健康有好处，然后我们的牙膏和牙刷也好卖了。'"

威德·基斯的这种营销方式在行业早有先例。曾任宝洁集团首席营销官的吉姆·斯登戈尔自愿在广告节组织的营销课堂上，为来自全世界的 30 位年轻营销人员授课。课堂上，学员聚精会神，吉姆分享了帮宝适纸尿裤（Pampers）的故事。20 世纪 90 年代，吉姆被派到德国，成为帮宝适纸尿裤的产品经理。他的任务是，为帮宝适这一主流但亏损的品牌实现转型。当时，帮宝适的广告就是介绍该品牌的纸尿裤如何让宝宝保持干燥。吉姆说："这样的广告没有人情味，没有责任感。当时我们想到一个成功的战略。年轻的父母十分关注婴儿的健康成长，也十分需要婴儿成长的相关知识，比如孩子在哪个成长阶段？进度是否正常？心智和性格的成长是否跟上？当时，纸尿裤的广告在每个医院都有，但都没有什么目标性。"于是，吉姆聘请了对孩子充满热情的人参与到新广告的推广中。从此，帮宝适的每一则广告都鲜明地展示出对年轻父母和婴儿健康成长的关怀和支持。它和联合国儿童基金会合作，为急需帮助的儿童雪中送炭，比如帮助预防破伤风。吉姆介绍，这一营销转型帮助帮宝适的市值从 25 亿美元成长到 105 亿美元，利润率为 20%。而吉姆也升任宝洁公司的首席营销官。

戛纳国际广告节结束，对于广告节的批评之声不绝于耳。在许多人看来，乱哄哄的广告节把戛纳变成了大学生于春假纵情派对的佛罗里达州罗德岱堡。深夜，喧闹的人群在沙滩上畅饮，在酒店餐馆的道旁宣泄。一位经常参加广告节的代理商高管表示："我觉得戛纳广告节就是一个笑话。我不知道它存在的意义，是为了一群创意人士把它变成纵情疯狂的大学生联谊会。"令欧文·戈特利布不满的是，不同于奥斯卡、托尼奖、艾美奖，戛纳广告节是一个营利活动。他说："广告节确实是一个好的交流平台，因为大家都来了。但令我困惑的是，每晚没完没了的颁奖晚会、高昂的评奖费用，以及因为设立过多奖项而稀释的大奖含金量。我觉得，广告营销界值得有一个比戛纳广告节更好的盛会。"

令苏铭天不满的是戛纳广告节"越来越成为一个科技市场"。他说："广告节有点像犹太人成年礼后的派对，各家都在攀比谁的派对办得更好。"在2016年秋的一次和卡森的交谈中，苏铭天表示最大的抱怨就是参会成本，直言"真的太贵了"，而且在考虑下届是否还参加。卡森则嗅到了苏铭天的意图。卡森说："苏铭天实际是在'曲线救国'。他不可能放弃戛纳广告节，因为客户都在那儿。他不是自己不愿去，他是不愿别人去。"这是苏铭天常用的策略，就是通过用公开放话形成的影响，作为自己谈判的筹码。2009年戛纳广告节后，他公开指责其评奖收费过高。据时任WPP集团全球创意总监约翰·奥基夫（John O'Keeffe）透露，苏铭天这样表态是因为每次自己的WPP集团都落后于宏盟或阳狮。

戛纳广告节还揭示了一个问题。一些名人主动前来参加广告节，他们并不是营销界的人士。与以往不同，在戛纳，没有狗仔队追着他们。名人来戛纳并不只是为了领奖或社交。他们有多重目的，比如为了曝光率，为了寻找新业务，为了打动广告主，为了侦查友敌，为了逃离目光，为了派对狂欢，为了在海岸无忧地晒太阳。当然，还因为一种职业的不安，网红或影响者越来越取代名人，成为营销人员青睐的对象。这些名人深知，自己的"钱途"愈发暗淡。

广告营销界的人发现，合作双方的人情关系不再像以前那样重要。他们不确定的是，这个行业到底是艺术家的创意重要，还是科学家的算法和数据重要？对于双方来说，戛纳广告节的奖杯无疑是证明他们都想获得的在广告界主导地位的证明。除了奖杯，他们想争取的，是卡森的鼎力相助。

对于戛纳广告节，赞赏者要比批评者多。基斯·威德就是其中的一个赞赏者。他表示自己坚信广告节的价值。威德说："我看重的是创意。任何能带来创意结果的过程我都能接受。所以我认为戛纳广告节是有意义的。在媒体内容碎片化的今天，创意正越来越成为形成突破的抓手。此外，广告节也是我们这个行业集中起来交流的很有效率的平台。"红板报平台创始人兼首席执行官斯科特·麦库（Scott McCue）表示，他对广告节期间，媒链为其安排的与广告主和广告代理的一系列见面会感到"兴奋"。卡森对戛纳广告节取得的成绩也很满意。广告节结束后的一个周一，媒链举行员工大会回顾总结戛纳广告节。卡森在大会上表示，广告节期间媒链组织的大小会议、发言、交流会、晚宴、鸡尾酒会等受到欢迎，媒链的LED屏幕展示着其客户的信息，吸引着每个前往广告节的嘉宾的目光。他乐观地总结道，媒链在今年广告节的影响是不可否认的，媒链取得了重大的突破。

在员工大会上，卡森并没有向大家透露，媒链公司的表现使其成为热门的收购对象。周日晚，卡森在杜章酒店的饭店设宴，邀请了包括魔术师大卫·科波菲尔（David Copperfield）、投资银行家阿里耶·伯克夫（Aryeh Bourkoff）等。2012年，伯克夫离开摩根大通，于2015年成立了自己的精品投资银行。该银行如今位列兼并收购交易服务银行前二十。伯克夫最重要的客户是约翰·马龙（John Malone）的美国自由媒体集团。最近，在伯克夫的协调下，特许通信公司收购了时代华纳有线，威讯收购了美国在线服务。多年来，卡森一直谨慎地前瞻后顾，担心他过去的违法行为成为他人羞辱他的把柄，成为媒链公司的误点。卡森也做好了向全球发展的准备。伯克夫尽职地提出了一份有意愿收购媒链的企业名录。包括一些广告代理控股集团，比如卡森好友莫里斯·利维的阳狮集团；还有一些希望进军营销行业的大型咨询公司，比如Ascential公司；此外，还有些对冲基金公司。

对于有意愿的买家，收购媒链的一个前提是卡森仍执掌公司，这也是卡森自己的愿望。但是，有三个未知因素。第一是，现年65岁的卡森如果退休，媒链还会保持继续发展吗？第二是，准备收购媒链的公司，是把媒链当作一个有实质发展前途的公司，还是只当作一个跳板？第三是，当买家知道卡森过去违法的事实后，他们是否还愿意继续和他合作？

第十六章　从广告狂人到算法超人

> 今天的广告业，试图准确度量一切是一个问题。这会导致行业越来越倚重调查报告，也会导致广告业只看到眼前的现实，而不是去用广告把现实呈现在消费者眼前。
>
> ——比尔·伯恩巴克，1964[31]

对于这几年广告业发生的变化，卡森有一句很短小精悍的形容："原来是创意广告人，后来是媒介广告人，现在是算法广告人。"他解释道："创意广告人是指的《广告狂人》时代的创意代理；媒介广告人指的是后来媒介代理；算法广告人是指的数据、技术公司，它们集三类'人'于一身，正是广告主所需要的。"

广告营销行业越来越依靠"算法广告人"擅长的"兵器"——计算机、算法、精细化数据、人工智能以及计算机工程师的能力。2016年5月，在布鲁克林举行的TechCrunch论坛上，Siri发明者达格·吉特罗斯（Dag Kittlaus）在众多发言者中引起了人们的好奇和热情。吉特罗斯2007年发明了Siri，2010年卖给了苹果，他随后离开苹果与他人共同创立人工智能和虚拟助手公司Viv，并担任首席执行官。论坛是，面对上千名观众，吉特罗斯表示Viv智能助手搭载的人工智能软件将不再完全依靠数据输入，而是可以自我学习。Viv将在2017年实现商业使用。他还现场展示了Viv助手可以完成的一些复杂任务，以及其高速的语音识别和信息处理速度。

他用语音问Viv："后天金门大桥的温度会不会高于70华氏度（约21.1摄氏度）？" Viv立刻给予了肯定的答复。

他又问："帮我把昨晚20美元的酒钱还给亚当。" Viv助手立刻完成任务。

"在生日那天给我的母亲送束花。"

Viv助手问道："什么花？"

"郁金香。"

2017年初，苏铭天不断表示，亚马逊是广告营销行业最大的威胁，但我们往往视而不见。他这么"怕"亚马逊，多少因为他担心亚马逊的语言助手Alexa以及亚马逊手中的消费者数据。具体说来，亚马逊使WPP这样的代理商集团在广告主面前显得多余。既然亚马逊可以告诉广告主什么样的广告营销更能促进销售，那广告主还用咨询广告代理商吗？2017年末，一贯行事隐蔽的亚马逊，"暴露"出进军广告的"野心"。亚马逊计划利用手中丰富的数据和巨大的影响力售卖广告，为的是补贴耗资巨大的影视业务。或者按照《广告时代》报道的说法，"为的是通过广告为会员带来更实惠的影视服务。"广告主期待，亚马逊能提供的服务是哥伦比亚广播等电视媒体所无法提供的。《广告时代》援引一位熟知亚马逊广告计划的高管写道："亚马逊计划为内容生产者提供专属渠道和平台，并与他们分享所产生的广告收入。作为交换，内容生产者每周要提供固定数量的优质内容。"[32] 此外，阳狮集团的沙德·特柏科沃拉警告说："亚马逊的一些垄断条款既对我们的广告主客户不利，也对我们不利。而且，亚马逊自己也卖东西，它可以在价格上做文章。"亚马逊、谷歌、脸书还有一种能力是广告代理商不具备的：许多广告主对于被新技术改变的未来表示不安，而科技巨头可以安抚这些客户说："我们能带领你走进未来。"

　　凭借更多的数据和支持软件的智能手机，美国在线服务和其母公司威讯，立志成为这些互联网巨头的有力竞争对手。它们在程序化广告上投入了大量资金，希望利用计算机来传递个性化的广告营销信息。具体说来，就是首先利用软件处理数据，为广告商锁定目标消费者，然后计算机自动执行广告购买。卡森认为："技术让广告的买家和卖家的联系更直接了，也就是减少了中介代理的必要。"今天，广告主认为周四晚和周末前的晚上为黄金时间，因为人们可能在思考周末做什么或买什么。但是算法广告颠覆了这种假设。卡森说:"一个消费者可能不是在周四晚看《老友记》或《宋飞传》,可能在周二早上看,也可能在飞机上看。"因为有了数据,数字平台会发现有的目标消费者在深夜两点追剧。"而这个时间的广告要比黄金时段便宜不少"。卡森介绍,"互联网公司会告诉品牌,要想更好地打动消费者,就要用更好的程序算法"。但这让广播电视媒体害怕了。卡森说:"通过数据和算法,广告商可以花更少的钱在非黄金时段节目做广告,却可以获得和黄金时段相同的效果。"对于广播电视公司来说这意味着收入的减少。卡森认为,数字公司通过"保持中间过程的秘密"获得收益。也就是说,将由程序实现的交易过程信息,作为买卖谈判的筹码。

一方面由于广播电视媒体的抵制,一方面由于这些媒体尚未完全数字化,程序化广告尚未在广播电视广告的销售中蔚然成风。但它已经在互联网广告的销售中成为主流。据一份广告主联盟等机构联合进行的调查报告,2016年,在全球1 780亿美元的数字广告投入中,通过程序购买实现的为190亿美元;在美国的700亿美元的广告投入中,程序化广告占100亿美元。但是,群邑媒介集团的罗伯·诺尔曼认为:"脸书和谷歌的广告都是通过计算机驱动的,它们的广告业应该算作程序化广告。"没有人可以阻挡计算机程序买卖广告,正像华尔街的计算机算法交易。所以,无论是代理商还是脸书、谷歌等企业以及大约1/4的主流品牌企业都在抢着打造自己的程序化广告买卖能力。

苏铭天也积极地打造 WPP 集团程序化广告能力，他将几家收购的企业合并到邑策公司，然后放到戈特利布的群邑集团。邑策首席执行官大卫·摩尔表示："邑策是 WPP 集团增长最迅猛的公司。"程序化广告改变了广告的投放和买卖过程。群邑集团北美区总裁、邑策前首席执行官布莱恩·莱塞介绍说："程序化广告总共分五步：第一步就是计算机要能识别出消费者，无论是否实名；第二步是计算机要了解消费者的喜好；第三步是计算机要找到想要打动这些消费者的特定品牌；第四步是计算广告成本；第五步是建立一个可以在几百毫秒内迅速完成计算和展示的系统平台。所以说，传统广告代理商必须要做出改变，必须要吸纳更多的软件编程工程师、数据分析师等。否则，计算机专业的人会取代我们。"

与其他代理商的同仁一样，邑策的高官们着迷于脸书。邑策的一位副总裁透露，在互联网上的每一天，共有 1 300 亿个网页登有广告。脸书和谷歌则是数以万亿计。这位高管说，脸书试图阻止人们去探究脸书所搭建的生态。除了他们自己以外，其他人无法了解脸书平台内部发生了什么……而在广告界，我们一直有一个开放的生态体系，具体说就是让第三方去评价广告的效果，去保证品牌商做广告的钱花得最值。而这个第三方就是广告代理商。但是脸书不会像其他一些平台一样将粒化后的数据与客户分享。

2016 年，广告主对不愿分享数据的脸书所产生的不信任和不安加剧了。许多广告主抱怨,一些数字平台用机器"骗"机器,也就是说用机器人制造虚假的观看记录;或者是算法程序将本该有效的广告投放到了不该投放的平台。2016年1月,二十一世纪福克斯首席执行官詹姆斯·默多克在一个早餐会上表示:"很多人都不知道,这个行业存在多少尔虞我诈。我至少一半的广告钱都打了水漂,而且我还不知道是哪一半。程序化广告本来应该解决这种信息不对称问题,但是却产生了机器人制造虚假观看量等问题。"两年前,匹维托研究集团分析师布莱恩·维塞尔曾警告说:"伴随着程序化广告购买的兴起和买家越来越重视价格较低的需求不旺的长尾库存,而非一些优质平台。无论是欺诈的不法者还是希望去库存的卖家,为了产生流量,他们都变得越来越狡猾。"一份报告显示,截至2016年,广告欺诈造成的广告主损失高达125亿美元。[33]

程序化广告之所以能够在十分之几秒的时间内,组织并处理大量数据信息,实现目标消费者的锁定,依靠的是人工智能技术,也被称为是机器学习。这也是支持像Alexa、Viv等数字助手的技术。20世纪50年代,人们开始关注人工智能技术,相关的辩论也愈发激烈。人工智能是真的智能?还是只是计算机通过编好的程序去记忆数据?人工智能的机器人是否会变成不可控的弗兰肯斯坦式的科学怪物?所以至今圈内很多人担心这样一个问题,如何可以在不吓到人们的前提下,发展推广人工智能技术。

这个问题也成了通用电气集团月度营销会议的一个重要议题。

2016年末，通用电气召开月度营销会议，主要讨论2017年营销战略。会上，首席营销官琳达·鲍芙对下面六七个广告代理商的代表说："如今，数字公司的价值要远远高于工业企业。通用电气需要一个明确的信号和一个清晰的市场方向。亚马逊、脸书都有。那么我们有什么不同？我们和IBM有什么不同？他们在人工智能机器人（沃特森）方面取得很大进展。但是人工智能还是有些吓人。那么我们如何让通用电气这部机器更加高效，却依然有人情味？"

"我们要驾驭机器，而不是让机器驾驭我们。"鲍芙的副手安迪·戈德堡附和道。

鲍芙问道："那么我们该如何驾驭？我们在2017年能否策划出6个营销项目，每个月都能讲述不同的故事？"

戈德堡接着将讨论引向更具体的话题，说道："对，这是我们的重点。那么，我们要在广告叙事中凸显人情味，凸显幽默感，因为我们是人类，我们不是机器人。"

鲍芙说："对于通用电气从工业转向数字企业，我们需要一种新的讲述方式。在宣传我们的成果时，我们要说'人话'。"

戈德堡接着说："正如鲍芙经常强调的，我们要让消费者爱上我们。"

巨勺广告代理公司的一位代表表示："我认为通用电气有一个IBM没有的优势，就是我们可以在工厂车间讲述自己的品牌故事。"

显然，会议没有达成最后的共识。鲍芙要求这6家代理商回去思考，如何让通用电气和人工智能技术更具人情味。他们将再次举行一场全天的会议，鲍芙也会参加。

至少他们对当下人工智能技术的发展的判断是一致的。2015年6月，微软资深的工程师詹姆斯·惠特克（James Whittaker）在一篇文章中指出："人工智能依靠三个关键技术，第一，是海量数据的收集；第二，是计算机可以理解经过处理清洗后数据的结构和关联；第三，是处理能力和速度的支持。这几年人工智能似乎获得飞速发展，实际是得益于上述三种技术的进步。"[34] 当下，财力雄厚的企业，比如谷歌、脸书、亚马逊、IBM、甲骨文、苹果、塞尔福斯网站等，都在争抢工程师和数据科学专业人员，为的是抢占人工智能发展的先机。

詹姆斯·默多克预测说："未来福克斯的大部分广告将通过计算机程序买卖。"他接着说，这的确会威胁到那些广告代理控股集团，"这些集团的主要业务，包括媒体广告位购买，以及如何以低增量成本得到消费者关注等，这和20年前他们的业务没什么区别。而一旦你投入使用计算机程序为你做事，所有的问题就成了数学问题。"布莱恩·莱塞也认为，计算机的确可以执行现在群邑集团很多员工做的工作。但他认为，这些干活的计算机将是群邑的。

惠特克认为，传统广告将不再那么重要。因为当计算机收集到消费者数据后，"它将判断出人下一步要做什么，而不是在想什么"。而调查报告只能分析人们在想什么。爱彼迎的首席营销官乔纳森·米尔登霍尔认为，传统的广告代理商将受到极大冲击，因为人工智能可以实现广告的"定制化"。米尔登霍尔随后做了一个概括："人类的行为可以被算法参透，品牌的营销无须人的创意。"这一笼统的概括，无疑将广告营销中人类的创意边缘化了。当然，没有人会否认，如果广告商熟悉消费者的信息和喜好，他们也能推送给消费者精准理想的广告信息。在 TechCrunch 论坛是展示了 Viv 助手后，达格·吉特罗斯表示，像 Viv 这样能够推送的信息的电子助手将颠覆整个广告业。他解释道："美国在线旅游公司普利斯林是世界上最大的旅游公司。每年，他们在谷歌的关键字广告上投入超过 10 亿美元。但想象下，我们的数字助手，可以帮助普利斯林打造一个创新式的旅行社。比如我想 3 月的第三个星期带着孩子出去玩，然后对着电子助手说，在加勒比海岸找个合适的地方。电子助手会调出你过去 5 次的旅行记录，并据此确定你的旅游预算范围。此外，电子助手还可以根据天气预报确定理想的旅行目的地。"看起来，电子助手可以为普利斯林锁定很多生意。不用昂贵的广告，普利斯林只需在每一笔成功交易后给 Viv 电子助手一定费用。所以，吉特罗斯坚信："互联网上，广告生意不再是促进选择的生意，而是实现消费的生意。"

在这个实现最终消费的过程中，餐馆、租车等其他服务商也会给 Viv 数字助手"介绍费"。吉特罗斯说，再想象下，如果你想通过 Match.com 婚恋网站安排一次约会，而你的数字助手知道对方喜欢看电影，然后问你："是否需要订这一场电影？""是否需要打辆车接你？""是否需要在这家餐馆预订座位？"当然，如果 Viv 只推荐那些给 Viv 钱或存在隶属关系的餐馆或商店的话，那 Viv 助手肯定会失去消费者的信任。或者和政府等管理部门形成冲突，就像谷歌和脸书现在在欧洲遇到的情况。

Viv 助手或将成为典型的从车库酝酿的初创互联网企业，对谷歌、脸书、亚马逊以及 IBM 的沃特森形成威胁。但是吉特罗斯深知，如果要成功，Viv 需要形成一定规模。他需要寻找到用户数巨大的现成的手机生产商，并将 Viv 助手内置在手机中。2016 年秋天，Viv 被三星集团收购。但是当 2017 年三星集团发布新的 Galaxy 手机时，Viv 数字助手并未置入其中。

天联广告首席执行官安德鲁·罗伯特森，是一位典型的创意广告狂人。他通常穿一身灰色条纹西装，打着圆点图案领带，下身着白色吊带西裤。罗伯特森认为，机器不会取代创意广告代理公司，人们对创意广告的需求不会消失。罗伯特森承认，计算机的确可以准确瞄准消费者，迫使传统代理公司转变业务方式。他也认同，旧式的广告必须改变。但他不认为计算机程序可以"制作"出引人注意的好广告。当下平台数量激增，上面的广告琳琅满目。罗伯特森说："因为每天都会在各类平台看到各类广告，所以人们对广告创意的要求与日俱增。"此外，视频成为手机上触及消费者最主要的广告形式，而且视频前两三秒能否引起消费者注意至关重要。所以罗伯特森总结道："创意会越来越重要，算法广告人会和创意广告人合作。"

另一个革命性的技术是物联网。一些带有蓝牙连接功能的智能装备，比如冰箱、灯泡、手表、温度计、洗衣机、咖啡机、汽车、婴儿奶嘴等。据高德纳科技调研公司（Gartner）估计，2016年可以相"联"的"物"有64亿件，未来四年这个数字将增长至208亿件。智能装备将生产出丰富的数据。比如当家里冰箱中的牛奶或番茄酱快用完时，当洗衣机需要更多的洗衣液时，设备会提示你补充。电视上的设备监控你的面部表情，判断你是否在看广告。当然这会产生一系列值得思考的问题：比如这些智能设备是否欢迎营销信息？类似灯泡该换了的简单信息是否可以不用广告商而由人工智能直接提供？与设备存在绑定关系的产品能否给消费者价格上的实惠？如果营销人员可以获得家里设备的数据，人们是否会感到被监视？

毋庸置疑的是，丰富的数据和发展的技术将颠覆整个广告营销行业。如今，谁看了广告？人们是否需要这种产品？类似这样的问题将不需要猜测。以前针对群体的广告，如今可以做到针对个人。销售越来越在网上进行，物理的地理位置不再那么重要。随着产品变成商品，关于商品的信息越来越容易被消费者获得，那种打扰人的广告越来越不受欢迎。这势必导致品牌希望和消费者建立直接联系。比如Bevel牌，一个针对有色人种胡须特点的剃须刀品牌。

Bevel 牌剃须刀建立一个 Bevel 社区，为消费者提供产品信息，消费者也可以发布使用感受。沙德·特柏科沃拉认为："代理商应该少把注意力放到怎么做广告上，应该更多地去思考如何更好地提供服务。"他举了沃尔格林连锁药店手机应用的例子，称赞它是"美国最实用的服务应用"。每次登陆沃尔格林连锁药店手机应用都会自动存入一分积分。应用会提醒人们处方药已开好，每次续购药品还会得到 500 分应用提供的平衡奖励。总之，这个应用提供各种各样的方法帮人们省钱。特柏科沃拉说："这就是实用的服务。所以我们不能只做广告了，我们要营造良好的消费体验。"特柏科沃拉预测，广告主将越来越在营销工作上投入更多的资源，而非放在广告上。

行业转变的核心是技术，技术是有两面性的。这一点，脸书公司深有体会。2016 年 9 月的广告周前夜，曝出在脸书的程序人员操纵下，视频收看数据存在 80% 的水分。问题出在两年前，工程师统计观看量的口径是，但凡观看超过两三秒就统计为有效观看。实际上，很多人看视频就看两三秒。脸书当时基于两个数据决定这一统计口径：第一个是看视频多于 3 秒的人数，第二个是人们在看视频的平均时间。脸书犯的错误在于，脸书统计了所有视频的平均观看时间，这其中自然包括观看时间少于两秒的。而在平均观看时间的统计中，脸书把分母设为观看时间超过两三秒的，这使得平均观看时间显得更长。这一统计上的伎俩被揭露后，广告主和代理商对脸书的信任备受打击。苏铭天和基斯·威德分别表示，这恰恰证明了脸书需要把保密的围墙打开，允许第三方机构统计其平台的数据。全美广告主联盟首席执行长鲍勃·利奥迪斯对这一看法也表示认同。

几天后，在广告周的一场论坛上，脸书的卡洛琳·艾弗森表示，这只是个"统计口径上的失误"，尽管这动摇了广告主对脸书的信任，但没有多花他们一分钱，更没有影响到他们投入的回报。卡洛琳同时表示，脸书会吸取教训。而这个教训，广告界应在上个月发现时就提出来。卡洛琳还表示，脸书相信第三方机构去核实其数据。这一表态的真实性，遭到广告界的质疑。

两个月后，脸书又曝出问题。一份公司进行的内部调查显示，脸书的四个产品存在浏览统计的问题，包括即时文章平台的阅读时间等。这一次，在统计访问人数时，脸书不小心计算上同一人的重复访问。广告界又一次感到失望，但也同意，这个错误没有造成他们经济上的损失。又一次，广告界高声抱怨脸书的数据缺乏独立第三方的监督。

之后脸书再次曝出问题。2016年末至2017年初，脸书承认，其在数据统计上存在总共10处问题。谷歌也很不情愿地承认自己在数据统计时的错误。最令人震惊的是，脸书和YouTube将许多好的广告投放到了不友好的网站，比如一些存在种族歧视、极端主义和色情的网站。这并不是脸书和谷歌有意为之，而是广告根据如种族、南部联盟这样的关键词自动分配的。即便如此,这一系列事件加剧了彼此的不信任,也进一步让广告界铁了心,要求设立"裁判"监督谷歌和脸书,杜绝让它们自己评价自己的工作。

从 2017 年初开始,广告界对数字平台不再那么宽容,沃尔玛和百事可乐等企业从 YouTube 上撤下广告。鲍勃·利奥迪斯指责一些数字平台损害了品牌形象,并要求对平台的花费进行核查。2017 年 1 月,互动广告局、宝洁公司全球首席品牌运营官毕瑞哲出现在互联网数字企业年度领导峰会上。毕瑞哲表示:"对数字公司宽容的日子过去了。"作为世界最大的广告主企业,宝洁的毕瑞哲对数字企业制定五点要求,希望它们能够遵守。出于品牌安全的考虑,哈瓦斯把伦敦的广告从谷歌撤下。苏铭天则指责谷歌没有能够"敢作敢当承担责任"。

谷歌和脸书开始试图通过忏悔和承诺引入更独立的数据统计方法来安抚广告主。但是,数字平台存在的问题并不容易解决。在瑞银集团全球媒体和通信大会上,新闻集团首席执行官罗伯特·汤姆森(Robert Thomson)认为:"曾经疯狂的广告创意,如今成了疯狂的度量方法。"对计算机的过分依赖以及认为计算机永远不会出错的想法,产了一系列不透明的统计模型。尽管作为"人"的编程人员总会犯错,但他们经常认为自己编写的算法是不会犯错的。有人曾批评脸书,在美国总统竞选期间,未能将平台上有意损害希拉里·克林顿形象的虚假新闻清除掉。针对这一批评,扎克伯克公开反对，并认为这一指控是无理的。脸书的计算机、脸书的程序算法是不会允许这类事件发生的。谷歌母公司 Alphabet（字母表）公司执行主席埃里克·施密特（Eric Schmidt）在 2017 年公司股东大会上表示，为何会出现前面发生的问题？程序化广告的局限在于，将广告标定不同关键词并通过算法程序实现广告买卖，电脑很可能根据消费者比如为了学习历史而进行的搜索，而一些带有白人至上种族歧视内容的网站可能涉及历史，然后计算机愚蠢地把可能带有历史关键词的广告投放到那些网站。这也是人工智能一个显著的缺陷。

密歇根大学的克里斯蒂安·桑德维奇通过一个保险公司的案例，展示了计算机算法分析搜索历史可能带来的错误决策。一家保险公司购买了大量用户搜索内容的数据，对于那些搜索过"匿名戒酒会"关键词的人，保险公司会拒绝他们的投保申请。桑德维奇说："但是，通过搜索历史来判断投保人的风险是不可靠的。比如，人们搜索戒酒内容可能帮朋友搜的，也可能是他人在自己电脑上搜索的。"另一个例子，非营利性新闻网站"为了人民"的报道团队调查了通过算法计算出来的"犯罪风险评分"，这些评分在全美各地用来确定曾经违法犯罪的人再次犯法的风险。报道团队获得了美国佛罗里达州布劳沃德县 7 000 余被捕违法者的"犯罪风险评分"，发现测算再犯罪风险的算法实在不可靠。从结果上看，在被预测将会再次暴力犯罪的人中，仅有 20% 最后确实再犯。而犯罪记录较少的一些黑人反而比具有很多前科的白人罪犯"再犯罪风险"更高。在这个评价体系中，一个人有工作，但存在犯罪记录的人，要比无家可归的黑人犯罪概率更低。[35]

数据科学家凯西·奥尼尔（Cathy O'Neil）在她的《大数据毁灭武器如何加剧不公并威胁民主》(Weapons of Math Destruction: How Big Data Increases Inequality and Threatens Democracy) 一书中，探讨了日益主宰我们生活的算法是如何存在偏见的。她写道，对于生活在高犯罪率地区且信用评分低的人，算法一方面会为他们猛烈推荐次级贷款的广告，另一方面却不提供给他们就业的信息——自然，他们的信用评级会越来越低。

恒美广告的文迪·克拉克认为："程序算法和人工智能是伟大的，但不是万能的。它们给我们的是科学，而不是艺术。比如在现实生活中，你去邻居家的派对，和一个普通人交流时，你可以谈今天做了什么、工作怎么样、有几个孩子等这些是看起来很程式化的问题。"但人类也可以这样交流："天哪！你也是护士，我妈妈也是。你在哪家医院上班？"第一段对话是平淡的，第二段则在建立友情。机器缺少人类的那种同理心。如果说人还是"感情动物"，那广告文案撰写人对计算机还存有优势。

迈克尔·卡森结合自己的故事，阐释了消费过程中营销和冲动是如何起到程序广告不可比拟的作用的。他说："快到生日时，我跟罗妮说我不想要手表。但是当我拿起一本杂志看到一款手表的广告时,我心想,也许我想要块手表。手表的照片打动了我,这就是冲动的力量、营销的力量。"同样,当卡森本不想买新车,但看到一辆特斯拉汽车的照片后,最终买了一辆特斯拉。他说:"这种意外之举是任何算法都不可能预测的。"

身为脸书首席营销官的卡洛琳·艾弗森要和广告主、广告代理以及媒体打交道,所以她斡旋于创意广告和算法广告两个阵营。她说:"计算机想不出战略,做不出创意。但是计算机可以执行创意和战略,可以帮助人们组织管理。但是,广告营销终究是一个人与人关系的生意。"卡洛琳承认,自己和脸书的计算机工程师曾有过多次争论。在她看来,工程师眼中只有"是与非,1与0"。刚到脸书时,卡洛琳曾认为创意广告是一种"魔法",但脸书的工程师们说,"我们不相信魔法,我们相信算法"。她继续说:"这些年来,我一直明确地表示,广告营销既是一门艺术,也是一门科学。"智能手机的普及,消费数据的收集,让广告的科学性更强了。"但是,随着人们面对的选择增多,广告艺术的一面变得越来越重要。因为广告必须首先赢得消费者的注意力。"

愤怒的广告界发出的声音得到了回应。2017年5月,脸书承认其算法程序存在局限,并决定招聘3 000人,负责人工监测平台上的不良内容,维护消费者和广告主企业的利益。2017年夏天,谷歌宣布向上百家广告商退款。因为谷歌旗下"双击"算法广告平台存在夸大广告流量数据的造假问题。脸书方面则又曝出丑闻,脸书的算法疏忽地允许广告商使用类似"仇恨犹太人的人"这样令人生厌的关键词。在 2016 总统竞选期间，俄罗斯的一个"喷子水军机构"秘密地花 1 亿美元制造并在脸书发布"假新闻"，以加重美国民众的两极分化。脸书创始人马克·扎克伯格承认其算法的控制存在局限。2017 年 9 月，他表示："我希望我们能把所有坏的内容从脸书上清除，我希望我们能够终止所有的冲突。但这是不切实际的。"扎克伯格的叹息连同脸书的局限，在《纽约时报》的凯文·鲁斯（Kevin Roose）看来，让他联想到玛丽·雪莱（Mary Shelley）的《弗兰肯斯坦》。当时弗兰肯斯坦博士发现自己制造的科学怪人已经完全失控。

2017 年 10 月，马克·扎克伯格羞怯地承认，自己不该如此草率地去鼓吹脸书屏蔽假新闻，特别是俄方黑客抹黑希拉里的新闻。他表示，脸书将再招募 1000 名编辑人员，负责编排平台界面上的新闻和广告。2018 年 1 月，YouTube 宣布为阻止广告中出现不适宜内容，将对站点主要展示广告内容进行人工审核。

高地风险投资公司联合创始人、脸书和谷歌的早期投资人、硅谷风险投资家罗杰·麦克纳米（Roger McNamee）撰写了一篇题目为《我是谷歌和脸书初创时的投资者，但现在它们让我感到恐惧》[36]的文章，不失为一个微妙且有深度的思考。文章中，他探讨了如果写算法的人失去良知后果将会如何。麦克纳米首先称赞了技术带来的各种进步。但遗憾的是，新的传播技术也让人们"上瘾"，逼迫着消费者不停地检查新信息、回复信息,并被技术牵着鼻子走。而这些技术唯一的目标,是为它的所有者赚得广告钱。脸书和谷歌及其最重要的平台 YouTube,就像赌博、毒品和酒精一样,产生即时和短期的快感,但从长远看,对人们造成严重的不良影响。很多人每天看手机的次数高达 150 次,每天近一小时都泡在脸书上。脸书的一位高管曾在澳大利亚对一位广告商讲,"我们可以通过数据锁定情绪低落抑郁的青少年",然后给他们看你的广告,让他们高兴。罗杰·麦克纳米总结说:"脸书和谷歌必须停止对人内心的窥探,政府管理部门必须出面了。"

第十七章　灭绝的恐龙还是顽强的蟑螂

> 有人说广告代理商是面临灭绝的恐龙，我们不是恐龙，我们是蟑螂。现在大家都讨厌我们，都不愿看到我们。但是，我们却能活下去。
>
> ——沙德·特柏科沃拉

2016 年戛纳国际广告节（创意节）期间，在赫斯特集团晚宴上，广告商、媒体高朋满座。卡森像玩偶一样不停地从座位上起立坐下，紧张地盯着一张距离他有 150 英尺（约 45 米）远的桌子。那是他安排的美国电话电报公司与几家广告代理商的会谈。参加会谈的有美国电话电报公司高级副总裁、全球营销官罗丽·李，她的副手菲奥娜·卡特（Fiona Carter）以及宏盟集团首席执行官庄任，天联广告首席执行官安德鲁·罗伯特森。卡森希望他们能够在轻松的氛围下，商谈电话电报公司 38 亿美元的广告营销预算该如何分配。在美国，电话电报公司的广告花费仅排在宝洁、康卡斯特、通用汽车之后，名列第四。按照卡森的安排，电话电报公司的营销团队将在第二天晚上与WPP集团的苏铭天和戈特利布会谈。但是，令卡森震惊的是，苏铭天当晚来到电话电报公司和其他广告代理会谈的桌前，兴高采烈地和庄任、罗伯特森闲聊，似乎冷落了一旁电话电报公司的高管。苏铭天的妻子克里斯蒂安娜则在临近的桌子等候。苏铭天脸上露着笑容，另外两位代理商广告则有点不知所措。每次卡森站起来看电话电报公司这一桌，总能看见苏铭天在桌子附近能够听到谈话内容的距离活动。

苏铭天事后说："这只是一个意外。我没有恶意，只是待在会场，而且我在这还有预定的晚餐。"至于这一举动是否影响到美国电话电报公司的最终决定，我们不得而知。但电话电报公司这个夏天做的决定却影响到了这些广告代理的控股集团。6月初，电话电报公司宣布，公司将改变以往依托不同广告代理商进行营销工作的方式，比如由天联广告负责创意，由WPP集团负责策划，而是由一家广告代理集团负责所有广告营销事务。电话电报公司只邀请了宏盟和WPP两家集团参与竞标。美国电话电报公司并没有像通用电气、美国银行和联合利华那样，把不同广告代理公司请到一个屋里，将营销工作中的多个项目由不同代理商分别完成。罗丽·李表示，电话电报希望得到的是一种"整合的"服务，即专门为电话电报公司成立一个新的广告代理公司。而这个只服务于电话电报公司的广告代理商将全身心地去了解电话电报公司的市场和客户群体，为其遍布各个区域的公司集团服务。这样，就没有"同侍一主"的代理商相互打斗竞争的情况出现，而且对于广告主来说，"就不存在把来自不同代理商的各种创意拼凑在一起的麻烦了"，罗丽·李说。美国电话电报公司设想的营销之路是：广告越来越精准化、个人化，所以媒介代理将超越创意代理。依托丰富的数据，罗丽·李说："我们将根据数据做决定，而不是去猜测。创意将由数据而生。然后，由一家代理商完成数据、创意、传播和分析一揽子的工作。"

一家代理商服务一个企业并不是一种新模式。在大型广告代理控股集团出现前，这是一种普遍的模式。今天，WPP 集团一直在用这种模式，比如有专门的团队组织 One Ford 为福特汽车服务，Red Fuse 团队组织为高露洁服务。2016 年夏末，麦当劳要求文迪·克拉克的恒美广告为其量身定做一个新的广告代理公司，取代之前麦当劳合作的阳狮集团下的李奥贝纳广告公司。这个新的广告代理公司名叫"我们没有限制"，专门为麦当劳提供一站式的营销服务。而这次美国电话电报公司要求的有所不同，这家专门服务于公司的代理商将建在电话电报位于美国达拉斯的总部旁。可以说，这家代理商直接听命于美国电话电报公司，决策的周期大大压缩了。卡森的媒链负责为美国电话电报公司，组织为期 6 天的代理商竞标。首先，电话电报公司向媒链公司介绍情况，并向两家代理商集团提供建议邀请书，随后向他们介绍情况并回答代理商提出的问题；两家竞标的代理商集团设计初步和最终营销战略方案和广告营销文案，并向电话电报公司汇报为其量身打造的代理公司组织架构和人员配置，最后是双方律师就合同细节进行商议。电话电报公司计划在 8 月做出决定。公司的菲奥娜·卡特表示，媒链为我们张罗了这个项目。她说："媒链帮我们审阅两家代理集团提交的方案，为我们准备要提出的问题，并对合同中的条款提出建议。媒链是一个客观的第三方。"

最终，美国电话电报公司选择了宏盟集团。宏盟集团将组织成立一个由 500 人组成的，由宏盟集团旗下的媒介代理 Hearts & Science 广告公司牵头的专门服务于电话电报公司的代理团队。卡森说："第一次，媒介代理和创意代理整合成一个广告代理。很明显，电话电报公司希望打造一种一体化的营销模式——以数据为核心，用数据助推创意和营销。"而对苏铭天来说，失去了美国电话电报公司这笔大生意意味着，WPP 集团的年收入少了 1 亿美元。

美国电话电报公司和麦当劳推行的这种单一广告代理商模式是否奏效，还有待观察。但是越来越多的人认为，大型的广告代理集团要改变自己对立的、不合作的"高冷范儿"。苏铭天认为，主要的障碍是观念的，有本事的人容易盛气凌人。他说："能人不好管。让人们分享自己的经验和信息并不容易。广告营销行业最大的问题就是人们不愿分享。"

另一个障碍，在通用电气的琳达·鲍芙看来是"船大难掉头"。

第十七章　灭绝的恐龙还是顽强的蟑螂

鲍芙承认,大有大的好处,比如具有很强的收购能力,"但是什么专克'大'？是速度,是斗志,是灵活"。使用专门代理商还有一个成本优势。安迪·戈德堡说,企业不必像通用电气那样花钱请多个代理商。对于美国电话电报公司,独享的代理商意味着他们可以进一步压缩成本。美国银行的卢·帕斯卡里斯半开玩笑地说:"独享代理商意味着,以后只需和这一家代理公司'掐架'了。"

无论广告代理的模式如何变化,沙德·特柏科沃拉对代理商的"韧劲"抱有信心,无论是大的还是小的,无论是媒介代理还是创意代理。他说:"有人说广告代理商是面临灭绝的恐龙,我们不是恐龙,我们是蟑螂。现在大家都讨厌我们,都不愿看到我们。但是,我们却能活下去。我们会招徕各路人才,将从角落绝地转型。当我刚开始在阳狮集团工作时,集团仅有2%的收入来自互联网,但现在我们适应了互联网,这一比例达到了52%。"

R/GA广告公司的创始人鲍勃·格林伯格常说,以后将不会再有广告代理公司。他正在打造另一种代理新模式。格林伯格说:"我想要建设的是一个'家',一个可以取代传统广告代理公司每一项业务的公司。"格林伯格不认为广告代理像蟑螂那样有生命力。他在一封电子邮件中这样写道:

> 广告代理的模式是条死胡同。都已经70年了,他们还在鼓吹"说服的艺术",而他们身边的世界正发生天翻地覆的

变化。

电影死了，30秒的电视广告死了，出人意料的创意死了，比尔·伯恩巴克式的文案写手/艺术导演模式死了；恒美广告的模式死了；杂志死了；咨询的模式死了……没有远见，没有投资，没有重组，没有风险，没有合作，没有创新……这个行业被管钱的会计掌控了。

就像车灯前受到惊吓的小鹿。

R/GA广告公司阁楼式的办公室位于新兴的哈德逊园区，在一栋新建大楼的第11和12层，充满未来的气息。其23万平方英尺（约合21 367平方米）的大空间，让公司看起来更像硅谷的数字企业，而非纽约的广告企业。公司办公室的天花板像飞机机库一样高，橡胶地板柔软静音。员工在玻璃墙的隔断工作，不时在沙发上谈话。R/GA广告公司提供免费的零食小吃，为员工补贴餐费。公司办公室几乎一起都是数字化的，包括一个巨大的屏幕，显示着社交媒体上的信息。此外，R/GA广告公司还设有一个器材齐全的健身房并开设瑜伽课。现年69岁的鲍勃·格林伯格是R/GA公司的创始人。他胡须已经变白，灰色的头发卷曲着垂到肩上。格林伯格戴着本富兰克林式的圆形无框眼镜，喜欢穿黑色牛仔裤搭配黑色长袖T恤和黑色贝雷帽。每当他走在办公区域时，很少有员工会抬头看他。格林伯格正准备去会议室和自己的高管团队开会，包括公司副主席兼全球创意总监尼克·劳（Nick Law）、执行副总裁兼全球战略总监巴里·瓦克斯曼（Barry Wacksman）、执行副总裁兼全球运营总监斯蒂芬·普拉姆利（Stephen Plumlee）、执行副总裁兼全球营销总监丹尼尔·迪茨（Daniel Diez）。

会议上，瓦克斯曼首先发言说："我们不把自己看作广告代理。我们认为 R/GA 是一家为互联时代而存在的公司。我们不只是给客户做广告，我们还帮助客户解决问题。把公司定义成广告代理实际就相当于给自己了一个限制。对 R/GA 比较准确的描述应该是，一种新型的营销服务公司。"

自 20 世纪 90 年代开始，四种新技术改变了所有的行业，迫使所有行业去创新：第一，是互联网；第二是智能手机；第三，是社交媒体；第四，是人工智能。瓦克斯曼继续说道，苹果公司是最早将自己的产品串联起来的公司之一。当时，苹果公司发明了 iPod，并推出内容平台 iTunes 以及应用商店，由此苹果公司不仅生产播放音乐的硬件，还成为销售音乐的平台。R/GA 的愿景是，按照苹果、谷歌、亚马逊的模式发展，即不走老路，不局限在特定的业务范围。比如，我们不能说苹果是一家电脑硬件公司，谷歌也不只是一家搜索引擎公司，亚马逊也不仅是一个电商平台。反之，瓦克斯曼说，铁路公司如果把自己的业务扩展为交通服务，而不仅仅局限在铁路的事业上，也许他们现在会做得更好，但是铁路公司不愿投身和铁路不相关的业务。

R/GA愿意，公司副主席兼全球创意总监尼克·劳说。2003年，R/GA为耐克开发了一个新的商业产品——耐克定制。消费者可以在经过R/GA改造的耐克网站上设计自己的耐克产品。瓦克斯曼说，当时耐克的线上销量猛增1/3。2006年，与耐克长期合作的广告代理公司克里斯潘波特与勃古斯基因其为汉堡王制作的《小鸡侍者》广告获奖。而格林伯格则将这种广告形容为"花拳绣腿"。R/GA为耐克策划了"Nike+"。他们设计开发了可以与跑鞋连接的软件，允许用户查看自己的运动表现信息。格林伯格说，一下子，4 000万耐克鞋的消费者注册成为耐克平台的会员。耐克于可以收集到大量用户数据，并且可以在平台上直接与用户交流。4年后，R/GA又为耐克研发了可穿戴设备——耐克手环。用户可以查看自己的运动表现，而且所产生的数据也可以帮助耐克提升产品。尼克·劳说："耐克由此可以直接和消费者一对一交流，渐渐地，耐克做的广告会越来越少。"格林伯格坚持认为，R/GA不是广告代理商，但他自豪地说，R/GA取代了克里斯潘波特与勃古斯基，成为耐克最大的广告代理。

R/GA为耐克打造的会员社区如今被许多品牌效仿。联合利华斥资10亿收购了在线男性护理用品平台"一美元剃须俱乐部"，并不只是为了和吉列公司竞争，还看中了它的会员社区——一个企业可以直接和消费者交流的平台。

技术与互联网是R/GA的核心。格林伯格说："WPP集团的苏铭天无论是'择子而食'还是收购新的企业，都是不够的。他不是一个懂革新、懂创意的人。"在另一次会谈中，格林伯格评价苏铭天说："他是个能言善辩、熟稔财务、聪明优秀的人。但他对创新管得太多。我绝不会选择在苏铭天手下干活，他的控制欲太强。"格林伯格选择了埃培智集团，在其首席执行官迈克·罗斯手下工作。格林伯格称赞罗斯给予R/GA充分的发展自由。罗斯则称赞格林伯格说："他很有远见。很多人说格林伯格是位技术天才。他的确是，但他更是一位很好的商人。我认为人们似乎没有看到这一点。"R/GA的利润率为20%，罗斯肯定对此很满意。（苏铭天也会感到满意，因为WPP集团2016年的收入接近200亿美元，这几乎是R/GA 4 060万美元总收入的50倍，还是埃培智集团总收入的两倍。尽管WPP集团的利润率为17%，略逊于R/GA，但这完全不是一个集团衰落的迹象。）

　　R/GA的会议室里，瓦克斯曼骄傲地说，2015年R/GA在戛纳广告节上斩获的大奖比任何一家广告代理商都多；2016年依旧斩获了很多奖项。拥有2 000名员工，在全世界设有18个办公室的R/GA公司目前有六大收入来源。第一是广告代理商的工作，即广告营销的策划，包括类似为耐克做的产品设计开发工作。在R/GA策划的众多广告项目中，最著名的也许是尼克·劳主持的《爱无标签》公益广告。广告中，人们围看一个巨大电子屏，屏幕显示的是一对一对路人在留下的X光照射下骨骼的影像，人们亲吻、拥抱、跳舞。当每一对人从屏幕后面走出后，人们发现他们有同性恋人、有跨族裔恋人，有不同的年龄、宗教等。这则广告展示了爱如何消弭各种隔阂。

R/GA 公司的第二大收入来源是为像耐克这样的企业设计研发的软件产品。

第三大收入来源于公司内部的内容工作室。工作室为如三星、谷歌、耐克、乐高、苹果 Beats 耳机、百事可乐、梅赛德斯－奔驰这样的客户制作精致的广告、播客视频以及社交媒体推送内容。比如，R/GA 的工作室为苹果 Beats 耳机打造的《听你想听》的广告。广告中，一些有争议的运动员如凯文·加内特、科林－卡佩尼克面对许多球迷和"喷子"的怒骂，戴上了苹果 Beats 耳机，顿时骂声消失，运动员沉浸在自己喜欢的世界中。前三种收入占 R/GA 总收入的 60%，R/GA 的产品又创造 20% 的收入。

第四大收入来自风险投资，占 5%。R/GA 称风投为"加速器"项目，因为它为初创企业的加速发展提供资本支持和发展指导，就像硅谷的安德森·霍洛维茨基金那样。R/GA 的风投业务开始于 2013 年，而且业务范围更加宽泛。在世界范围 1 370 家申请投资的公司中，R/GA 挑选出 66 家公司；2017 年预计投资的公司将超过 100 家。格林伯格介绍说，作为回报，R/GA 会获得投资企业 1%~6% 的股份。如果这家公司上市了或被收购了，那么 R/GA 将获得利润。此外，R/GA 还让一些成功企业客户比如阅后即焚、洛杉矶道奇队、威讯等帮助挑选那些初创企业，而这些初创企业通过 R/GA 向知名企业取经，为这些企业带来"知识资本"。同时，R/GA 还为这些初创企业提供办公场所，提供工作人员帮助他们成长。作为回报，R/GA 收取一定的费用。而这一部分收入大约占收益的 11%~15%。

爱维欧（Alvio）是 R/GA 扶持孵化的一家公司。该公司研发了一种帮助哮喘病儿童康复的手机游戏设备。患有哮喘病的儿童通过向一个手持的无线设备呼气，实现对游戏的控制。该装置一方面帮助患者练习呼吸能力，一方面将数据传送到公司的云端，经过分析后转换成患病儿童的康复信息，并发送给家长。一开始，爱维欧是为了专业运动员而设计的这个装置。R/GA 执行副总裁兼全球运营总监斯蒂芬·普拉姆利说，R/GA 的调研发现，哮喘是造成 15 岁儿童住院的首要因素，于是说服爱维欧将游戏的设计对象设定为患有哮喘病的儿童。R/GA 还在游戏的设计上提供建议。

第五大收入来源是咨询服务，占总收入的 10%。格林伯格说，R/GA 公司和许多主流咨询公司一样，可以直接与企业的高管打交道。比如沃尔玛就是 R/GA 的客户，他们咨询 R/GA 如何促进创新发展，如何设计手机应用或平台去和亚马逊竞争。金宝汤公司也是咨询 R/GA 的客户。金宝汤的一位高管说，大多咨询公司在讲完自己的 PPT 后就拍屁股走人，但 R/GA 和他们不同，R/GA 总是会在展示后留下来，为我们带来创新的源泉。

第六个收入来源被 R/GA 称为"建筑"，约占总收入的 5%。所谓"建筑",是 R/GA 的工程师和设计人员帮助其他公司改善其办公环境。R/GA 的建筑团队模仿密斯·凡·德罗(Mies van der Rohe)设计的范斯沃斯住宅(Farnsworth House),复制了格林伯格办公室和周末住宅的设计。格林伯格说:"我的住宅应该是世界上最智能化的。"用 iPad 平板电脑可以控制大门开闭,可以得知室外温度,控制灯光、遮光窗帘、暖气、太阳能电池板等。他说:"大家都在谈论智能空间,而我是在真的去实现它。"格林伯格介绍,这项业务,包括为洛斯酒店、沃尔玛、耐克以及一家迪拜的电话公司 Du 的办公室进行智能化设计,共带来 2 500 万美元的收入。办公室设计、咨询以及风投三项业务的增长速度要高于营销和广告业务。格林伯格认为,软件、风投、咨询以及建筑带来的实际收入将占到 R/GA 收入的 1/3。

格林伯格举止谦逊,说话慢条斯理、轻言细语。他很谦虚,从不吹嘘自己获过多少奖。他不谦虚的,是 R/GA 的目标和野心。格林伯格宣称:"我们将颠覆广告代理控股集团,我们将颠覆咨询业,我们将颠覆建筑公司,我们将颠覆内容工作室,我们将颠覆风投公司。我们将在这些方面都发力。"不过有一个现状,R/GA 并没有"颠覆",那就是广告业缺乏的多样性。尽管格林伯格经常把多样性多为未来代理商的必要元素,但在 R/GA 官网上显示的 36 位高管中,仅有 6 位为女性,没有一位是黑人。

格林伯格让人们联想到人们对文学家塞缪尔·约翰逊(Samuel

Johnson)的形容,"总是具有反抗的气质"。大冷天,格林伯格喜欢穿黑色皮夹克、配黑色围巾,驾驶着杜卡迪1199帕尼加莱S摩托车飞驰在去办公室的路上。史蒂夫·乔布斯是格林伯格心中的"反抗者"、英雄和学习的楷模。他认为,自己和乔布斯一样,不容忍那些妨碍进步的人。而且喜欢好看的设计。格林伯格说自己是全世界中国魏晋时代佛像的最大私人收藏者。

格林伯格生长在芝加哥一个典型的工薪家庭。他说:"因为自己有诵读困难,所以学习跟不上,谈不上是个好学生。"毕业后,他来到美国艾奥瓦州的帕森斯学院,后来转学到亚利桑那州立大学,学习传播学和广告学。毕业后,格林伯格的叔叔为他在芝加哥介绍了一个最底层的镜子销售工作。格林伯格做得很好。这时他爱上并娶了一位年轻女孩,但是后来离婚了。格林伯格因此换了一个城市,来到加拿大多伦多。他的叔叔是皇冠可乐主管,于是把格林伯格叫来帮忙管理公司。

格林伯格说:"叔叔教导了我很多,我获得了工作上的信心。"于是他和从事电影动态图形和字幕设计的兄弟理查德决定在1977年合作创建自己的影视特效公司。公司名叫R/格林伯格联合公司,位于美国纽约市。他们创造了第一个集成的计算机辅助生产模型。对文字的诵读困难给格林伯格带来了很多负担,但同时强化了他的视觉认知,让他有"看到"新技术带来新世界的能力。由兄弟理查德担任设计,格林伯格任摄像兼制片人,他们创立的电脑辅助影视制作工作室迅速成长为200人的公司。1978年，他们为电影《超人》制作片头字幕。后来为许多电影和预告片设计片头和制作特效。1986年，他们的作品获得奥斯卡科学技术奖。

格林伯格还看到另一个现象，技术正在全面、彻底地颠覆着广告业。他在变革中有先天优势，"我希望重新定义广告行业。尽管知道这么说显得很自大。但我越是深入这个行业，我越能感觉到这是可能做到的"。格林伯格希望创立一个互动广告代理公司，而兄弟理查德则希望去好莱坞做电影，离开了公司。后来，IBM请R/GA为其设计翻新网站，IBM成为格林伯格的互动广告代理的第一个客户。之后，R/GA作为数字代理，为耐克、威讯和诺基亚等企业服务。1995年，R/GA被正北传播集团收购，获得了大量的资本注入。2001年，正北传播被埃培智收购。R/GA成为埃培智的子公司。

格林伯格说："我想做的是用一种新的模式取代旧式的广告代理模式。"但他并不认同美国电话电报公司量身定做广告代理的模式。通过为耐克所做的服务，格林伯格更加坚信，未来营销将重于广告。他说："消费者现在不想被广告打扰，而是可以和品牌直接互动。"方法可以是多元的，无论是通过脸书还是官方网站，通过电子邮件还是即时通信。比如耐克穿戴设备和它所搭建的用户社区，实现了品牌和消费者一对一的联系和双向的互动，这自然也培育了大量愿意尝试耐克新产品的忠实用户群。宝洁前首席营销官吉姆·斯登戈尔说："当我去纽约时，我很想会会格林伯格。在我看来，他思维超前，对行业有远见。当我在宝洁的时候，我本想请他的 R/GA 作为广告代理，但我的一些客户不会同意。"

苹果的史蒂夫·乔布斯和亚马逊的杰夫·贝佐斯是格林伯格推崇的商界英雄。和他们一样，格林伯格十分自信。但与乔布斯不同，格林伯格不会对下属发火；与贝佐斯不同，格林伯格不习惯夸张的开怀大笑；与二者都不同，格林伯格并不藏着自己的商业秘密。然后，格林伯格和乔布斯、贝佐斯一样，有一种"天降大任"的自信。当被问及自己害怕什么的时候，格林伯格转向瓦克斯曼，说："我们怕过谁？"

瓦克斯曼说："没有。"

格林伯格幽默地说："我是个犹太人，所以我心里会装着很多事。我快 70 岁了，所以我现在担心的，是时间不够用了。"

第十八章 再见，旧的广告规律

许多营销人员不愿看到，消费者被网飞、YouTube、可以跳过广告的录像机、广告屏蔽软件以及每个人拿在手上的手机惯坏了。于是在他们看来是骚扰的广告将退出历史舞台，消费者将会越来越抵制营销信息。由此广告营销赖以为生的消费者竟成了这个行业的友敌。

在广告营销界，有一个永恒的真理，就是你永远不能确定什么样的广告最有效。对此，广告界的资深人士杰里米·布摩尔回忆说，他曾在伦敦郊外和一位老朋友共进午餐。饭后走出餐厅，这位老友冲着自己刚买的阿斯顿马丁牌的新车走去。

布摩尔称赞："真有你的。"

老友说："我是因为一则广告才买的。"

布摩尔说:"很高兴你能喜欢我们为车做的广告。"

老友说:"我说的是我14岁看的广告。"

布摩尔问道:"怎么可能?你花7.5万英镑(约合65.2万人民币)买了辆车,竟是因为52年前看的广告?"即便是每一次点击都能计量的数字广告也存在未知。布摩尔表示,如果那位老友点击了阿斯顿马丁的网站,"那产生的消费的确要归功于网站广告,但是没有人知道,也更无法计算出,到底是什么原因导致他去点击。"布摩尔相信,形成消费意愿的秘密无人能解开。

唐纳德·特朗普当选美国总统更凸显出广告营销的确存在无法解释的神秘。在2016年美国总统选举结束后一个月后,卡森在纽约曼哈顿中城的帕利媒体中心举办了一场论坛。论坛的主题是"2017年广告大趋势"。在介绍主题时,卡森首先列举了几组数据:

——62%的美国人从脸书上获得新闻信息;

——90%的美国人在看电视时,手上还拿着另一个设备;

——根据微软的研究,人类的注意力持续时间平均为8秒,已经比金鱼的9秒少了。

惠普数字营销副总裁阿皮塔·乔杜里(Arpita Chowdhuri)预测,未来将是数据的天下,数据将成为新的石油。

特朗普出人意料地当选,这让卡森不禁思考,在这场竞选中数

第十八章 再见，旧的广告规律

据到底出了什么问题。他说："人们会心生对统计数据的质疑，因为根据预测，希拉里·克林顿当选的概率是91%。"显然，来自民意调查的数据和很多人的预测大错特错。

特朗普赢得共和党总统候选人提名以及最终获选总统，不仅挑战了美国传统的政治智慧，还挑战了广告营销界的很多规律。第一个规律就是广告投入和选举结果的相关关系。另一位候选人杰布·布什在广告上的花费是8 020万美元，几乎是特朗普的5倍。而希拉里·克林顿在竞选广告上的花费是特朗普的两倍。这似乎表明，当广告成为人们眼中的袭扰，广告做得越多，拉来的选票就越少。此外，特朗普的竞选团队很精明地将更多资金，投入定向数字广告信息的投放上，以吸引他的支持着参加投票。

第二个规律，在营销者眼中，广告要比媒体公关重要，因为公关所能产生的宣传不一定有效。按照传统的观点，营销者更倾向于在媒体上花钱做广告，因为担心免费的新闻报道式的软文不够可靠。按照过去的经验，总统竞选中媒体的报道不一定对竞选人有利。但媒体报道却"帮助"了特朗普。事实上，媒体报道成就了特朗普的竞选宣传；而特朗普的"口无遮拦"，也成就了很多报纸的发行量和很多电视台的收视率。

2016年，在特朗普赢得新罕布什尔州初选后，哥伦比亚广播的穆恩维斯对一名记者表示，这届竞选热闹得像场马戏。但显然他很高兴，说道："老兄，谁会想到我们会搭上这顺风车。收入滚滚而来，真的是很有意思。这对我们来说是好事，虽然我知道这样说不大合适，但特朗普加油吧！"不少人为此批评穆恩维斯。认为他不应该因为对公司收益有好处而对这场竞选闹剧"幸灾乐祸"。

穆恩维斯原本支持希拉里·克林顿，几个月后，我问他怎么解释之前的那个表态。穆恩维斯说："那就是个玩笑。我当时是当着300多位银行家的面说的，我得逗他们开心。"这也许听起来是玩笑，但铁打的事实是，2015年和2016年，哥伦比亚广播等媒体将大量的节目时间和头版报道用来报道特朗普。因为特朗普带来收视率和发行量。然而从另一个角度看，对于特朗普的疯狂报道损害了新闻业的可信度，因为这揭示了，记者并不总是追求有价值、有意义的新闻，还追逐可能为媒体带来收入的新闻。

媒量（MediaQuant）是一家量化媒体报道价值的公司，帮助确定广告投放价格。据该公司估算，至2016年春，媒体对特朗普铺天盖地的"免费"报道相当于20亿美元的价值，远远超过了他的竞争对手在广告上的投入。有研究表明，特朗普比希拉里获得了更多媒体的关注。尽管许多报道是负面的，但这并没有改变特朗普的支持者，因为在他们看来那些新闻都是"假新闻"。

第三个规律就是名人代言广告不再有效。在竞选的最后几天，歌手杰斯（Jay-Z）、碧昂斯（Beyoncé）、布鲁斯·斯普林斯汀（Bruce Springsteen）、凯蒂·佩里（Katy Perry）等明星为希拉里造势。卡森坚定地认为："名人代言起到的效果反而是负面的。"因为这加重了人们对希拉里作为"精英"的厌恶;而且让特朗普显得更像政治"圈外人"。

特朗普的成功获选印证了一个新的营销规律,那就是定向传播越来越重要。企业通过定向传播实现和消费者的直接沟通,总统则是运用现代技术直接和人们交流。在这场选举中,民调数据对特朗普不利,但定向数据帮助了他。剑桥分析公司是特朗普团队合作的一家从事数据挖掘的私有企业。该企业声称,对于每一位特朗普的潜在支持者,我们掌握这个人3 000~5 000个数据。特朗普竞选团队则斥资在社交媒体发布信息。竞选结束后,在接受《60分钟》(*60 Minutes*)栏目采访时,特朗普炫耀自己用社交媒体成功地绕过了媒体。他说:"我认为社交媒体要比花钱做竞选广告更有效,一定程度上我就是最好的证明。"苏铭天认为:"特朗普竞选团队采用的定向的信息传播方式,被证明是合理的;这也反映出,我们正在尝试的程序化广告也是合理的。相信数据、依靠数据,极大地支持了我们看待新业态的方式。"这对传统的代理模式来说,不是好消息。

美国银行的安妮·芬努凯恩是希拉里的支持者,尽管她对选举结果感到失望,但仍然对特朗普跟选民直接沟通的方式感到赞叹。特朗普的模式具有普遍意义。耐克创造了Nike+、穿戴设备以及耐克会员社区,联合利华创造了"一美元剃须俱乐部"平台。所以芬努凯恩在筹划自己如何建立用户和美国银行与美林集团的联系。她说:"特朗普成功地打造了一个支持者社区,这让我感到应该直接和客户建立联系。"

特朗普和广告活动的另一个相似之处也许应该是他的夸夸其谈。特朗普在讲话中经常夸大事实,并且很会操纵人们的情绪,有时很像对广告的复制。(当然,总统说谎要比广告说谎后果更严重。)

特朗普成功当选美国总统为广告营销业和传媒业增加了许多不确定因素。特别是他并不固守共和党传统的核心价值。伴随着日益激烈的传媒产业整合,在特朗普刚当选时,就有许多媒体和科技公司的高管发出一系列疑问:特朗普政府是否会批准美国电话电报公司对时代华纳的收购?特朗普愤怒地将美国有线电视新闻网(CNN)贴上制造"假新闻"的标签,那么特朗普政府会不会要挟想要收购有线电视新闻网母公司华纳的电话电报公司,要求它处理或惩罚有线电视新闻网?特朗普政府和国会,是否会接收共和党众议院筹款委员会提出的修改税法提案,结束"一次性注销所有广告花费"?(特朗普当选后几天,广告主联盟就提醒成员,如果特朗普和国会修改税法,将造成广告主和代理公司2 000亿美元的损失。)特朗普是否会通过联邦贸易委员会打击原生广告,来惩罚媒体和广告商?特朗普和国会是否会废除奥巴马任期联邦通信委员会实施的隐私保护条例?特朗普政府是否会限制移民,将互联网企业需要的外籍工程师拒之门外?特朗普政府的司法部门是否会判定谷歌、亚马逊、脸书、苹果等巨头存在垄断?特朗普会如何处理奥巴

第十八章 再见，旧的广告规律

马政府颁布的"网络中立"（Net neutrality rules）规则？该规则遭到电话和有线宽带提供商的反对，却受到通过互联网传播内容的媒体和科技公司的欢迎。

即将卸任的美国联邦通信委员会主席汤姆·惠勒认为，"网络中立"规则尤为重要。在卸任前的一次谈话中，他严肃地表示，平等的宽带接入对广告商至关重要。惠勒说："苏铭天应该关心的是，他们基于 IP 地址的服务，能够拥有一个快速、公平、透明的互联网环境，供他们自由地接触消费者。消费者要想获得广告商提供的内容，也不应该担心有人去限制消费者如何获得信息。在就职后的几周内，特朗普政府和共和党国会确实撤销了奥巴马政府期间设立的隐私限制。在 2017 年 11 月，新任联邦通信委员会主席阿吉特·帕伊（Ajit Pai）提议，废除奥巴马政府期间设定的"网络中立"规则。

就在同一天，特朗普政府司法部宣布将以违反《反垄断法》为由，终止美国电话电报公司与时代华纳的合并。

美国政治游戏规则的变化加剧了广告营销界的动荡。是的，代理商越来越头痛，广告主企业把他们当作多余的中间人，在自己内部培育了负责营销的部门。是的，代理商对亦敌亦友的消费者也不满意；对正在成为媒介代理的媒体机构也不满意。是的，代理商还面临来自咨询公司的竞争压力。是的，广告主钱袋子捂得更紧了，对代理商不信任了，曼德尔对回扣的指控又火上浇油……

但是，以上这些都可以被归为"竞争性挑战"，而非"致命威胁"。但互联网巨头，特别是脸书和谷歌，对广告代理来说存在致命的威胁，因为这些互联网公司希望取代多余的中间人。互联网企业的天性是去颠覆。它们可能从一个行业起家，但是看到其他行业的商机，会立刻抓住。一步一步，谷歌的触角从搜索到电视，从移动电话到无人驾驶汽车，从物联网到云计算。脸书的则是从社交网络到即时通信，到 Instagram 平台，到卡洛琳带领的日益壮大的营销团队。想象一下，如果脸书在平台广告上增加一个购买按键，促进广告主的电商发展，那这对脸书来说是多么巨大的优势！可以说，互联网公司一直遵循着乔治·华盛顿·普伦凯特（George Washington Plunkitt）的名言："我看到我的机会，它不会逃走。"

当被问及脸书和谷歌在广告营销方向真正的"野心"是什么的时候，一位与这两家巨头有密切联系的互联网世界核心人物表示，如果不透露自己的姓名，那他可以说实话。

那个人首先陈述了一个事实，在广告行业，高管下面负责执行的大部分文案、设计和财务人员的薪酬很低，根本无法和脸书、谷歌这样的互联网企业相比。他继续说："所以我觉得脸书和谷歌发现，广告代理公司的这群乌合之众没有什么本事，但还有这么多机会。我们为何不招徕人才，干得肯定比这些小丑好。显然，互联网公司很高傲，但它们有高傲的资本。"但他认为，互联网企业不会和广告代理商竞争，因为广告营销并不完全依靠计算机和算法，所以这些数字科技企业不会选择扩张自己的广告业务。但是，毫无疑问，互联网公司会对群邑媒介集团这样的媒介代理"下手"。他认为："毫无疑问，互联网公司和媒介代理存在竞争关系，或者用苏铭天的词，是'友敌'。我觉得苏铭天可能是出于礼貌才加了一个'友'字。互联网企业也很礼貌，因为他们还需要群邑或WPP集团的把关。但是到了最后，就是一场战争，一场程序广告人和创意广告人之间的战争。"

苏铭天不再为了和气而掩饰对另一家互联网巨头——亚马逊的担忧。他说亚马逊让他辗转反侧。因为亚马逊占全美一半的在线零售额，拥有最具价值的消费者消费数据，即"亚马逊知道什么好卖什么不好卖"。但是亚马逊不分享它的数据。苏铭天表示，亚马逊现在越来越多地搅进WPP集团客户的生意中来，比如生产与联合利华和宝洁竞争的产品，与沃尔玛竞争，购买电视节目，出售农产品和食品。苏铭天说："我问客户，你们最担心谁？他们说是亚马逊。"苏铭天同样担心，坐拥丰富的消费者数据的亚马逊会进军广告业务，代替群邑媒介集团，为它的客户定位消费群体并投放广告。

对广告代理，智能手机构成了另一种致命威胁。首先，智能手机已经从根本上改变了广告和营销的业务。未来几年，当5G取代4G和3G时，移动互联网网速几乎与有线或宽带的速度相匹配时，由此产生的影响将是极其深远的。电影视频可以在瞬间下载完成。

恼人的下载等待将消失，这对所有视频业务，包括视频广告和虚拟现实的发展提供了巨大的支持。无人驾驶汽车必须在每秒时间内完成对于其他车辆及障碍的多次定位，才能避免撞车事故。所以移动互联网速度的提升将加大促进无人驾驶汽车和机器人的发展。还有构成物联网的各种设备将在高速移动互联网的支持下，实现无缝联结。10年前，大多数数字内容都是文本。到2016年，其中一半是视频和照片。广告商知道，手机上最能吸引消费者的广告是视频广告。而观看体验的提升需要5G网络的支持。

曾经，有关商品的信息稀缺时，消费者从广告中了解产品。消费者渴望得到信息，于是用他们的时间换取信息。今天，正如营销专家戈德·霍凯斯在网络刊物《媒体邮报》所写的："广告存在的基本前提已经根本改变。信息不再是稀缺的。相反，因为数字化，我们要用有限的注意力去面对过剩信息的汪洋大海。我们现在需要的，是过滤信息。"所以当广告试图去推销什么的时候，广告令消费者感到假，感到烦。网飞、HBO、Showtime、YouTube的关闭广告选项，使得人们越来越习惯于不受打扰地看电视，像看电影一样。而社交媒体使得人们越来越习惯于双向沟通，也就是既接收信息，也反馈信息。道富银行执行副总裁兼首席营销官汉娜·格罗夫（Hannah Grove）在一次《金融时报》举行的论坛上说："广告营销的一个新的核心动词是'倾听'。我们都是人，我们不想被当作靶子进行营销。我们身处的环境不是安静的教堂，而是热闹的市场。"

第十八章　再见，旧的广告规律

毫无疑问，无论网速是 5G 还是 4G，通过非常私密的手机发送广告信息，对于广告商来说充满了风险和机遇。卢马联合公司的特里·卡瓦加拿起手机说："手机从根本上改变了我们的世界。这种媒介是前所未有的。手机无处不在、无时不在，它极其私密，而且一直跟在你身上。同时，手机的功能又是丰富的，它可以用来在线买东西、看网页、打电话等。"卡瓦加乐观地认为，从长远看，广告商会找到更好的推销产品的方法。但是他也承认存在诸多风险和困难，首先一条就是"广告建立在对消费者注意力的占有或者说打扰上"。此外，在社交媒体时代，口碑成为营销的撒手锏。话语的权力很大程度地转移到了消费者那里。美国全国广播公司娱乐频道总监鲍勃·格林布拉特（Bob Greenblatt）在 2017 年 11 月举行的一场论坛上表示："消费者现在讨厌广告，正成群结队地逃离广告。对我来说，这就是问题的症结所在，那么我们如何阻止这种情况的发生？"

对于传统广告营销业，人工智能也是一个致命的威胁。沙德·特柏科沃拉认为，人工智能将引发第三轮变革。其深刻程度不亚于 20 世纪 90 年代互联网浏览器的发明，2007 年智能手机 iPhone 的推出。通过分析从搜索引擎、社交网络、商店获得的数据，人工智能可以决定对谁说，说什么内容，并整合所有要素编写出广告或者是定制化的营销信息。特柏科沃拉的预测，得到了 2016 年末一项全球营销调查的支持。该调查显示，超过半数的首席营销官预测人工智能对营销和传播的影响,将超过社交媒体。[37]亚马逊的Alexa,微软的Cortana等数字助手的应用越来越转化为所谓的"程序化消费"。具体说来就是消费者无须花时间挑选产品和下单,这些都可以由数字助手自动完成。这意味着,越来越多的购买将由算法决定。

硅谷资深风投资本家乔·肖恩多夫(Joe Schoendorf)描绘了一个人工智能的未来。他设想了一个具有人工智能的冰箱,可以识别冰箱里瓶瓶罐罐上的条形码,感知存货剩余多少。比如,瓶子里的饮料快喝完了,冰箱会自动将补货订单发送给商家。或者,冰箱的人工智能软件可以帮助人们选择更实惠的商品。那么,代理商的广告怎么去"打动"机器?当人工智能充分发展后,许多工作不再通过人机沟通完成,而通过计算机与计算机"对话"解决,比如计算机生成广告。那么,广告代理商的价值何在?肖恩多夫补充说:"令更多代理商感到不安的是,亚马逊已经认识到这一点,他们开发的连接Alexa的Amazon Dot智能语言助手,是这一战略发展的敲门砖。"

微软的詹姆斯·惠特克说:"在数据的世界,人们不需要广告。"机器将帮推测出人们想要的产品,并找到最低的价格。惠特克继续说:"一旦机器可以判断人的购买意图,那还需要广告吗?"或者说,广告代理也是多余的。品牌或商店可以直接和消费者交流,实现许多营销者追求的一对一营销。

不过惠特克承认,这个美丽新世界并非就在眼前。计算机能够洞察消费者的意图将是"具有划时代意义的";但变化通常是"渐进的"。也许,计算机永远无法解码人类的意图。或者,无法创造出能够引起消费者情感共鸣的广告信息。或者计算机仅为我们出谋划策,做我们的"智囊"。

程序化广告依赖于人工智能的发展。但程序化广告的发展势头并不像有些预测那样迅猛。哥伦比亚广播等许多广播电视媒体顽强地抵制程序化广告推行。今天,大多数的互联网广告是通过程序算法进行的。2016年,实力传媒的程序化广告营销展望相关研究预测,在美国,程序化广告的花费将从2012年的50亿美元扩张到2018年的640亿美元。但这一速度落后于世界平均的程序化广告发展速度。

iHeartMedia电台首席执行官鲍勃·皮特曼说:"程序化广告是我们的'曼哈顿工程'。互联网技术的发展已经改变这个世界,包括广播本身,而我们还在用过去的方式做广告。"他认为,依靠大量数据实现的程序化广告的买卖既迅速又便捷。我们和电视台不同,他们的观众大多是晚上坐在家中,我们的广播听众是全天的。所以皮特曼认为,他可以试着通过定位即将去商店购物的消费者,向广告主清晰地展示其广播广告的效果。当程序化广告普及到所有平台,包括电视广告,会出现许多问题。比如,计算机实现的程序化广告购买,迎合的是消费者的趣味,而非具体媒体网页或电视频道。那么营销者如何避免重蹈 2016 年的覆辙，将一些友好的广告错误地投放到不友好的网站？

对于广告营销业，未来的核心问题将成为：什么样的广告营销信息不会让消费者感到是一种骚扰，是一种推销？但是广告营销业转变得太慢了。想想广告界用了多久才放弃烦人的网页旗舰广告和弹窗式广告；还有那些电视广告，一个小时的节目里恨不得有 20 分钟是广告；还有我们刚网购的商品，其类似产品的广告不断出现在页面和邮箱中。很奇怪，谷歌为什么等到 2017 年 6 月才决心终止这种"过时"的广告？

苹果公司将零售店打造成客户服务中心和旅游"景观"，成为苹果极佳的营销"桥头堡"。星巴克通过提供免费的 Wi-Fi（无线网络），形成一个很好的营销场域，吸引了更多的消费者。

埃隆·马斯克（Elon Musk）的特斯拉不打广告，但其创新技术的消息以及汽车时尚的外形常现于媒体报道，使其股价超越了其他许多汽车公司。广告界开始重拾"×××为您呈现"这样的冠名广告模式。该模式兴盛于 20 世纪 50 年代，当时最火的三档电视节目都被企业冠名，分别为德士古公司冠名的美国全国广播公司节目"德士古明星剧场"，飞歌公司冠名的"飞歌电视剧场"，高露洁冠名的"高露洁欢乐时光"。但是，这些半小时到一小时节目的冠名费用是个问题。一般每集一小时长的电视剧节目的冠名费超过 500 万美元，如果是热播剧价格可能更高；而投放一部 30 秒的广告可能才需要 30 万美元。

今天，正如我们看到的，通用电气并没有去冠名什么"通用电气剧场"；而是投身内容制作。通用电气与国家地理频道合作开发了一部系列片，请著名导演彼得·博格（Peter Berg）、朗·霍华德（Ron Howard）指导。影片耗资并不多。在影片开头，通用电气并没有设置类似"通用电气为您呈现"这样的冠名标语，而是将通用电气的工程科学家写入剧本。这种"植入"的广告开始卷土重来。福克斯的《嘻哈帝国》电视剧的百事可乐"植入"则更进一步，不仅在电视剧画面上出现百事可乐瓶子的形象，还将百事可乐融入电视剧的剧情，讲述剧中主角竞争为百事可乐公司代言。前广告人唐尼·多伊奇（Donny Deutsch）的"植入"则更露骨。在美国电视网的一档电视剧中，他的角色面对镜头，狂热地谈论着两个赞助商的商品，Hak's 的烧烤酱和纯净伏特加。

莱斯·穆恩维斯预测，未来哥伦比亚广播公司将会有更多的赞助节目，更多的产品植入。公司将更主动地去尝试短小的插入式广告，比如用时长为 6 秒的弹出广告取代 30 秒长的电视广告。美国全国广播公司、福克斯、特纳广播公司则计划减少广告总量，并对一些独家的优质的广告时间收取更高的费用。但是，哥伦比亚广播并不想效仿这几家广播电视公司，穆恩维斯表示："我觉得哥伦比亚广播现在的广告量很合适。而且 65% 的观众是实时观看节目的。"然而，福克斯却给出了广告费更高的反例：在其组织的 2017 年 8

月的"青少年选择奖"颁奖典礼的上,广告量减少20%,但广告的价格上去了,最后广告收入要比2016年的高出1/3。

毫无疑问,其他的营销手段将取代传统插入式的广告。比如,各种红牛赞助的"红牛音乐会",在衣服上印上品牌名称,企业为球队和场馆冠名等。另一种兴起的营销方法,在埃培智的迈克尔·罗斯看来,是一种与消费者产生"关联"的营销手段,比如对消费者提供折扣。广告商讲更加了解个体消费者,例如汽车经销商可以通过人们对汽车的搜索记录,借助人工智能锁定潜在的消费者。人工智能了解到,一个人每两年换一次车,距上一次换车过了一年半,计算机就会编写一则消息:"我们知道,您可能正想换辆车。这里是价值2 000元的购车券请收好。一个星期内您来我们这买车就能用上。"罗斯说:"这就叫'关联'。再比如,智能汽车可以将前挡风玻璃可以成为屏幕,并为车主显示周围哪家加油站价格最实惠,哪家加油站有免费的咖啡,或者说哪里有方便的快餐店等。当然,侵入式的营销信息和侵入式的广告,都可能令人生厌。

同时,原生广告将变得越来越"狡猾"。盖里·范纳洽写道:"最终广告将不会是广告的样子,它们将在各个传播平台上伪装起来,我们被营销了,却不知道看的是广告。"[38] 2016年年中,全美广告主联盟估算,2018年的原生广告的投入将从2016年的139亿美元增长到210亿美元。《纽约时报》首席执行官马克·汤姆森说:"对我们来说,原生广告很大程度上就是广告的未来。100年来,报纸上的广告一直是一种'相邻广告',就是当你看报纸中的新闻时,眼睛会扫到与新闻相邻的广告。而这种模式现在看存在它的局限。因为在智能手机上,没有相邻空余的版面让你发广告。所以我们希望广告将从形式上的相邻变成内容上的相关,成为媒体内容的一部分。"汤姆森预测,无论是插入式的广告还是相邻式的广告终将退出历史舞台。

《纽约时报》招来了专业的新闻人和广告商联手制作原生广告,但招致很多业内人士的批评。他们警告说,就像媒体发的'软文',原生广告将损害媒体本身和广告主品牌的诚信形象。通过招募'网红'提升品牌在互联网上的口碑的 Niche 营销平台的罗伯·费士曼认为原生广告面临的另一个难题是规模。因为原生广告必须根据不同的平台,针对不同的消费群体制作出不同的版本。每个版本既耗费一定资源,又很难重复利用。费士曼说:"但是原生广告对成规模统一化的广告来说是一种威胁。那种千篇一律的广告模式或将被原生广告击破。"

我们还看到,企业越来越擅长将自己的品牌和一些社会运动和公共事业联系在一起,鼓吹企业做的社会贡献。这不是才有的现象。20 世纪 80 年代,沃尔沃汽车并没有加入当时汽车追求时髦外形的竞争中,而是选择了提升汽车的安全性;宜家则为那些收入不高的普通大众提供尽可能时髦的家具;巴塔哥尼亚通过用回收的瓶子作为原材料制成衣服,在总部使用太阳能,捐钱帮助环境改善等，向消费者展示自己的社会担当，获得品牌成功。人们对大企业越来越不满，逼迫着大企业换着法儿地包装自己。每年，爱德曼国际公共公司都会发布一项名为"信任度晴雨表"全球调查。该调查将知情的公众对企业（以及其他机构）的信任度与普通大众的信任度进行对比。伴随着收入差距的增加，2016年的报告显示出二者之间的巨大分歧：2/3的知情公众对企业机构表示信任，而同样表示信任的普通大众则不到一半。联合利华、宝洁、高露洁等公司宣传企业所做的社会贡献，是为了向公众展示，自己把社会责任看得比赚钱更重要。当然，肯定也是为了赢利。宣传"做好事"中所涉及的凡士林、清洁剂、牙膏，都是它们的产品。

斯科特·古德森（Scott Goodson）创立了一个名为"草莓蛙"（Strawberry Frog）的50人的广告营销公司。他选取草莓蛙的名字就是为了个其他公司区别开。他认为青蛙敏捷，而且据说生存在亚马孙流域的草莓蛙躯干为红色，四肢为蓝色，看起来很像一个穿着蓝色牛仔裤的反抗者，象征着自己的具有革新能力的公司。古德森写了一本题为《如何通过文化运动打造品牌和改变世界》的书，介绍营销者如何帮助企业打造品牌并改变世界[39]。书中，他质疑广告大师罗瑟·里夫斯"独特的销售主张理论"（USP），认为现在有太多平台，大多数产品都变成了用来竞争的商品，都是竞争对手不断通过降低价格来实现销售的商品。所以，公司需要去区分和宣扬的，不是你的销售主张，而是价值，而是你不同于别人的世界观。

所以在为百利宠物食品策划营销方案时,他该宠物食品公司发动了一场"救助宠物"的运动,因为每天美国有 9 000 只本该受庇护的宠物被杀害。

古德森认为,具有诱惑力的"价值"是可以促进营销的。尽管他承认:"营销有时是有害的。它有可能操纵人们的选择,让人们花'冤枉钱',甚至消费对自己不利的商品。但是我认为,企业拥有一定的力量,当这种力量用在正道上时,可以解决我们面临的很多社会问题。而解决这些社会问题对企业来说,也符合它们的利益。比如自然环境越来越差,企业有义务去改善环境,否则它们的消费者会越来越少。"

但是,刻意地去宣扬自己所尽的社会责任有时可能适得其反。比如百事可乐就有了这方面的教训。在 2017 年春天,百事可乐发布的一则时长 2 分 39 秒的广告。广告展现的是一场年轻人的抗议游行,其间真人秀明星肯达尔·詹娜(Kendall Jenner)正在街边拍摄写真。广告并没有明确介绍游行的主题,但是游行逐渐引起了詹娜的注意,她不断看游行的队伍,最终加入了游行,并引发了人群的欢呼。詹娜拿着一瓶冰镇的百事可乐,来到配有防爆装备警察"人墙"的前面。她递给一位警察一瓶百事可乐,警察拿起来喝了一大口,又一次引发人群的欢呼。随后广告弹出字幕写着"加入我们"。这则广告向人们暗示,喝着百事可乐,示威游行就会更有效果。在推特和脸书上,人们很快就表现出对这则广告的愤怒。马丁·路德·金的女儿柏妮丝·金发推特说："要是父亲当年也知道百事可乐的厉害就好了。"百事可乐见势头不对，迅速撤下广告，并停止继续在电视上播放的计划。这件事对百事可乐和其他企业来说都具有借鉴意义，因为企业的共同目标都是去建立与消费者的联系，形成他们对品牌的认知；但这其中很重要的一点，是展示其"真实"的一面。

当然，也有类似的广告营销产生好的结果。比如麦肯纽约广告公司为美国道富银行下的道富环球投资管理公司制作的"广告"。内容是一座50英寸（约1.27米）高的的名为"无畏的女孩"的铜像。雕像被放到了华尔街金牛旁的人行道，女孩双拳放到背后，昂头挺胸，双眼盯着金牛。仿佛在传递这样一个信息：呼吁增加女性领导席位。道富环球投资管理公司之所以设计这座雕像，是为了宣传公司设立的"SHE基金"，该基金对那些在领导位置聘用女性的公司提供投资支持。《无畏的女孩》广告在2017年戛纳广告节上斩获三项头等奖，评委会主席文迪·克拉克说："自雕像出现在华尔街后，SHE基金市值涨了374%。"[40]

另一个成功且新颖的营销案例是花旗银行赞助的纽约城市共享单车Citi Bike。2013年5月，花旗银行斥资4 100万美元赞助发起该项目，人们可以免费骑行。至2017年夏天，项目总共投放10万辆共享单车，遍布纽约55个主要社区。安德鲁·埃塞克斯（Andrew Essex）在他2017年出版的书籍《广告的终结》（*The End of Advertising*）中写道，花旗银行并没有选择把那 4100 万美元投资在广告上，或是投资在什么其他不利于环保的实业上。相反，花旗银行制造了一个人们既喜欢，又能帮助降低碳排放的项目。花旗银行投资投放在美国纽约市和新泽西州的共享单车，为其带来了明显的回报。埃塞克斯在书中写道，据花旗银行 2015 年的一份内部数据，人们对花旗银行"正面的印象"增长了 28 个百分点，到了 72%；"考虑购买花旗银行金融产品的"增长了 43 个百分点。但是由于花旗银行是一家全球企业，若想通过相同的方式，即在全世界投放共享单车，成本将赶上大面积的电视广告。

总之，无论广告和营销在未来几年会呈现何种形式。可以确定的是，通过数据触及目标消费者将成为支柱之一。欧文·戈特利布相信，未来广告代理公司将不得不对广告主承诺广告效果，而好的效果将带来更高的收益。

我们还可以确定的是，隐私问题仍是广告营销者的雷区。他们担心政府会变得警惕，制定严格的规章。比如在欧盟国家，一个保护人们隐私，未经个人允许限制企业收集个人信息的法律条例将于 2018 年 5 月生效。

有些人，比如天联广告的安德鲁·罗伯特森，相信平台的丰富加上精准的定位，会让创意广告更准确地触及并引起潜在消费者的注意，这自然也会体现在广告费用上。对于广告主来说，广告花费的效率提高了。也有人，比如媒链的卡森就持相对悲观的观点，他说:"我最大的担心是,历史上一直以来存在的广告提供商品信息的联系断裂了,因为消费者可以不通过看广告,直接获得商品的信息。一直以来是广告资助支持着杂志,所以设想一下,如果一份像《生活》(life)这样的杂志里面没有广告,那杂志的价格会有多高?"但是,今天太多人不愿看广告。

那么人们用什么代替广告?

卡森大胆地说:"我们生活在一个订阅的世界。"但我认为这是错误的答案。

学者吴修铭先生主张用订阅取代广告。他回溯到1833年,第一家得到广告"补贴"的报纸《纽约太阳报》,并称此为报纸的"原罪"。在他观点犀利的《注意力商人》一书中,吴修铭认为,被广告资助的媒体中,读者或观众并不是至上的"客户",广告主才是。既然得人钱财,报纸等媒体机构需要为广告主吸引更多读者,这势必影响到媒体内容的质量。比如,金·卡戴珊是个吸引眼球的人物,那就多报道她的新闻。对于大众,支持媒体的方法就是花钱,比较好的是订阅或打赏。持此观点的人还有推特联合创始人伊万·威廉姆斯(Evan Williams)。2017年2月,威廉姆斯筹集1.34亿美元,创立了Medium——一个支持广告的新媒体平台。但是,为了维持新闻质量,减少对广告的依赖,威廉姆斯后来裁掉了1/3的员工。威廉姆斯在接受《商业内幕》(Business Insider)采访时表示,广告驱动的媒体是"堕落"的,因为正在给钱的是企业,而他们为的是实现自己的商业目标。我们认为，妙手著文章的人应该以其是否能铁肩担道义作为评价和奖励的标准，而非是否吸引了读者那几秒的注意力。2016年，吉姆·范德海（Jim VandeHei）离开美国政论网站Politico首席执行官的岗位，创立了自己的更加激进的网络媒体"Axios"。他抨击了当下媒体存在的骗点击的伎俩，认为这是为了迎合广告客户，因为媒体依赖于他们的广告。而在他创立的Axios网站，范德海说："读者需要为自己喜欢的内容买单，而且读者愿意且能够这么做。"[41]

理想总是高尚的，对于广告和新闻媒体关系的分析也是正确的，但现实的经济问题并不理想。Axios网站的在经营上的策略显然没有按照范德海的宏伟志愿进行，据一位网站的投资者说，Axios网站90%的收入来源于企业赞助以及广告，比如在文字中插入一小段广告或是写着"该新闻由美国银行为您呈现"类似字样的图片。希拉里·克林顿和唐纳德·特朗普可能存在很多不同的政见，但是他们都认为，美国的中产阶层受到挤压，收入停滞不前。尽管中产阶层的收入在2014年至2015年间确有增长。但是从2007年至今，收入整体水平并无太大变化。普查报告显示，2009年中产阶层家庭年收入为54 988美元，2015年为56 516美元，仅有小幅增长。而介于贫困和中产阶层的中低阶层的年收入则出现下降。布鲁金斯学会汉密尔顿计划研究发现，如果除去对通货膨胀的冲抵，最近40年美国人平均薪水水平上涨了0.2%。

看看今天的这种订阅服务费，包括手机话费、宽带费、有线或卫星电视费、报纸订阅费、杂志订阅费、网飞、HBO、Showtime、亚马逊 Prime 会员、音乐会员以及各种应用的费用。美国南加州大学教师杰弗里·科尔（Jeffrey Cole）研究发现，平均家庭一个月在各种订阅服务上花费 267 美元，这还不包括电费、煤气费等其他必要费用。

如何让这些捂紧"钱袋子"的消费者再花钱订阅？也许很难实现。但是，还是有很多平台成功地通过提高订阅减少了对广告的依赖。Hulu 网的订阅在上升；2016 年，苹果应用商店的订户达到 27 亿。声破天（Spotify）音乐平台的订户从 3 000 万上涨到 2016 年的 5 000 万。亚马逊的 Prime 会员只需一年交纳 99 美元，就可以享受免运费以及免费的电影、电视剧、音乐的其他娱乐项目的服务。《纽约时报》对广告收入的依赖度从以前的 80% 下降到 40%。（《纽约时报》《华尔街日报》《金融时报》抬高了订阅价格，其读者仍愿意买单。但是大多数报纸是无法做到的。）

媒体为了减轻对广告依赖，不断进行创新。大多数报纸在尝试设置收费墙，对部分新闻内容收费。英国《卫报》没有这样，它还是免费提供新闻，但是在新闻最后写道：

既然您已经看完这则新闻……

我们有一个小小的请求……如果我们的每一位读者看到、

喜欢我们的报道,然后"打赏"给我们,那么我们的未来会更美好。只需 1 美元,您就可以支持《卫报》……

读者可以点击信用卡或贝宝链接打赏《卫报》。据尼曼新闻实验室 2017 年 11 月的一篇报告,30 万读者自愿打赏《卫报》,另有 50 万用户成为会员,每月支付一定费用,享受各种服务和活动。由此产生的收入已经超过了《卫报》的广告收入。[42]

对于那些不想看广告的人,YouTube 提供了 Red 会员制度,成为会员可以跳过广告。许多其他的平台也是为跳过广告收取一定的费用。双击广告公司、商业内幕网站创始人凯文·瑞恩(Kevin Ryan)认为很多人不是没钱去订阅,因为"你看他们每天在星巴克舍得花 5 美元喝咖啡。"

也许是这样的,但还是让我们回到"钱"的问题。《纽约时报》的数字订阅用户数量正在迅速增长,2015—2016 年增长了 46%。《纽约时报》以及《华盛顿邮报》都在揭穿特朗普的"谎言"和报道他制造的"混乱"上做了出色的工作,他们也因此获得订户的支持。这些订阅用户的支持减轻了《纽约时报》对广告的依赖。这是个好消息。但是,《纽约时报》的大部分收入来自纸质报纸,包括 62% 的广告收入,所以现在需要发问的是,制作成本更低的数字报纸能否产生与纸质报纸相当的广告收入。

为什么会存在这样的问题?《纽约时报》的读者在纸质报纸上

平均每天要花 35 分钟；而在其网络平台，一个月才能产生 35 分钟的阅读时间。同理，读者在数字平台看广告的时间也大大减少。所以，同一则广告，广告商在数字平台上花费的费用是在报纸版面上的 10%~20%。

尽管数字订阅用户数量增长了，纸质报纸发行量增长了 3.4%，数字广告收入增长了 5.9%，但《纽约时报》2016 年的总收入和利润还是有所下降。这使得《纽约时报》在其 2016 年的年度财务报告中，表达出对未来更谨慎的态度，"我们的可能面临广告收入利润率进一步下滑的压力"。

时间到了 2017 年 11 月，《纽约时报》称，截至第三季度末，尽管纸质报纸收入进一步下滑，但总体收入增长了 6%。显然，如果《纽约时报》有朝一日能放弃纸质媒介，在纸张、印刷和发行方面节省的成本可能会抵消纸质版带来的不成比例的利润。分析师肯·多科特（Ken Doctor）认为，如果《纽约时报》能像他们期待的那样，将其订阅收入从 60% 提高到 70%，《纽约时报》就可以赶超通货膨胀货币贬值的速度，实现确实的、持久的增长。但是，《纽约时报》为了几年的利润仍将是微薄的。而这是反常的，因为《纽约时报》终究不能代表大多数报纸。报业的整体情况，需要看甘尼特报团的《今日美国》及其 109 家地区性报刊，以及麦克拉齐报业集团、AH 贝罗报业集团。而它们的情况是，2017 年报纸广告和发行量双双下滑，而且其数字平台的广告和订阅收入，远远无法

抵消报纸收入的下降

毫无疑问，消费者将在各种订阅服务中，重新规划自己的订阅组合。但是大多数消费者的钱袋子是紧闭的。所以如果有人说，我们可以用订阅取代一直以来补贴媒体的广告，那这个人一定是数学没有学好。

但是，但是广告业这边也有难处，也就是说依靠广告的补贴也不是可靠的。许多营销人员不愿看到，消费者被网飞、YouTube、可以跳过广告的录像机、广告屏蔽软件以及每个人拿在手上的手机惯坏了。于是在他们看来是骚扰的广告将退出历史舞台，消费者将会越来越抵制营销信息。由此广告营销赖以为生的消费者竟成了这个行业的友敌。

第十九章 无问过往

> 两周前,我在鹿谷滑雪。向下冲时,这是多年来我第一次不用担心身后,第一次无问过往。
>
> ——迈克尔·卡森

过去几年里,对广告营销者来说,行业的变革没有带来几条好消息。但对卡森和他的媒链集团来说,都是好消息。2016年年中,卡森准备好了大赚一笔。他很快就要66岁了,而公司另一位股东文达·米拉德也已经63岁。在投资银行家阿里耶·伯克夫的操作下,媒链正如火如荼地寻找理想的收购方。2017年夏天,卡森承认已经有4家竞标企业。无论谁收购了媒链,他都会在协议中答应,再在媒链工作5年。媒链可能收购的价格将达1.5亿美元左右,而且随着媒链公司业绩的提高,这一价格仍在上升。

伯克夫为媒链公司筛选了很多企业。这其中既有希望进军营销业的好莱坞演艺经纪公司,也有广告代理控股集团,既有咨询公司，也有谷歌、脸书这样的互联网巨头，还有一家渴望扩张的节庆活动策划公司。WPP集团的苏铭天说："有人问我，对媒链公司感不感兴趣？我说，不感兴趣。我认为媒链的'归宿'是咨询公司。"就收购问题，卡森曾与好友莫里斯·利维交流过，探讨阳狮集团旗下沙宾特咨询公司是否可以收购媒链。卡森很认可这个方案，因为他很欣赏利维，也很喜欢在沙宾特咨询公司，与麦肯锡、埃森哲等咨询公司竞争。卡森曾说："在企业战略咨询方面，我们确实有自己独到的地方。"

但是，无论是被广告代理集团，还是互联网集团，还是大型咨询公司收购，都意味着媒链要损失其保持中立的能力。身在代理商集团旗下的媒链，还怎么对代理商进行评价？从收入看，帮助客户评价代理这项服务只贡献极少的收入，所以卡森可能砍掉这项业务；但评价为媒链带来了在行业内的权力。

广告界不少人认为，卡森所谓的"中立"其实是一种商业策略。阳狮集团的沙德·特柏科沃拉与卡森相识多年，他对卡森的"中立"表示不满，评价说："这世上有两种中立：一种是隔岸观火，另一种是不偏不倚地卖给双方各一把'火把'。"

苏铭天虽然没有公开批评过卡森，但是他知道如何让卡森感到难堪。2016年戛纳广告节期间，卡森正参加WPP集团组织的论坛会，苏铭天来到卡森的桌前，用其他人都能听清的声音说："听说你想卖了媒链。"卡森有点蒙，而且十分生气，但是一笑置之。当天晚上，负责收购事宜的伯克夫一直在卡森身边。8月，卡森说自己收到了一个咨询公司收购的请求，但是他不愿提供这家公司的名字，同时也表示不会接受这桩收购。

卡森和伯克夫评估着希望收购媒链企业的缺点。卡森的好朋友阳狮集团的首席执行官利维即将退休，而其他几家广告代理集团的负责人苏铭天、庄任、迈克尔·罗斯也都接近退休年龄，集团未来的前景如何，存在很多变数。此外，很多公司的高管要求大幅削减支出，担心企业遭到恶意收购，以及广告主和广告代理之间关系的恶化，这加重了广告代理集团的压力。宝洁宣布，未来将把105亿美元的营销预算削减为20亿美元。刚于2017年2月击退卡夫亨氏的收购的联合利华宣布，将削减20%广告代理费投入，减少30%的广告制作。这对联合利华主要的广告商WPP集团来说影响巨大。

很明显，乔恩·曼德尔在2015年广告主联盟大会上的发言以及后来K2进行的代理商调查中伤了广告代理商。2017年5月，广告主联盟发布代理商佣金年度报告。报告揭露广告商正"积极应对交易透明问题，简化并标准化向代理商支付佣金的业务"。这份报告还称，公司高管越来越重视并更多地参与到与广告代理的谈判中，比例从三年前的33%到现在的73%，但广告代理费在减少。曼德尔的指控带来的一个结果是，在6大广告代理控股集团中，有5家据说因欺骗客户而受到司法部门的调查。司法部门聚焦的问题焦点是，广告代理商是否通过合同竞标的舞弊，养肥了自己的腰包。即找自己常合作的独立工作室"陪标",让其抬高价格,使得集团内部的代理商通过低价格赢得合同。

相比之下,广告营销界的大乱对媒链来说是有利的。卡森认为,K2 的报告"逼迫着这些广告代理必须夹起尾巴挣钱了。但是我认为,它们并没有犯法,他们也没有违反合同。但是,现在广告主越来越怀疑自己的代理商,对他们之间的合同也越来越谨慎。"卡森说:"与 2015 年和 2016 年相比,我们现在接到的调查评估代理商的工作更多了。2017 年夏秋,媒链将为安海斯布希饮料公司、财捷集团、乐高集团、美泰集团等公司评估检视其广告代理商。"与此同时,代理商也在寻求媒链的帮助。还有报纸、杂志等媒体公司,咨询公司,脸书、谷歌以及许多新兴互联网公司。

很少有企业能免于当下的变革。尽管哥伦比亚广播发展得顺风水水,利润超过 20 年前的巅峰时期,收入来源更加多元,估价上涨,但这无法掩盖其面临的生存威胁。伴随着实时收视率的不断下降,广播电视就不能用降低的收视率去向广告商要更多的广告费了,这种怪象很快将结束。卡森坚定地认为,像 2002 年福克斯的《美国偶像》这样的爆款节目,在黄金时段吸引了近 4 000 万观众。而在今天,2016 年福克斯的热播剧《嘻哈帝国》的观众量只有《美国偶像》的 1/4。即便有很多观众会在一个月内延迟观看电视剧,加上美国增长的人口,也无法改变广告商对广告观看减少的判断。卡森说:"人们越来越不看广告了,品牌需要找其他办法传递自己品牌的信息。"此外，广告商希望争取的年轻观众越来越不习惯看电视，而是在手机上看短视频。对于他们来说30秒长的广告是无法接受的。尼尔森报告指出，在34岁以下的人群中，黄金时段的收视率在过去5年下降了34%。与可以收集精确的观看数据的互联网电视不同，传统的广播电视公司只能告诉广告主粗略的统计数据。莫菲特－内桑森调研公司的迈克尔·内桑森预测，到2017年底，电视广告总量将下降5%。

与通过互联网传播的数字电视不同，广播电视只能告诉广告商观看者的广泛人口统计数据。

欧文·戈特利布认为，从长远看，有线电视网将自己的节目卖给急需内容的互联网竞争对手，比如网飞，是自掘坟墓；而且也将为广告商带来风险。戈特利布认为："目前有两个根本性问题影响着电视业，第一个是观众越来越习惯于自由地观看节目，而非像以前一样按照电视台的节目表观看节目。这就出问题了，以往是电视台安排好节目，然后安排广告信息出现在人们可以看到的时间。"人们可以自由地观看意味着，广播电视网必须设置一个节目表留住观众。"第二个是媒体呈现的用户订阅赞助信息超过广告营销赞助信息。事实上，我们已经越过订阅支持的内容盖过广告支持内容的临界点了。这一趋势将产生长远的影响。那就是没有企业愿意在媒体上做广告了，这对广告商和传统媒体来说都是问题。"

哥伦比亚广播和迪士尼这样的内容生产平台通过将电影、电视剧内容售卖给网飞这一互联网平台，在短期内获得了巨额利润。但是，从长远看，他们实际"养大"了一个强敌。2017年8月，迪士尼宣布将于2019年开始停止向网飞售卖电影。而迪士尼另一个可能产生剧变的动作，是其首席执行官鲍勃·伊戈尔宣布，开始在自己的流媒体平台直接向观众播放体育节目（包括娱乐体育节目电视网）、电影、电视节目。此前，哥伦比亚广播公司也曾声称要大力发展自己的流媒体平台，比如将热播剧《星际迷航》在自己的平台独播。两家公司都在含蓄地表示自己在和网飞较劲。事实上，它们也和自己合作的有线电视分销合作伙伴形成竞争。即吸引消费者放弃昂贵的有线电视订阅服务，取而代之的是，迪士尼或哥伦比亚广播公司等其他内容生产者提供的更便宜的服务套餐。这样一来，有线电视分销商是否还会继续心甘情愿地为内容生产商那些号称"独家"，实际在自家平台也播放的"非独家"内容，而继续支付高昂的转播费用吗？一场规模大、破坏强的冲突似乎即将到来。

对于广播电视等媒体来说，另一个挣"快钱"的诱惑来自互联网企业。2017年夏天，苹果公司表示计划每年投入10亿美元用于购买电视剧和电影，以和网飞、亚马逊竞争。而脸书和谷歌则宣布，将扩大对播出节目的支持力度，为的是从广播电视网那里"抢来"700亿美元的电视广告费。如果这些数字巨头要向广播电视网这样的内容生产者购买节目，那么摆在哥伦比亚广播等媒体面前的是两条路，是再一次决定卖节目，去挣这"快钱"，但也成全了

第十九章 无问过往

自己的敌人；还是选择拒绝。如果苹果、谷歌和脸书只能自己生产面向年轻用户的电视剧节目，那这些巨头需要多年才在这方面做得成熟。

离这场大战打响还有时日，也许那时候莱斯·穆恩维斯已经退休。与此同时，穆恩维斯没有效仿迪士尼断了网飞的节目供应。他让哥伦比亚广播公司的收入变得多元，而且这些收入预计将在未来几年继续增加。因此穆恩维斯受到许多应得的称赞。2017年春，站在卡内基音乐厅的舞台中央，穆恩维斯在一年一度的广告洽谈会上介绍着哥伦比亚广播公司。在台上，他系着光亮的紫色领带，神采奕奕、光鲜亮丽。他对台下的观众说："在这个碎片化的世界，一个媒体能把人们团结起来是比什么都重要。这就是我们正在努力做的……优质的内容永远为王。"

2016年行将结束，卡洛琳·艾弗森也是对未来信心满满。46岁的她将迎来在脸书的第七个年头。2017年，脸书的月用户数量将达到20亿。脸书和谷歌将占全世界新产生广告收入的77%。[43]卡洛琳认为，烦琐的数据统计将成为历史。在一本卡洛琳自己写的年末日记中，她写道：

> 我们的业务超出所有人的预期。我们被很多行业信任，成为"最关心它们利益"的合作伙伴。当我和很多公司营销高管交流时，他们表示脸书付出的比得到的多。毕竟，我们的企业

文化就是付出，我们比其他的合作伙伴，更在意其发展。我们引领行业形成了一个可以在多种媒介平台通用的数据测量标准，我们用行动打破针对数字公司不透明的指责。

显然，卡洛琳有些过分乐观了。自 2017 年 1 月开始，脸书和 YouTube 平台出现一系列丑闻，包括：其对计算机算法的依赖导致有的广告自动投放到对广告主不利或存在攻击性的网站上，平台传播展示未经证实的假新闻，接二连三的数据测量问题，数据收集对用户隐私的侵犯等。广告商对此表示强烈不满，并开始撤下广告。在 2017 年 6 月举行的戛纳国际广告节上，联合利华的基斯·威德在演讲时抱怨说，60% 的在线广告都是机器人"看"的，我们的广告是给消费者看的，不是给机器人看的。宝洁公司的毕瑞哲警告说，如果这些互联网公司不通过第三方机构保障其广告和品牌的安全性和有效性，宝洁公司是不会在上面做任何广告的。2017 年秋，脸书被曝出在 2016 年美国总统竞选期间，无意间接受了一家俄罗斯公司的资金，用来播出可能造成美国人政见分裂的广告。

困扰广告主和广告代理商的信任问题，如今同样困扰着脸书、谷歌与广告商的关系。脸书卡洛琳·艾弗森和谷歌的高管在努力安抚广告商。卡森认为："这对脸书和谷歌来说是一次严重的挫折，如果戛纳广告节期间，你站在戛纳的克鲁瓦塞特大道，会看到沙滩上脸书和谷歌的展示位置，你会觉得这两家互联网巨头坚不可摧。

但是最近我们会发现，它们也存在弱点。"脸书的弱点围绕在数据的测量问题上，谷歌则围绕在品牌安全问题上。在当年的广告洽谈会上，每个人都在谈品牌安全，可见其重要性。

为什么脸书和谷歌就给搞砸了？

卡森认为："这个问题发生在网络上是因为那里缺乏一个过滤机制。"作为卡洛琳的"导师"，卡森说："卡洛琳因此受到很大影响，她是一个高标准要求自己的人。这件事侮辱了她正直的人格，她对此很懊恼。"她知道广告主和广告代理彼此之间信任减少，二者对脸书也更加怀疑。

为了评估并消除各方对脸书的不信任，卡洛琳找到了卡森的媒链公司，倾听他的意见。同时，她特意对强烈批评自己和数字平台的毕瑞哲表示出赞美、敬佩之情。她说："毕瑞哲号召我们牵头清理他认为互联网存在的'数字泥潭'。"卡洛琳保持谦虚，并勤于倾听他人意见，这使得她很快战胜了对她和脸书的批评。卡洛琳说："毕瑞哲一直在指导我，他是我的导师。"

2017年秋，广告主企业仍在抱怨。在2017年9月广告周的演讲中，联合利华的基斯·威德为脸书等数字公司打分。有的公司因为广告欺诈问题，被他打了70分，有的则因为透明度问题被打了不及格。威德说："这些互联网公司必须让我们看到他们'墙里'的秘密，必须允许第三方测量公司监督他们的统计数据。"

对卡洛琳和脸书来说，另一个隐患来自正在全球范围内兴起的

"环境监管"。从2017年春天，数字巨头开始受到很多人的批评。他们警告政府，脸书、谷歌、苹果、微软、亚马逊等数字巨头存在垄断并且威胁到人们的隐私，所以必须严加监管。2017年5月《经济学人》杂志发表评论文章称："数据是数字时代的石油。"源自石油时代的对竞争的陈旧认识，如今很难在"数据经济"中发挥作用。数据改变了竞争的本质。掌握丰富数据的企业将会从网络效应中获益。比如，谷歌通过数据可以洞察人们在搜索什么，脸书可以数据洞察人们在分析什么，亚马逊则通过数据可以洞察人们购买了什么。丰富的数据使得这些巨头得以窥探人们的私密生活，并将这些信息用于广告营销。此外，这些"财大气粗"的巨头，通过收购潜在的竞争者，为行业建立了一个准入的"壁垒"。

苹果公司也对谷歌和脸书大加指责。不依赖广告收入的苹果，将隐私问题作为指责两家互联网巨头的"把柄"。苹果升级了其Safari浏览器，限制广告商和网站通过cookies追踪使用者。苹果又一次把自己塑造成站在消费者和隐私保护一边的"良心企业"。而另一边，广告主联盟、广告代理商协会和互动广告局以及整个广告界一道反对苹果公司。在一封公开信中，它们坚称禁用cookies将可能扼杀整个广告业，并指控苹果公司在"蓄意破坏"广告营销业。

政府方面也觉醒了。欧盟质疑脸书的隐私保护工作。英国政府称，正在考虑要求谷歌和脸书将用户的个人信息从数据库中删除。

美国密苏里州总检察长宣布对谷歌进行反垄断调查。《澳大利亚人报》是默多克拥有的一份澳大利亚全国性报纸,该报曾对脸书进行了一篇长达23页的报道。报道揭露,脸书为广告商提供接触到自己600万用户的渠道,其中不少用户是未成年,且经常在脸书上抱怨空虚、不安、挫败,需要安慰。脸书则将相关数据信息提供给广告商,使他们可以"乘虚而入",利用这些人精神上的需求。脸书则否认了这一指控。《连线》杂志则认为,脸书并没有解释,平台对未成年的调查怎么最后却呈现给了广告商。美国联邦贸易委员会被要求调查谷歌的隐私条款。欧盟则认为谷歌在搜索结果上优先显示和自己有合作的企业,违反了反垄断法;此外,欧盟还计划调查谷歌最为核心的技术,即其搜索算法。谷歌则强烈反对欧盟的职责,认为欧盟此举是为了保护和助长欧洲的一些互联网企业。截至2017年夏,欧盟宣布将对谷歌开出27亿美元的罚单。

2017年年初,负责媒链收购事宜的阿里耶·伯克夫发现了一个意想不到的买家,并且即将完成整个收购谈判。伯克夫在说:"我在谈收购时,是这样宣传媒链的。媒链的卡森站在广告营销舞台中央。在由信息和活动驱动的广告营销行业,您肯定希望获得更多社会关系和品牌知名度。而卡森是难得人才。他在人际关系方面敏锐,可以帮助企业提升品牌知名度。"

2017年2月7日,在媒链公司的办公区域,面对公司的员工,卡森说:"今天对我们来说是重要的第一天。"站在卡森身边的,是

Ascential 公司的邓肯·佩因特（Duncan Painter），也是卡森未来的老板。Ascential 是一家英国的上市公司，在 16 个国家拥有分支机构，提供 19 类服务和订阅产品，包括节会策划组织服务、出版服务等。戛纳国际广告节（创意节）就是由 Ascential 公司所有。卡森洪亮的声音被手持无线麦克放大，他边说边踱步，走到窗前，眺望着曼哈顿美洲大道。他回到员工面前，坐在屋子中间的一个大理石凳子上。佩因特站在卡森身边，身穿白色衬衣、灰色西服，打着素净的灰色领带。刚才进行的是早上八点半的面向员工的通告会。之后二人还要参加一个媒体的发布会。

在对员工的通告会上，佩因特用和气和鼓励的语气说："我们可以帮助媒链走向世界。在得知你们的客户是多么重视媒链后，我感到振奋。我认为我们 Ascential 是一家帮助别人实现梦想的公司。我们很荣幸能够收购媒链，使之成为我们旗下的第 20 个品牌。"在媒体发布会上，佩因特介绍说："媒链的客户有 200 多家，我们的客户大约 24 000 家。所以我们希望引入媒链，让其用自己的工作模式，为更多客户带来服务。"

卡森说："这次收购对大家来说，意味着我们的业务将遍布全球，今年我们会在伦敦和中国香港开设办公室。除此之外，一切还是原来的样子。"卡森还表示，自己签订了一份继续工作 4 年的合同，文达·米拉德则签订了一份长期合同。卡森说："这公司的招牌还是写着媒链，但这公司将有更多的招牌。"此外，卡森强调，自己和 Ascential 公司都很重视并达成共识:"保持中立将是未来我们彼此业务的关键。"

卡森和佩因特后来首次向媒体透露了 2016 年媒链公司的收入,为 5 600 万美元,利润为 1 400 万美元。收购媒链的价格是 6 900 万美元的现金。这比卡森曾期望的 7 500 万美元少一点。但如果媒链在未来三年实现自己的收入目标,收购价格将攀升到 2.07 亿美元。媒链是一家小公司,但收购它的 Ascential 公司也不大,其年收入才刚刚到 3 亿美元。

尽管卡森说,虽然成为 Ascential 的子公司,但媒链依旧要和戛纳国际广告节保持一定距离。卡森希望以后能够在广告节上有更大的作为,就像 2016 年媒链开始为广告节邀请娱乐明星发言表演。他说,也许后面会请些体育明星。在 2 月 7 日对员工的通告会上,卡森说了很多。但他没有告诉 120 名媒链的员工,他们将收到一笔丰厚的奖金,而奖金是卡森从他 75% 的股份中自掏腰包出的。他也没有跟员工说,文达·米拉德将不再担任总裁,而是在董事会担任副主席,并去往伦敦办公室,推动媒链的国际业务发展。

在宣布收购前的晚上,卡森给 5 家广告代理控股集团的老总打电话,分别是阳狮集团的莫里斯·利维、宏盟集团的庄任、埃培智集团的迈克尔·罗斯、哈瓦斯集团的亚尼克·博洛尔以及 WPP 集团的苏铭天。其中 4 位表示了祝贺和称赞。只有苏铭天,仅说了一句:"谢谢告知。"

如此，卡森继续在媒链公司，72 岁的苏铭天依然精力充沛。相信在未来几年，这对"友敌"将会有很多次的"交锋"。现为拉扎德投资银行副主席的杰弗里·诺森曾在 WPP 集团担任首席独立董事，并在董事会工作 11 年之久。诺森是苏铭天忠实的崇拜者。他表示："董事会一直在考虑谁来接替苏铭天的问题。"但是苏铭天讨厌这个问题，因为这就像在讨论他什么时候死一样。对于 WPP 集团下一代负责人的考察，董事会从 2010 年开始变得更加系统化，苏铭天也开始每年都和董事会就接任者进行一次正式会谈，非正式的讨论也有好几次。WPP 集团董事长罗伯特·夸塔（Robert Quarta）于 2016 年 4 月公开就苏铭天接任者的问题表示："苏铭天爵士无论是明天卸任还是未来一年、两年、三年、四年、五年或更长时间，我们都已经考虑好可以接任的几位候选者了。"

当问到苏铭天的妻子克里斯蒂安娜·富尔肯怎么看待丈夫的退休问题时，她大笑着说："不可能。你能想象他退下来在家干家务的样子吗？那我得找家外包公司一直陪他打电话。"

苏铭天的回答则和妻子的反应异曲同工，当被问及自己在 WPP 集团未来的工作时，他说："我会永远在那里，除非他们用枪打我。"

当然，聪明的苏铭天可能以另一种方式"退休"。几年前，他曾计划将 WPP 集团卖给沃伦·巴菲特，但是双方在价格上没能达成共识，谈判以友好的方式结束。正在挺进广告营销领域的咨询公司和互联网公司给出的彩礼雄厚，它们也可能会收购 WPP 集团。卡森说："如果我是埃森哲、Adobe 或甲骨文的老板，公司想发展广告业务，那为何不收购一家广告代理集团？当然，这些是我假想的，这些企业有没有这个倾向，我们不得而知。"

WPP 集团为何没有被收购？匹维托研究集团分析师布莱恩·维塞尔认为，广告代理控股集团的股票评级应从"买入"下调为"持有"。他在一份报告中写道："对很多广告代理控股集团来说，这是一个艰难的时期。核心客户业务增长放缓，很多客户采用零基预算。还有采购人员权力的上升、客户不信任的加剧、新的竞争对手、程序化广告购买的推广以及集团收入的'引擎'——媒介代理公司增长乏力。"维塞尔在一份关于广告代理的分析报告中总结道："广告代理公司，特别是 WPP 集团的悲观预期将在未来一段时间持续下去。"

苏铭天和他的同事都很焦虑。因为由于成本因素和对广告能够带来增长的怀疑，越来越多的广告主，特别是为 WPP 集团带来 1/3 收入的消费品企业纷纷削减代理费支出。在广告主联盟的调查的推动下，越来越多的广告主客户开始重新审视自己和代理商的合同。此外，政治经济不稳定因素增多，致使包括广告公司在内的大多数企业变得谨慎起来。广告代理控股集团调低了自己 2017 年和 2018 年的收入增长预期，从大约 2% 调至和去年持平或略微增长。和其他广告代理控股集团一样，WPP 集团的股价下跌。面对这样的形势，苏铭天警告说："限制广告支出是错误的。因为广告能够带来企业利润的增长。我们的广告业可能有失去理智的风险。"

无论增长放缓是暂时的还是永久的，代理商确实需要做出改变。美国电话电报公司和麦当劳只与一家代理商合作，独享一站式的广告代理服务，这种模式是否会成为未来广告代理模式的主流？尚需观察。或者是另一种模式，类似大卫·德罗加（David Droga）等创立的 Droga5 这样小型广告公司。他们的成功源于给予广告主充分的自由，正如德罗加所讲的，"客户给我们钱是为了听我们的意见，而不是听我们的命令。"

但是，也许鲍勃·格林伯格是对的，广告代理注定要被历史淘汰。2017年8月，在 WPP 集团与分析师的财报电话会议上，苏铭天被问到业务下滑的问题时表示，WPP 集团的首要工作是让各部门员工能够协调起来，为客户提供一体化的服务。Stratechery 商业博客作家本·汤普森（Ben Thompson）认为，苏铭天的这个回复显得"软弱无力"，因为他只看到了同行竞争代理的威胁，但广告营销如今越来越转向数字平台。汤普森在博客中写道，把代理商认为是"为客户提供一站式的广告服务"的中间人，这种看法已经过时。过去，在传统媒体上，广告位是有限的，但互联网的出现打破了这一切：在亚马逊上，展示空间是无限的。在互联网上，分销和交易成本几乎为零，所以真正的核心竞争力是如何找到并锁定潜在的消费者。而这种定位的能力，逐渐被两家互联网巨头垄断，一个是脸书，一个是谷歌（汤普森明显落下了正在崛起的亚马逊）。汤普森在博客中总结道，假设为了所有的媒体，无论是新媒体还是传统媒体，都将以数字化的方式传播。那么代理商面临的问题是，他们旧式的业务模式已经过时。倘若在互联网上，未来广告主只想在谷歌和脸书投放广告，那它们还会把钱给显得多余的广告代理吗？广告主一定会直接找到谷歌和脸书或其他媒介代理。[44]

卡森认为，无论汤普森的分析是否正确。几乎所有人都认为，大型广告代理控股集团必须要精简。他说："这些集团也许不至于像泰坦尼克号巨轮一样沉没，但他们早晚要换小船逃离。"WPP集团的苏铭天从来不喜欢被动，他已经开始着手合并下面的几家代理公司以削减成本。

很多营销高管表示，六大广告代理控股集团之间也会进一步整合。他们预计，至少会有一桩兼并。宏盟集团与阳狮集团曾宣布要合并，但最后没能完成。如今人们将目光投向电通集团。该集团需要创意代理公司，所以很可能盯上埃培智集团。或者也有可能是资本雄厚的咨询公司，向这些集团开出他们无法拒绝的价格。

毫无疑问，能够定位消费者的数据，使媒介代理在未来变得更加重要。广告客户也会坚持让创意代理和媒介代理合作为自己带来更好的广告效果。卡森的好友欧文·戈特利布是媒介代理领域的"大师"，而他也接近70岁，即将结束职业生涯。戈特利布的女儿和外孙生活在加利福尼亚州。他对广告营销行业的缺乏彼此信任表示不满。2017年夏天，戈特利布坐在位于第七大道的办公室，抿了一口浓缩咖啡说道："我刚工作的时候，这个行业的风气还是客户的利益至上，公司的利益第二，自己的利益最后。而今天的环境，让这种想法变得天真。"当被问及是不是已经一只脚步入退休生活的时候，戈特利布没有肯定也没有否定。

2017年8月，群邑北美大区首席执行官布莱恩·莱塞意外离职，让WPP集团的新老交替问题更加扑朔迷离。莱塞在业界广受好评，被认为是戈特利布的继任者，或许有一天坐上WPP集团首席执行官的位子。戈特利布有些遗憾地表示："莱塞的思路一直很超前。"但他选择去了兰道尔·斯蒂芬森（Randall Stephenson）的美国电话电报公司，在那里的广告部门任首席执行官。

莱塞为何离开？一位不愿透露姓名的WPP集团高管称，曼德尔的指控以及广告主联盟的调查让很多广告代理商感到寒心，因为他们被自己的客户称作骗子。

那位高管还表示，很多人说，我们代理商是要坐牢的。但是拿不出我们违法的证据。其实，很难在业务中把客户的利益放在最高位。总之，这场信任危机带来的长期后果就是，好的人才远离这个行业，莱塞只是冰山一角。

莱斯·穆恩维斯在哥伦比亚广播公司的未来很明朗。2017年5月，他的聘期又延长了两年，到了2021年。那时，穆恩维斯即将72岁。当被问及要不要换个工作时，他表示："我不知道除了在这儿工作，自己还能干什么干得比这还要好。"穆恩维斯说自己喜欢去"超级碗"现场，"但是如果不能去了，也没事，毕竟我已经去过25届了。此外，我还拿过25项格莱美奖，拿过20项肯尼迪中心荣誉奖，去过很多国家。所以无论未来发生了什么。没有人可以否认我过去的成就，我觉得我已经功成名就了。"

相比于穆恩维斯的未来，哥伦比亚广播的未来并不明朗。穆恩维斯一直信奉内容为王，所以希望收购体量更大的时代华纳集团，但半路杀出了美国电话电报公司。穆恩维斯认为："我们和时代华纳更合适。"一直以来，他想为哥伦比亚广播收购一家擅长电影制作的企业。但现在，穆恩维斯表示："拥有一个电影工作室也不是那么诱人了。"他的目光瞄准了一个和时代华纳一样诱人但利润更高的电视制作公司。这也解释了他对传媒大亨雷石东之女萨莉·雷石东对其公司愿景的矛盾心理。萨莉·雷石东家族的全美娱乐公司分别拥有维亚康姆和哥伦比亚广播80%的投票股份。她一直希望这两家公司能够合并，然后穆恩维斯作为首席执行官。维亚康姆的派拉蒙电影公司一直发展艰难，所以雷石东希望穆恩维斯能够改变这一点。

2016年，穆恩维斯曾公开承认自己不想合并。但他表示，自己并不是在合并以及对公司的控制权这件事上和雷石东家族作对。穆恩维斯说："对公司的控制权不是一个很大的问题。"但私下，通过他来自WLRK律师事务所的律师马丁·利普顿（Martin Lipton），穆恩维斯要求获得对公司的控制权。2016年9月30日，利普顿向雷石东的律师克里斯托弗·奥斯汀（Christopher E. Austin）提交一份长达三页的信，信中写道："如果两家公司合并，需要一个合适的管理框架。而且需要保证的是，新的管理团队将在合并后的公司事务上，拥有充分且不可撤销的权力。"这些保证具体化为9项条款，附在信的最后一页。公司的控制权并没有放给雷石东控制的董事会，而是给了独立董事会，其中3/4是真的独立董事，包括哥伦比亚广播的现任董事，以及雷石东指派的两名董事。如果雷石东想开掉穆恩维斯，需要2/3的独立董事的批准。

尽管萨莉·雷石东很希望哥伦比亚广播和维亚康姆合并，并邀请穆恩维斯出任合并后企业的首席执行官。但是，雷石东并不打算放弃她对公司的投票控制权。于是密谋合并的谈判结束了。

媒体方面也在进行着各种整合。美国电话电报公司先是收购了美国直播电视集团，之后是时代华纳。特许通信公司收购了时代华纳有线。威讯收购了美国在线服务和雅虎，并将合并后的公司重命名为Oath公司。《时代周刊》在寻找买家。媒链公司则找到了Ascential公司。鲁珀特·默多克也宣布出售旗下部分业务。穆恩维斯承认，很多互联网巨头和通信公司正虎视眈眈地盯着像哥伦比亚广播这样的内容生产公司。2017年春天在接受彭博新闻社采访时，威讯首席执行官洛厄尔·麦克亚当（Lowell McAdam）公开宣称，电话电报公司对内容生产方的收购，让我们不得不重新评估自己的投资组合。他同时表示对兼并哥伦比亚广播、迪士尼和康卡斯特很感兴趣。但是穆恩维斯表示,他喜欢现在的公司。在一次和分析师的会议上,穆恩维斯说:"我们一直在说,哥伦比亚广播是一家独立自强的企业,这是我们的定位。"

但是穆恩维斯头顶终究还有一个上司,那就是萨莉·雷石东。她显然不喜欢穆恩维斯对哥伦比亚广播的定位。但是,雷石东和其他维亚康姆的董事会成员被说服了,维亚康姆缺少收购他人的资源。和其他人一样,他们对2017年12月默多克将二十一世纪福克斯卖给迪士尼感到震惊。更令他们感到不安的是,维亚康姆的账面上的增长已经停止。所以,萨莉·雷石东期望,实力较弱的维亚康姆与实力较强的哥伦比亚广播公司联姻,可能会带来经济上的改善。但雷石东告诉她的同事,自己永远不会放弃对哥伦比亚广播的所有权和控制权,更不会允许穆恩维斯要求对公司的绝对控制,毕竟她控制着多数的投票股份。

对于脸书的首席营销官卡洛琳·艾弗森,她的目标是有朝一日成为首席执行官。当守着一位脸书人力资源的同事提到这个问题时,卡洛琳说:"这不是我现在考虑的目标。我很喜欢我现在做的工作……也许5年后。"2017年夏天,当再被问及这个问题时,这次她身边没有脸书的同事,卡洛琳坦率地说:"对我来说,一方面能够在一家改变世界且实力超强的企业从事营销工作,是份最完美的职业。但是另一方面,我时常问自己,卡洛琳的人生是否应该掀开新的篇章？说实话，我不知道该怎么回答这个问题。"

卡洛琳的导师，迈克尔·卡森说："如果卡洛琳想成为脸书的首席执行官，那她必须首先退出自己所从事的业务。有时候，她必须以退为进。"具体说就是她要离开广告营销的业务，去尝试另一方面的领导工作。卡森举了另一个自己的"得意门生"文迪·克拉克的例子。此前克拉克是可口可乐的首席营销官，如果她能够胜任恒美广告的首席执行官，那她才能胜任可口可乐的首席执行官。

卡森还面临着许多迫在眉睫的问题。有人说，媒链公司离了卡森不行，整个公司就靠着他个人的能力和关系。阳狮集团的莫里斯·利维说："卡森无与伦比。但他的媒链公司最大的问题是如何形成规模。媒链公司特别像一家手工匠艺的精品店，但这世界像卡森这样的匠人能有几个？"对此，卡森持不同意见。他认为，Ascential公司并不是只看上他自己才收购媒链，他们看到的是一个团队，是我们无与伦比的团队。我们现在的客户已经超过100家了。卡森反问道："你以为我一个人能伺候得了这100家客户？"（但是在之前收购的媒体发布会上，卡森宣布的客户数是200家。）

在媒链公司未来的发展中，被卡森寄予厚望是他的首任助手格兰特·吉特林。吉特林认为，Ascential母公司为媒链提供了扩展业务所需的资源。作为小型咨询公司的媒链缺乏基础架构，在被一个大公司收购后，一定会赢得更好的发展。

宣布被Ascential收购6个月后，卡森认为合作进展不错，媒链发展势头迅猛。而且 Ascential 是一个很好的合作伙伴，他们给予媒链充分的发展自由。

然而，Ascential 公司在 2017 年 6 月的戛纳国际广告节（创意节）期间，因办会过高的收费和过分的浪费受到批评。苏铭天将 WPP 集团参加广告节的高管数量砍掉一半，变成 500 人。他又一次表示，被戛纳广告节"宰"了，而且在考虑 2018 年还要不要去。2017 年，欧文·戈特利布没有参加广告节。以前，他在卡尔顿洲际酒店的房间一晚上 2 500 美元，即便他没有住满 10 天，但还是被要求交够 10 天的住宿费。戈特利布说，戛纳期间的吃、住、交通、娱乐等所有开支加起来大约是 75 000 美元，这一点激怒了他。另一件让他感到生气的事，是广告节的低效率。他把广告节称为没有价值的"闲聊"，是"一群本该干活的人不干活。"他认为，以前广告节是创意的盛会，现在则成了一个派对。此外，戈特利布感到失望的是，戛纳广告节 2017 年通过收取 41 170 件作品的评奖费，大赚了 6 300 万美元，成为广告行业所谓的最大的、最负盛名的，也是最赚钱的奖。戈特利布认为，广告界应该有自己非营利性的评奖，就像奥斯卡、托尼、格莱美、艾美奖那样。有趣的是，戈特利布和苏铭天在获奖问题上的立场不同。苏铭天认为，WPP 集团在戛纳上的首要目标是获奖（2017 年，WPP 集团已连续 7 年获得年度广告代理控股集团奖项）。

阳狮集团莫里斯·利维的接班人，现任集团首席执行官的阿瑟·萨杜恩（Arthur Sadoun）也对戛纳广告节不满。他宣布阳狮集团的员工将不再参加戛纳广告节，也不参与任何评奖和其他活动。阳狮集团计划将省下来的钱用于投资建设 Marcel 智能平台，该平台旨在连接协调阳狮集团全部 8 000 名员工的工作，提升协作水平。

萨顿这看似冲动的声明让阳狮集团的员工感到惊讶和不安。但是没有谁比戛纳广告节的主办方 Ascential 更加不安。批评的声音传出去，Ascential 的股价暴跌。为了防止火势蔓延，广告节紧急召集了一个咨询委员会，包括基斯·威德、毕瑞哲。被提为 Ascential 会展部门负责人的菲利普·托马斯说："本周，我们听到有很多讨论、质疑广告节结构的声音。我们希望为每一位参会者提供优质的服务。"即便遭到批评，2017 年戛纳广告节的收入还是较去年增长了 7%。当然，这一增速低于 2016 年时的 18%。

卡森则是坚定地为自己的母公司和广告节辩护。在线刊物《美国广告》(Campaign US) 上，他发表文章含蓄地谴责了自己的朋友戈特利布，当然还有苏铭天和萨顿。他写道："戛纳广告节并不只是一个大型的、精致的派对。如果你没有从戛纳广告节获得想要的结果，那是你参加广告节的方式有问题。如果你发现广告节与往日不同，而失去在广告节上的方向，那是因为我们的行业与往日不同了。戛纳广告节和我们的这个行业一样，正在经历着重塑。"

看似一切都好。

但对苏铭天来说，并不是一切都好。2017 年秋天，他升级了对戛纳广告节的攻击。《广告周刊》获得了一份苏铭天发送给员工的内部邮件,要求 WPP 集团停止参加"欧洲最佳"(Eurobest)广告节,而该活动也是由 Ascential 公司主办。苏铭天还威胁,如果戛纳广告节不能有效地降低花费、精简办会,WPP 集团或可能完全退出该节日的全部活动。至于最后结果如何,需等苏铭天和 Ascential 的邓肯·佩因特商谈之后才能知晓。[45]

由于广告代理受到来自广告主和同业的双重挤压,Ascential 决定,将通过改革戛纳广告节,减轻这些代理商的负担。其中包括,将原有 8 天的会期改为 5 天,奖项和评奖费用都有所减少,之前 4 000 欧元的参会费一下子减少到 900 欧元。Ascential 还与戛纳市合作,将广告节期间接待参会者的酒店、餐厅的价格做统一和低价处理。亚瑟·萨顿高兴地表示,2019 年阳狮集团将回归戛纳。苏铭天则表示对 Ascential 做出的改革表示满意,同时表示希望看到另外一些改变,但他没有公开表示具体是哪些改变。

卡森的未来会怎样?

他对退休这件事的态度和苏铭天很像。就连卡森的妻子也说:"退休是不可能的,他不会闲在家里,他总得找点事干。"

事实上,现在的卡森比以往更轻松了,媒链公司被成功收购,他如释重负。当我第一次试图询问他过去的犯罪经历时(参见第四章),我初次感受到那件事对卡森的压力。2016 年秋天,距媒链被收购还有一个月,我和卡森约在他的办公室,采访时门关着,没有其他人参与。他坚持要求，我不能对这次采访做记录，并要求员工不许打扰这次采访。办公室的桌子上摆着小吃，但他没有胃口吃。卡森回忆了30年前的那场风波，他泣不成声。他看了一眼桌子上摆着的"一切都好"的标识，承认自己是一个很自责的人，害怕别人知道自己的过去，害怕别人会因此看扁他。可能是因为好几年没有触及这个话题，平时健谈的卡森不知如何开口。我们最后决定，再约时间谈这个话题。他要求我，如果在邮件里可能提到这件事，必须通过他的私人邮箱，这样别人不会看到。

几个月后的采访中，卡森终于还是把那些陈年旧事谈开了。当年在加利福尼亚州的法庭发生了什么，怎么判了挪用公款罪；以及加州法院判定他确有过失，但并不是把投资者的钱贪为己用；还有和加州律师协会的斗争等。卡森总忧心忡忡地问：别人知道这些事吗？别人是不是认为我贪污了？他们有没有对我的过去评头论足？

有些人在评头论足。一位熟悉他但希望匿名的高管表示："卡森体现了广告人的矛盾。广告是一个没有安全感的职业。与律师、金融、新闻行业的人不同，广告人没有自己明确的专业。我们很多人没有广告学的学位。所以，能做出好广告，就是专业的。我们现在深陷回扣风波，人们指责我们不透明，广告主联盟还派人查我们。但是现在，一个被广告业踢出去的，同样犯了这些错误的人，竟然成为这个行业的顾问。"这位高管并不知道卡森过去的犯罪经历。而且，这位高管的很多看法是大错特错。但是就是这些风言风语，萦绕在卡森脑海，造成了他今天的偏执。

媒链公司成功被收购几周后，卡森坐在 Scalinatella 餐厅的角桌，解释自己为何如释重负。他说："两周前，我在鹿谷滑雪。向下冲时，这是多年来我第一次不用担心身后，第一次无问过往。" Ascential 也是如此，他们看了我和媒链的记录，说了句"没事"。

卡森感到轻松多了。他相信 Ascential 是经过了慎重缜密的调研，才认为媒链公司不仅仅是卡森一个人在支撑，认为媒链公司有自己的实力。他说："目前销售数据出来了，我更可以这么说。我太需要这个证明和人们的认可了。现在，我可以松一口气了。"

卡森抿了一口自己喜欢的马提尼酒，说道："宣布收购后，我收到了 4 000 封表示支持和祝贺的邮件。"我一直想把自己的经历写成书，就叫《一位犹太王子的忏悔录》(*Confessions of a Jewish Prince*)。"但现在，我改主意了。书名应该叫《无问过往》(*No Rearview Mirror*)。"卡森大笑着说道。

致 谢

从1992年开始,我就为《纽约客》撰写关于传媒业和通信业的文章。有朋友问我,这一次为何要写一本关于广告营销业的书。就像当年以资金为线索(follow the money)揭开了"水门事件"的真相一样,我同样以资金作为线索,于是把视线集中到了资助传媒机构的广告业。

2015年春末开始动笔时,我并没有对这个行业面临的问题设想过什么答案和总结。三年后,我也不想用一些陈词滥调去概括行业的变化。相反,我试图通过翔实的报道,去勾勒行业深刻变革的生动图景。为了写这本书,我总共进行了450次采访,并都留有记录。这些鲜活的采访内容交织在书中,读者会发现很多"特朗普式"的第三人称代词,比如"他说/她说"。

然而,这本书的序言是用第一人称书写的。这是本书的英文版出版社的编辑斯科特·莫耶斯(Scott Moyers)要求的。斯科特说,我需要用这样一种叙事角度,让大家感受到,是我这个从业30年的老记者在做报道;是我用扎实的采访,将研究对象放置于历史的宏大背景中。很多作者抱怨出版社编辑,说他们因为被源源不断的新书压得喘不过气来，只得不走心地简单编辑书刊。但是斯科特不这样。我不知道他哪来的时间和精力，可以这样"厚爱"我的书稿。我以前一直合作的兰登书屋总编辑杰森·爱泼斯坦（Jason Epstein）退休了，所以我将书稿交给斯科特和企鹅出版社的安·葛多芙（Ann Godoff）。兰登书屋和企鹅出版社合并了，大家又都在一起了。这里，除了要感谢企鹅出版社主编葛多芙女士，我还要感谢她的领导，企鹅出版集团总裁麦德林·麦金托什（Madeline McIntosh）、编审维多利亚·克罗斯（Victoria Klose）以及文字编辑简·卡沃琳娜（Jane Cavolina）。我还要感谢编辑克里斯托弗·理查兹（Christopher Richards）和碧娜·卡莫兰尼（Beena Kamlani），是他们让该书如期出版。还有负责该书营销推广的马特·博伊德（Matt Boyd）和凯特琳·欧肖内西（Caitlin O'Shaughnessy）。2018年6月该书即将出版之时，宣传总监莎拉·休森（Sarah Hutson）更是亲自出马。我与莎拉合作多年，第一次合作时她刚进入企鹅出版社工作。她能成为宣传总监我一点不奇怪。当然，还要感谢帮助莎拉为本书推广的科琳·博伊尔（Colleen Boyle）。

我还要感谢我的经纪人兼好友ICM国际创新管理公司的斯隆·哈里斯（Sloan Harris）。他对本书提出了许多宝贵意见。我还要向好友美国杂志名人堂成员的资深编辑特瑞·迈克多诺（Terry McDonell）致敬，他用敏锐的编辑眼光审阅了该书的初稿。我要感谢所有让这本书变得更好的人。当然，如果这本书有什么不好之处,那都是我的责任。

我还想感谢书中的人物。他们十分慷慨地允许我多次采访他们,更是允许我窥探他们的一些秘密。如果没有这些采访对象的开诚布公,这本书会将会是另外一副模样。这里,我要特别感谢媒链公司的迈克尔·卡森。他勇敢地向我敞开心扉,他的话既有干货,又有笑料。他的同事文迪·克拉克、马丁·罗斯曼、维尔纳·何文也为这本书的采访提供了很多帮助。我还要感谢四位广告营销界的翘楚以及他们提出的洞见。这四位是WPP集团的苏铭天和欧文·戈特利布、阳狮集团的沙德·特柏科沃拉以及互动广告局的兰德尔·罗滕伯格。还有卡洛琳·艾弗森和她脸书的团队,比如亚当·伊斯塞里斯(Adam Isserlis)。他们对社会对脸书"不透明"的刻板印象表示反对。我要感谢哥伦比亚广播的穆恩维斯和他的同事。感谢通用电气的贝斯·康斯托克、琳达·鲍芙;美国银行的安妮·芬努凯恩;R/GA的格林伯格;联合利华的基斯·威德;范纳媒体的盖里·范纳洽。还有很多人囿于篇幅无法一一致谢。当然,还要感谢很多媒体机构的同仁和他们的报道为本书提供的帮助。比如《媒体邮报》及其首席编辑乔·曼德斯(Joe Mandese),广告行业的"圣经"《广告时代》以及其他许多对行业及时、专注的报道。

关于本书,想提醒读者注意:因为广告一词更为常见。书中主要使用"广告"一词来代表广告营销。实际上,广告和营销是一体两面的。它们采用不同的形式,比如信息提醒、优惠券、电视广告，但殊途同归，都是为了向消费者售卖东西。

由于有些引注来源被反复引述，故没有标注引文具体页码，仅标明作者、出版物和出版时间。对于一些公开报道，读者可以使用搜索引擎获得更多信息，故有的报道笔者认为没有必要罗列来源。

有的读者可能会质疑："为什么这本书这么关注脸书，而很少写另一家互联网巨头谷歌？"这是我个人的原因。因为我在2009年已经出版《被谷歌》一书。这次我想换一个关注点。

除非另有说明，本书中人物所写的年龄，是他们在书中出现时的年龄。

最后，我要感谢我的妻子阿曼达。她不仅胜任现在从事的作家经纪人的工作，还是一位好的编辑。

注 释

1. Naomi Klein, *No Logo* (New York: Picador, 2000).
2. Tim Wu, *The Attention Merchants: The Epic Scramble to Get Inside Our Heads* (New York: Alfred A. Knopf, 2016).
3. Randall Rothenberg, *Where the Suckers Moon: An Advertising Story* (New York: Alfred A. Knopf, 1994).
4. Bob Levenson, *Bill Bernbach's Book: A History of the Advertising That Changed the History of Advertising* (New York: Villard Books, 1987).
5. An account of the 1952 TV campaign is offered in David Greenberg's *Republic of Spin: An Inside History of the American Presidency* (New York: W. W. Norton & Company, 2016).
6. Martin Mayer's *Madison Avenue, U.S.A.* (Lincolnwood, IL: NTC Business Books, 1991).
7. See Mayer's *Madison Avenue, U.S.A.* and Randall Rothenberg's *Where the Suckers Moon* for a cogent exegesis on the differences between Reeves, Bernbach, and Ogilvy.

8. Michael Farmer, *Madison Avenue Manslaughter: An Inside View of Fee-Cutting Clients, Profit-Hungry Owners and Declining Ad Agencies* (New York: LID Publishing Ltd., 2015).

9. David Ogilvy, *Confessions of an Advertising Man* (New York: Atheneum, 1986).

10. Gary Vaynerchuk, *#AskGaryVee: One Entrepreneur's Take on Leadership, Social Media & Self-Awareness* (New York: HarperCollins, 2016).

11. Kenneth Roman, op-ed, *The Wall Street Journal*, March 28, 2017.

12. Andrew Cracknell, *The Real Mad Men: The Renegades of Madison Avenue and the Golden Age of Advertising* (Philadelphia: Running Press, 2011).

13. Tim Wu, *The Attention Merchants: The Epic Scramble to Get Inside Our Heads* (New York: Alfred A. Knopf, 2016).

14. Recounted in Michael Farmer, *Madison Avenue Manslaughter: An Inside View of Fee-Cutting Clients, Profit-Hungry Owners and Declining Ad Agencies* (New York: LID Publishing Ltd., 2015).

15. Bessie Lee at a September 21, 2016, *Financial Times* panel in New York.

16. Sue Halpern, "They Have, Right Now, Another You," *The New York Review of Books*, December 22, 2016.

17. Julia Angwin, Terry Parris, Jr., and Surya Mattu, "What Facebook Knows About You," *ProPublica*, September 28, 2016.
18. Sarah Perez, "Google's New 'About Me' Page Lets You Control What Personal Info Others Can See," TechCrunch.com, November 11, 2015.
19. Shoshana Zuboff, "The Secrets of Surveillance Capitalism," *Frankfurter Allgemeine*, March 5, 2016.
20. Sandy Parakilas, "Facebook Won't Protect Your Privacy," *New York Times* op-ed page, November 20, 2017.
21. 需要注意的是，关于广告屏蔽软件数字的统计存在较大差异。
22. 对于全球手机用户数量，米克尔所说的52亿和卡洛琳所说的72亿存在巨大差异。由此可见，在涉及该类全球宏观数据时，存在一定猜测推算成分。
23. 需要指出的是，这里的年龄划分只是大概范围。有研究机构认为，千禧一代现在的年龄为18岁至34岁。
24. Michael Schudson, Advertising, *The Uneasy Persuasion: Its Dubious Impact on American Society* (New York: Basic Books, 1984).
25. 2016年，班克加入哥伦比亚广播，担任投资者关系部高级副总裁。
26. Mary Wells Lawrence, *A Big Life (in advertising)* (New York: Alfred A. Knopf, 2002).

27. 很多人厌倦了这种攻击性的广告。在特朗普赢得总统选举后，一个共同的看法是，希拉里团队用了太多精力去抨击特朗普如何配不上总统，却没有阐述希拉里凭什么成为总统。

28. Jeff Goodby, op-ed, *The Wall Street Journal*, June 24, 2015.

29. Amir Kassaei, *Campaign US newsletter*, January 13, 2016.

30. 该数据来自一份阳狮集团内部报告。

31. Bill Bernbach, quoted in Andrew Cracknell, *The Real Mad Men: The Renegades of Madison Avenue and the Golden Age of Advertising* (Philadelphia: Running Press，2011).

32. Garett Sloane, "Amazon's Prime Ad Play," Ad Age, November 13, 2017.

33. Ad Fraud Report by The&Partnership's media agency, m/SIX and Adloox, March 2017.

34. James Whittaker, "Rise of the Machines," Medium.com, June 24, 2015.

35. Julia Angwin, Jeff Larson, Surya Mattu, and Lauren Kirchner, "Machine Bias: There's Software Used Across the Country to Predict Future Criminals. And It's Biased Against Blacks," *ProPublica*, May 23, 2016.

36. Roger McNamee, "I Invested Early in Google and Facebook. Now They Terrify Me," *USA Today*, August 8, 2017.

37. "Toolkit 2017," a joint study by the marketing company Warc and Deloitte Digital, released December 14, 2016.
38. Gary Vaynerchuk, *#AskGaryVee: One Entrepreneur's Take on Leadership, Social Media & Self-Awareness* (New York: HarperCollins, 2016).
39. Scott Goodson, *Uprising: How to Build a Brand—and Change the World—by Sparking Cultural Movements* (New York: McGraw-Hill, 2012).
40. 讽刺的是，做这则广告道富环球投资管理公司因对女性员工施行男女同工同酬，于2017年秋天向被联邦政府罚款500万美元。
41. Jim VandeHei, The Information.com, April 19, 2016.
42. 尽管如此，卫报还是在2016—2017财年出现了6100万美元的赤字。
43. Rob Norman, "Interaction," GroupM preview, February 2017.
44. Ben Thompson, *Stratechery*, September 6, 2017.
45. Patrick Coffee, "WPP Tightens the Screws on Cannes Lions Owner amid Threats to Skip Next Year's Festival," Adweek.com, September 27, 2017.

参考书目

Barnouw, Erik. *The Sponsor*. New York: Oxford University Press, 1978.

Barnouw, Erik. *A Tower of Babel: A History of Broadcasting in the United States to 1933*, vol. 1. New York: Oxford University Press, 1966.

Barnouw, Erik. *Tube of Plenty: The Evolution of American Television*. New York: Oxford University Press, 1990.

Beers, Charlotte. *I'd Rather Be in Charge: A Legendary Business Leader's Roadmap for Achieving Pride, Power, and Joy at Work*. New York: Vanguard Press, 2012.

Bell, Daniel. *The Cultural Contradictions of Capitalism*. New York: Basic Books, 1976.

Berger, Jonah. *Contagious: Why Things Catch On*. New York: Simon and Schuster, 2013.

Bernays, Edward. *Biography of an Idea: Memoirs of Public Relations Counsel Edward L. Bernays*. New York: Simon and Schuster, 1965.

Bernays, Edward. *Propaganda*. New York: Routledge, 1928.

Bogart, Leo. *Strategy in Advertising: Matching Media and Messages to Markets and Motivations*. Lincolnwood, IL: NTC Business Books, 1990.

Boorstin, Daniel. *The Americans: The Democratic Experience*. New York: Random House, 1973.

Brinkley, Alan. *The Publisher*. New York: Alfred A. Knopf, 2010.

Carr, Nicholas. *The Shallows: What the Internet Is Doing to Our Brains*. New York: W. W. Norton, 2010.

Chandler, Alfred D. *The Visible Hand: The Managerial Revolution in American Business*. Cambridge, MA: Harvard University Press, 1977.

Cracknell, Andrew. *The Real Mad Men: The Renegades of Madison Avenue and the Golden Age of Advertising*. Philadelphia: Running Press, 2011.

Della Femina, Jerry. *From Those Wonderful Folks Who Gave You Pearl Harbor*. New York: Simon and Schuster, 1970.

Dreiser, Theodore. *Sister Carrie*. New York: Doubleday, 1900.

Dwyer, Jim. *More Awesome Than Money: Four Boys and Their Heroic Quest to Save Your Privacy from Facebook*. New York: Viking, 2014.

Einstein, Mara. *Black Ops Advertising: Native Ads, Content Marketing, and the Covert World of the Digital Sell.* New York: OR Books, 2016.

Essex, Andrew. *The End of Advertising: Why It Had to Die, and the Creative Resurrection to Come.* New York: Spiegel & Grau, 2017.

Farmer, Michael. *Madison Avenue Manslaughter: An Inside View of Fee-Cutting Clients, Profit-Hungry Owners and Declining Ad Agencies.* London: LID Publishing, 2015.

Fox, Stephen. *Mirror Makers: A History of American Advertising and Its Creators.* William Morrow, 1984.

Galbraith, John Kenneth. *The Affluent Society.* Boston: Houghton Mifflin, 1958.

Galloway, Scott. *The Four: The Hidden DNA of Amazon, Apple, Facebook, and Google.* New York: Portfolio Penguin, 2017.

Gates, Bill. *Business @ the Speed of Thought: Using a Digital Nervous System.* New York: Warner Books, 1999.

Gates, Bill. *The Road Ahead.* New York: Viking, 1995.

Gleick, James. *Genius: The Life and Science of Richard Feynman.* New York: Vintage Books, 1993.

Goodrum, Charles, and Helen Dalrymple. *Advertising in America: The First 200 Years*. New York: Harry N. Abrams, 1990.

Goodson, Scott. *Uprising: How to Build a Brand—and Change the World—by Sparking Cultural Movements*. New York: McGraw-Hill, 2011.

Greenberg, David. *Republic of Spin: An Inside History of the American Presidency*. W. W. Norton, 2016.

Halberstam, David. *The Powers That Be*. New York: Alfred A. Knopf, 1979.

Higgins, Denis. *The Art of Writing Advertising: Conversations with Masters of the Craft*. Lincolnwood, IL: NTC Business Books, 1986.

Hower, Ralph. *The History of an Advertising Agency: N. W. Ayer & Son at Work, 1869–1949. Revised edition*. Cambridge, MA: Harvard University Press, 1949.

Hurman, James. *The Case for Creativity: The Link Between Imaginative Marketing & Commercial Success*. London: AUT Media, 2011.

Isaacson, Walter. *The Innovators: How a Group of Hackers, Geniuses, and Geeks Created the Digital Revolution*. New York: Simon and Schuster, 2014.

Isaacson, Walter. *Steve Jobs*. New York: Simon and Schuster, 2011.

Kirkpatrick, David. *The Facebook Effect: The Inside Story of the Company That Is Connecting the World*. New York: Simon and Schuster, 2010.

Klein, Naomi. *NO LOGO*. New York: Picador, 2000.

Kluger, Richard. *Ashes to Ashes: America's Hundred-Year Cigarette War, the Public Health, and the Unabashed Triumph of Philip Morris*. New York: Alfred A. Knopf, 1996.

Kluger, Richard. *The Paper: The Life and Death of the New York Herald Tribune*. New York: Alfred A. Knopf, 1986.

Lasch, Christopher. *The Culture of Narcissism*. New York: W. W. Norton, 1978.

Lawrence, Mary Wells. *A Big Life (in advertising)*. New York: Alfred A. Knopf, 2002.

Levenson, Bob. *Bill Bernbach's Book: A History of the Advertising That Changed the History of Advertising*. New York: Villard Books, 1987.

Lessig, Lawrence. *Code and Other Laws of Cyberspace*. New York: Basic Books, 1999.

Lessig, Lawrence. *The Future of Ideas: The Fate of the Commons in a Connected World*. New York: Random House, 2001.

Lippman, Walter. *Public Opinion*. New York: Macmillan, 1922.

Lois, George. *What's the Big Idea?: How to Win with Outrageous Ideas (That Sell)*. New York: Doubleday Currency, 1991.

Maas, Jane. *Mad Women: The Other Side of Life on Madison Avenue in the '60s and Beyond*. New York: St. Martin's Press, 2012.

Mayer, Martin. *Madison Avenue U.S.A.: The Extraordinary Business of Advertising and the People Who Run It*. Lincolnwood, IL: NTC Business Books, 1992.

Mayer, Martin. *Whatever Happened to Madison Avenue? Advertising in the '90s*. Boston: Little, Brown, 1991.

McLuhan, Marshall. *Understanding Media: The Extensions of Man*. New York: McGraw-Hill, 1964.

Ogilvy, David. *Blood, Brains & Beer: The Autobiography of David Ogilvy*. New York: Atheneum, 1978.

Ogilvy, David. *Confessions of an Advertising Man*. New York: Atheneum, 1986.

Ogilvy, David. *Ogilvy on Advertising*. New York: Vintage, 1985.

O'Neil, Cathy. *Weapons of Math Destruction: How Big Data Increases Inequality and Threatens Democracy*. New York: Crown, 2016.

Packard, Vance. *The Hidden Persuaders*. New York: Simon and Schuster, 1957.

Pertschuk, Michael. *Revolt Against Regulation: The Rise and Pause of the Consumer Movement*. Berkeley: University of California Press, 1983.

Pope, Daniel. *The Making of Modern Advertising*. New York: Basic Books, 1983.

Postman, Neil. *Technopoly: The Surrender of Culture to Technology*. New York: Alfred A. Knopf, 1992.

Presbrey, Frank. *The History and Development of Advertising*. New York: Doubleday, 1929.

Reeves, Rosser. *Reality in Advertising*. New York: Alfred A. Knopf, 1961.

Riesman, David, with Nathan Glazer and Reuel Denney. *The Lonely Crowd*. New Haven, CT: Yale University Press, 1950.

Roman, Kenneth. *The King of Madison Avenue: David Ogilvy and the Making of Modern Advertising*. New York: St. Martin's Press, 2009.

Rothenberg, Randall. *Where the Suckers Moon: An Advertising Story*. New York: Alfred A. Knopf, 1994.

Schmidt, Eric, and Jared Cohen. *The New Digital Age: Reshaping the Future of People, Nations and Business*. New York: Alfred A. Knopf, 2013.

Schudson, Michael. *Advertising, The Uneasy Persuasion: Its Dubious Impact on American Society*. New York: Basic Books, 1986.

Smith, Sally Bedell. *In All His Glory: The Life of William S. Paley*. New York: Simon and Schuster, 1990.

Starr, Paul. *The Creation of the Media: The Political Origins of Modern Communications*. New York: Basic Books, 2004.

Stengel, Jim. *Grow: How Ideals Power Growth and Profit at the World's Greatest Companies*. New York: Crown, 2011.

Steyer, James P. *Talking Back to Facebook: The Common Sense Guide to Raising Kids in the Digital Age*. New York: Scribner, 2012.

Taplin, Jonathan. *Move Fast and Break Things: How Facebook, Google, and Amazon Cornered Culture and Undermined Democracy*. Boston:

Little, Brown and Company, 2017.

Tungate, Mark. *Adland: A Global History of Advertising*. London: Kogan Page Limited, 2007.

Wakeman, Frederic. *The Hucksters*. New York: Rinehart & Company, 1946.

Wind, Yoram (Jerry), and Catharine Findiesen Hays. *Beyond Advertising: Creating Value Through All Customer Touchpoints*. Hoboken, NJ: John Wiley, 2016.

Wu, Tim. *The Attention Merchants: The Epic Scramble to Get Inside Our Heads*. New York: Alfred A. Knopf, 2016.

Wu, Tim. *The Master Switch: The Rise and Fall of Information Empires*. New York: Alfred A. Knopf, 2010.

Wunderman, Lester. *Being Direct: Making Advertising Pay*. New York: Random House, 1996.

Vaynerchuk, Gary. *#AskGaryVee: One Entrepreneur's Take on Leadership, Social Media & Self-Awareness*. New York: Harper Collins, 2016.

Veblen, Thorstein. *The Theory of the Leisure Class*. New York: Macmillan, 1899.